韓國
戰爭史

|개정판|

韓國 戰爭史

|개정판|

주시후 · 이영우 공저

KSI 한국학술정보㈜

| 머리말 |

전쟁은 인류역사와 긴밀한 관계를 유지하면서 그 규모와 양상이 다를 뿐 계속되고 있다.

그래서 인류의 역사를 전쟁의 역사라고 해도 과언이 아닐 정도로 전쟁의 승패에 따른 운명을 같이해 왔다.

우리나라 역시 그동안 수많은 외침이 있었다. 불과 60년 전에는 한국전쟁을 겪었으며 과거 월남전과 이라크전에도 파병한 바 있고, 최근에는 유엔 평화유지군으로 맹활약하고 있다.

이처럼 지구의 종말이 오지 않는 한 민족, 국가, 종교세력 간의 갈등과 대립의 전쟁은 지속될 것이다.

특히 우리 한반도는 한국전쟁을 통하여 막대한 인명과 재산을 잃게 되었고 동시에 아무것도 이루지 못한 휴전상태의 전쟁으로 남았다. 북한이 시도했던 적화통일도, 한국이 원했던 북진통일도 성공하지 못하고 양자 간 대립과 긴장의 골만 더 깊어졌다. 최근에는 천안함 사건과 연평도 포격으로 일촉즉발의 전쟁 분위기에 휩싸이는 등 유혈과 대립의 갈등은 사라지지 않고 있다.

우리가 전쟁의 폐해를 줄이고 전쟁을 예방하기 위해서는, 과거 주요전쟁의 발생 배경과 전쟁 승패요인 등에 대한 사전분석이 선행되어야 할 것이다. 그래서 이 책은 전쟁의 기본적인 성격을 이해하도록 돕고 있다. 또한 전쟁의 양상과 변천과정, 군사사상과 군사이론을 통한 전쟁의 원칙을 사례 중심으로 제시하였다.

휴전상태인 한국전쟁은 옛날이야기 같은 전쟁이 아님을 인식하여 전쟁을 경험하지 못한 젊은이들에게 간접경험을 체험할 수 있는 계기가 되길 기대한다.

좋은 책을 만들기 위하여 의욕과 열성을 가지고 노력하였으나 여러 면에서 의욕만큼 미치지 못하고 부족한 점도 있을 것이다.

끝으로 어려운 여건에도 불구하고 출판을 맡아 주신 한국학술정보(주) 사장님을 비롯한 관계자 여러분께 깊은 감사를 드린다.

2011년 1월
저자 일동

|목 차|

❖ 머리말 _ 5

제1부 | 총 론

제1장 전쟁에 대한 이해 _ 13
제1절 개 요 _ 13
제2절 전쟁의 개념과 정의 _ 14
제3절 전쟁의 원인과 종결 _ 18
제4절 전쟁사 연구 _ 20

제2장 전쟁양상의 변천과정 _ 24
제1절 전쟁의 양상 _ 24
제2절 변천과정 _ 25

제3장 군사사상과 군사이론 _ 31
제1절 조미니의 내선작전 _ 31
제2절 클라우제비츠의 전쟁이론 _ 35
제3절 리델 하트의 간접접근 전략 _ 38

제4장 전쟁의 원칙 _ 43
제1절 개 요 _ 43
제2절 전쟁의 원칙 _ 44

제 2 부 | 한국 전쟁사

제1장 한국전쟁의 발발 원인과 남·북한 작전계획 _ 69
제1절 한국전쟁의 발발 원인 _ 69
제2절 남·북한 작전계획 _ 79

제2장 북한군의 남침과 초기전투 _ 92
제1절 북한군의 남침 _ 92
제2절 초기전투 _ 95

제3장 유엔군의 참전과 지연전 _ 110
제1절 미군의 참전과 유엔군 사령부 창설 _ 110
제2절 지연전 _ 114

제4장 낙동강 방어선 전투 _ 128
제1절 낙동강 방어선의 형성과 방어편성 _ 128
제2절 북한군의 8월 공세 _ 131
제3절 북한군의 9월 공세 _ 139

제5장 유엔군의 인천상륙과 반격작전 _ 144
제1절 인천상륙작전 _ 144
제2절 반격작전 _ 150
제3절 북진작전 _ 155

제6장 중공군의 개입과 1·4후퇴 _ 166

　제1절 중공군의 개입 _ 166

　제2절 중공군의 1·2차 공세 _ 172

　제3절 중공군의 3차 공세와 1·4 후퇴 _ 182

제7장 유엔군의 반격과 중공군 공세 _ 189

　제1절 유엔군의 1차 반격 _ 189

　제2절 중공군의 4차 공세와 유엔군의 2차 반격 _ 193

　제3절 중공군의 5차 공세와 유엔군의 3차 반격 _ 196

제8장 교착과 휴전 _ 207

　제1절 휴전회담 _ 207

　제2절 군사분계선 논란 _ 210

　제3절 교착전 _ 217

　제4절 휴전회담과 전투 _ 220

　제5절 휴전협정과 한·미방위조약 체결 _ 235

❖ 참고문헌 _ 245

❖ 색　인 _ 247

제1부

총 론

제1장
전쟁에 대한 이해

제1절 개 요

1. 목 적

　본서는 대학 교육 및 일반 연구를 위한 교재로서 전쟁에 대한 이해와 군사사상과 군사이론, 전쟁원칙에 대하여 고찰하고, 한국전쟁의 배경과 원인, 경과 및 결과를 개관하여 전쟁을 겪어 보지 못한 세대들에게 간접경험과 기초지식을 제공할 것이다.

2. 범 위

1) 본서는 그간 검증되고 분석된 참고문헌의 사료에 의해 전쟁의 본질과 양상, 군사사상, 무기체계의 발달로 인한 전략, 전술의 발전과정 그리고 전쟁의 원칙과 관련된 사항들에 대하여 서술하였다.

2) 본서는 한국전쟁의 발발배경과 초기작전 및 지연작전, 낙동강 방어선작전, 인천상륙작전과 반격 및 북진작전, 중공군 공세와 유엔군의 반격 그리고 휴전회담 등의 내용을 구체적으로 수록하였다.

제2절 전쟁의 개념과 정의

1. 전쟁의 개념

전쟁의 개념을 규정하는 일이 전쟁연구 및 이해의 출발점임에는 이론의 여지가 없지만 이것이 그리 용이하지 않으리라는 점 또한 부인할 수 없을 것이다. 학자가 생각하는 전쟁과 군인이나 국가지도자 또는 일반인이 생각하는 전쟁의 개념이 같을 수 없을 것이며, 학자들 간에도 전쟁에 대한 견해가 다를 수 있다.

우선 전쟁에 대한 상반된 견해로서 긍정적 시각과 부정적 시각을 중심으로 전쟁의 개념과 의미를 알아보기로 한다. 먼저 전쟁에 대해 대체로 수용적인 태도를 취하여 전쟁을 하나의 흥미 있는 모험이나, 유용한 도구 또는 합법적이고 적절한 절차나 사람들이 준비해야 할 하나의 생존조건으로 생각하는 사람들도 있다. 이들은 열망, 만족 또는 관심 어느 쪽이든 간에 전쟁을 당연한 것으로 생각하고 있는 것이다. 그 대표적인 예를 들면 다음과 같다.

- B. H. 리델 하트: 평화를 원하거든 전쟁을 이해하라. 전쟁의 목적은 적에게 자기 의지를 강요함으로써 보다 나은 평화를 유지하는 데 있다.
- G. 워싱턴: 전쟁의 준비는 평화를 지키는 가장 효과적인 수단의 하나다.
- T. 홉스: 폭력은 인간 본성의 구체적 표현에 지나지 않는다. 따라서 전쟁은 항상 불가피한 것이다.

이와 반대로 전쟁을 부정적인 시각에서 보면, 전쟁은 근절되어야 할 전염병이고, 두 번 다시 되풀이되어서는 안 될 과오로써 전쟁은 징벌되어야 할 범죄 행위이자 더 이상 쓸모없는 시대착오적 산물이라고 보는 견해도 있다. 이러한 견해는 전쟁을 죄악시 내지는 결코 수용할 수 없는 대상물로 인식되고 있음을 반영하는 것으로서 예를 들면 다음과 같다.

- 톨스토이: 전쟁이란 가장 비천하고 죄과가 많은 무리들이 전력과 명예를 서로 빼앗는 상태를 말한다.

- J. F. 케네디: 인류는 전쟁의 종지부를 찍지 않으면 안 된다. 그렇지 않으면 전쟁이 인류에게 종지부를 찍을 것이다.
- 칸트: 인간의 본성으로 영원한 평화는 달성될 수 없으나 인류는 최대한 이에 접근해야 한다.

전쟁을 긍정적으로 보거나 부정적으로 보는 시각은 개인적인 명상이나 직관에 의해 연역적으로 전쟁의 본질을 규명하고자 한 철학자나 사상가들이 주장하는 바로서 관념적인 면이 강하다.

즉 이들의 주장은 사회현상으로서의 전쟁의 본질 및 전쟁과 정치, 경제와의 관계, 더욱이 전쟁의 근본적 원인에 대해서는 대부분 구체적인 언급을 하지 못했다. 개인적인 명상이나 직관에 의해 일약 연역적으로 전쟁의 본질을 규명하고자 했기 때문에 많은 취약점을 내포하고 있다고 하겠다.

2. 전쟁의 본질

전쟁은 인류의 지속적인 예방과 억제 노력에도 불구하고 역사를 통하여 줄곧 존재하여 왔다. 현대에 이르러 전쟁의 잔혹성이 더욱 증대되고, 이에 따라 범세계적으로 전쟁의 예방과 억제를 위한 다양한 장치를 마련하고 있지만, 여전히 전쟁은 도처에서 수시로 발생하고 있다.

인간은 결코 전쟁을 영원히 제거할 수도 없고 또 전쟁으로 인해 온 인류가 제거될 수도 없게 되어 있다. 따라서 인류는 있는 그대로 전쟁을 이해할 수밖에 없고, 그러한 냉철한 이해를 바탕으로 전쟁을 효과적으로 대비·억제·수행해 나갈 수 있어야 한다.

전쟁이 무엇이냐에 관한 설명은 분석자의 시각만큼 다양할 수 있다. 사회학자, 법학자, 심리학자, 군인 등은 각자의 관점에서 전쟁에 관한 해석을 제시하여 왔다.

군사적인 관점에서 현재까지 가장 존중되는, 전쟁에 관한 본질적 설명은 클라우제비츠(Carl von Clausewitz)가 『전쟁론』에서 규정한 내용이다. 그에 의하면 "전쟁은 적에게 우리의 의지를 실행하도록 강요하는 폭력행위"이다.[1]

---

1) Carl Von Clausewitz, *On War* (ed. and trans), Michael Howard and Peter Paret, indexed edition(Princeton: Princeton Univ. Press, 1984), p.75.

그리고 전쟁은 제반 군사 문제와 정치, 경제, 사회, 문화 등 제반 요인과의 상호작용을 대상으로 연구하는 역사학의 한 분야라 할 수 있다.

역사적으로 군사적 천재라 일컬어지는 나폴레옹은 "장군들은 그의 경험과 군사적 천재에 의해서 일을 수행하여야 한다"고 말하면서 그의 부하 장수가 훌륭한 지휘관이 되는 비결에 대하여 물었을 때 "훌륭한 장군이 되는 비결은 위대한 장군들의 전쟁사를 읽고 또 읽어서 그것을 너 자신의 모델로 하라"고 하였다.

3. 전쟁의 정의

클라우제비츠의 견해를 참고하면 전쟁은 "상호 대립하는 2개 이상의 국가 또는 이에 준하는 집단이 정치적 목적을 달성하기 위해 군사력을 비롯한 모든 수단을 사용하여 자기의 의지를 상대방에게 강요하는 조직적인 폭력행위"라고 정의하여 사용하고 있다.[2]

1) 협의의 전쟁

협의의 전쟁이란 주권을 가진 국가 간의 조직적인 무력투쟁 상태로서 선전포고와 더불어 전쟁이 개시되고 휴전 내지 강화조약으로 종결짓는 형태의 전쟁을 말한다.

이 협의의 전쟁 개념에서 찾아볼 수 있는 특징은 다음과 같다.

첫째, 전쟁의 주체가 국가 또는 이에 준하는 교전단체라는 점이다. 여기서 교전단체란 국제법상 교전자로서 자격이 인정된 전쟁단체로서 일정 지역을 점거하여 사실상의 정부가 될 수 있는 조건을 구비했을 때 외국 또는 중앙정부가 이를 교전단체로 승인하는 경우를 말한다.

둘째, 전쟁의 목적은 정치적 목적을 추구한다는 것이다. 여기서 정치적 목적이란 국가의 이익, 번영 등을 말한다.

셋째, 전쟁의 수단은 주로 무력으로 또는 군사력으로 사용된다는 것이다. 그러나 통상 군사력뿐 아니라 정치, 경제, 사회, 과학기술, 심리 등의 모든 분야를 포함하여 사용된다.

---

2) 합동참모본부, 합동교범 1 『군사기본교리』 (2002.12), p.23.

넷째, 전쟁 당사국 중 어느 일방이 최후통첩이나 선전포고가 있을 때부터 전쟁상태에 돌입한 것으로 보고 그렇지 않은 경우에는 전쟁돌입을 인정하지 않는 것이다.

2) 광의의 전쟁

광의의 전쟁은 전쟁을 동질적인 실체뿐만 아니라 이질적인 실체 간의 폭력적 접촉까지를 망라한 투쟁범위를 보다 광범위하게 적용하여 보기도 하고, 전쟁의 범위를 인간행위 특히 국가 및 정치집단에 국한하되 군사력뿐 아니라 정치, 경제, 사상 등 비군사적 수단까지도 포함한 이용 가능한 실력의 전부 또는 일부를 가지고 자국의 의지를 적국에게 강요하기 위하여 취하는 비상행동으로 보기도 한다.

이러한 광의의 전쟁 개념을 전쟁의 수행 주체, 전쟁의 상태 및 전쟁(개시 및 종결) 등의 관점에서 이해할 수 있다.

첫째, 전쟁의 주체 면에서, 협의의 전쟁 개념에서 보면 전쟁의 주체는 국가이거나 적어도 교전단체로 인정받는 것이었으나 광의의 개념에서 전쟁의 주체는 정치집단뿐 아니라 국가의 일부 부서까지를 포함할 수 있다. 예를 들면 '범죄와의 전쟁, 마약과의 전쟁'과 같은 경우는 전쟁의 주체가 국가 공권력(경찰)으로 이는 협의의 전쟁 개념에는 포함되지 않으나 광의의 개념에서는 전쟁이라 할 수 있다.

둘째, 전쟁의 상태 면에서 광의의 전쟁은 제2차 세계대전 이후 발생한 독립투쟁, 반식민지 운동, 공산 혁명전쟁 등의 비정규군에 의한 전쟁상태까지 포함한 개념이라 할 수 있다.

셋째, 전쟁의 수단 면에서 협의의 전쟁 개념은 무력, 군사력을 포함한 정치, 경제, 사회, 과학기술, 심리 등 제(諸) 수단이 포함되나 광의의 전쟁에서는 이 중 일부가 수단으로 이용될 수 있다. 예를 들면 '경제 봉쇄, 외교 전쟁' 등도 광의의 전쟁 개념에 포함될 수 있는 것이다.

넷째, 전쟁의 개시와 종결에 있어서 협의의 개념은 선전포고, 전쟁 그리고 강화의 절차를 밟아 전쟁이 진행되나 광의의 개념에서는 이러한 모든 개념이 무시된 상태에서 전쟁이 진행될 수 있다.

예를 들면 '일본군의 진주만 기습, 제3차 중동전 시 이스라엘군의 선제기습'과 같은 경우 이런 절차가 무시된 상태에서 전쟁이 시작된 것이다.

또한 전쟁의 종결은 현실전쟁의 개념을 통하여 제시한 전쟁을 이론적으로 볼 때 전쟁에서는 일방이 항복할 때까지 그 폭력성의 정도와 범위가 지속적으로 확대되어야 하지만, 현실적인 전쟁은 대부분 중도에서 휴전되거나 불완전한 상태로 종결되는 것이 특성이다.

그 이유는 전쟁이 진행됨에 따라 상황이 변화되고 제한을 강요하는 주변 국가의 간섭과 국제적인 여론이 발생하며 생명과 안락에 대한 국민의 애착이 전쟁에 대한 국민적 지지를 감소시키기 때문이다.

제3절 전쟁의 원인과 종결

1. 전쟁의 원인

모든 인류가 한결같이 평화를 갈망해 왔으나 오늘도 지구상 어느 곳에서는 전쟁이 일어나고 있거나 전쟁의 그림자가 드리워지고 있다. 20세기 말 탈냉전으로 지구상에 평화가 유지될 것으로 생각했으나 민족, 종교, 테러, 지역 갈등 등의 불안정이 지속되고 새로운 도구의 출현상황이 전쟁심리를 더욱 자극하고 있다.

이와 같이 전쟁은 우리가 좋아하거나 증오하거나 간에 그것은 국가와 민족의 생존권과 독립과 번영을 좌우한다. 또한 전쟁은 도발자의 의지에 의해 언제든지 일어날 수 있으며, 더욱이 국가 간의 분쟁을 해결하는 최후 수단이 되어 왔고 앞으로도 인간의 천성이 변하지 않는 한 그 양상을 달리하면서 계속 존재할 것으로 인식되고 있다.

그러므로 전쟁의 원인 분석은 인류학적 · 철학적 · 정치학적 · 경제학적 · 사회학적 등 전문 분야별 원인 분석과, 특정 원인별, 지도자의 인성적 차원 등 특정원인과 일반적 원인으로 분석할 수 있으며 이 중 일반적 원인 분석의 라이트 요인분석 이론은 전쟁원인을 카멜레온적 양상처럼 인류와 관련된 다양한 분야와 관계있고, 이러한 다양한 제 요인들이 종합적으로 작용하여 발발한다는 사실을 유추할 수 있다.

첫째, 과학자, 사학자 및 국제관계 연구가들은 유형적인 힘을 세력 균형, 정치적 요인 그리고 필연성 등으로 분석함으로써 국가 내의 유기적인 힘을 각기 일반화해 왔다.

둘째, 국제법, 국가이익, 그리고 이성 등의 이름 아래 합리적 영향력에 관해서 일반화되어 왔다.

셋째, 국제조직, 이데올로기, 그리고 문화 혹은 관습이라는 제목하에 사회제도에 관해서 일반화되어 왔다.

넷째, 개인의 반응은 여론, 심리적 혹은 경제적 요인 또는 변덕이나 감정이라는 이름의 평론들에 의해 일반화된다.

결과적으로 전쟁은 정치·기술적, 법적·합리적, 사회·이데올로기 및 심리·경제적 상황들에 의해서 발생한다는 것이다.

따라서 전쟁을 예방하는 길은 전쟁이 발발되는 원인을 제거하는 것이다. 물론 그 원인을 정확히 파악하는 것은 쉽지 않고, 불확실하며, 여러 가지 복합적인 상황이 얽혀 있기 때문에 단적으로 함축시키는 것은 불가능할 것이다. 그러나 과거 고대전쟁으로부터 현대전에 이르기까지 그 시대적 특성에 비추어 그 시대에 부합되는 혹은 전 시대를 통해 도출되는 근사치의 원인을 찾아볼 수 있을 것이다.

2. 전쟁의 종결[3]

좁은 의미에서 전쟁은 선전포고로 시작해서 휴전 또는 강화조약으로 종결된다. 전쟁은 전쟁 당사국 중 어느 일방이 최후통첩이나 선전포고가 있을 때부터 전쟁상태에 돌입한 것으로 인정한다. 예를 들면, 중국은 제1차 세계대전 시 독일에 대하여 사실상 선전포고만을 하였고 군사력의 충돌은 없었는데도 전쟁이 종료된 후에는 전쟁 당사국으로 인정됨으로써 국제법의 적용을 받아 독일과 강화조약을 맺었다.

그러나 넓은 의미에서는 전쟁이 반드시 선전포고로 시작되는 것은 아니다. 예를 들면, 제2차 세계대전 시 일본에 의한 진주만 기습공격과 각종 혁명 전쟁은 선전포고 없이 시작되었다. 따라서 선전포고가 없다고 하여 전쟁이 아니라는 주장은 오늘날에는 설득력이 없다. 결론적으로 전쟁은 "국가 간 또는 국가와 이에 준하는 집단(교전단체)이 군사력을 비롯한 각종 수단을 행사하여 자기의 의지를 상대방에게 강요하는 전면적이고 조직적인 무력충돌의 현상으로, 통상 선전포고와 더불어 개시되고 강화조약으로 종결된다"라고 할 수 있다. 이것을 부연 설명하면, 전쟁이란 "국가 간 또는 국가 내에서도 정부와 반정부집단(교전단체) 간의 무력투쟁 상태"라 정의할 수 있다. 여기

---

3) 최용성, 『세계전쟁의 이해』, 2008, pp.14~15.

서 무력투쟁이란 우발적 또는 일시적인 단순한 무력충돌 현상이 아니라, 어떤 목적을 달성하기 위하여 무력을 포함한 자신의 모든 역량을 조직적이고 지속적으로 발휘하는 행위를 의미한다.

제4절 전쟁사 연구

1. 전쟁사 연구 목적

전쟁사를 연구함에 있어서 고대로부터 현재에 이르기까지 전쟁이 어떠한 양상을 띠면서 발전되어 왔느냐 하는 부분의 연구는 매우 중요하다. 왜냐하면, 미래전쟁의 양상을 예측한다는 것은 전쟁사 연구의 근본 목적이기 때문이다.

전쟁사 연구를 통하여 간접적으로나마 경험을 쌓는 것은 아주 중요하다고 할 것이다. 리델 하트(Basil Henry Liddell Hart)는 『전략론』에서 전사연구를 통한 간접경험의 중요성에 대해 "직접경험은 이론이나 응용에서 있어서 많은 한계점이 있으나, 역사연구를 통한 간접경험은 다양한 조건을 가진 많은 사람들의 경험이기 때문에 더욱더 가치가 있다"라고 언급하고 있다.[4]

또한 몰트케(Moltke)는 전쟁사가 "평화 시 군인에게 전쟁을 가르치는 가장 효과적인 수단"[5]인 것이며 군사라는 전문적 직업을 택한 군인이 전쟁사를 연구하는 목적은 장차전의 승리를 위한 교훈을 도출하는 데 있다고 해도 무리는 아닐 것이라고 했다.

그렇다면 우리가 전쟁사 연구를 통해서 얻고자 하는 것은 무엇인지, 이 점에 대해서는 학자들마다 여러 견해를 제시하고 있는데 이 중에서 육군사관학교 교수로 한국 군사사 연구에 많은 기여를 한 정토웅 교수는 그의 연구문 『군사사(軍事史) 연구방법론』 중 군인이 군사사(전쟁사)[6]를 연구하는 목적에 대해 크게 다섯 가지로 구분하여 주장하고 있는데 이를 소개하면 다음과 같다.

첫째, 전쟁의 본질과 양상을 이해하며 장차전에 현명하게 대비하는 데 있다.

---

4) 리델 하트, 강창구(역), 『전략론』, 1988, p.78.

5) Samuel P. Huntington, 『군인과 국가』, 병학사, 1982, p.68.

6) 정토웅, 『군사사 연구방법론』, 국방부 전사편찬위원회, 1992, pp.5~7, "전쟁사보다는 전사사"라는 용어가 더욱 광범위하고 긍정적이라는 등의 이유로 '군사사'라는 용어를 사용할 것을 주장하고 있음.

둘째, 군사문제에 관한 광범위하고 전문적인 군사이론과 지식을 획득하는 데 있다.

셋째, 지휘관으로서 상황판단 능력과 상황처리 능력을 향상시키는 데 있다.

넷째, 전투의 실태 및 전장에서의 제반 상황을 이해하고, 무력전의 원인과 경과 및 결과와의 상관관계를 이해하는 데 있다.

다섯째, 군인으로서 자질(전문직능, 책임감 및 협동정신 등)을 향상시키는 데 있다.

상기한 전쟁사 연구 목적은 충분한 설득력을 가지고 있다고 보며, 추가적으로 이해를 돕기 위하여 연구 목적에 부합되게 연구되고 효과적으로 활용된 사례를 들어 보면 다음과 같다.

첫째, 군사문제에 대한 올바른 전망과 영감을 제공하여 주는 경우다.

1951년 9월 15일 실시된 인천상륙작전에 대한 맥아더 장군의 확고한 신념은 제2차 세계대전 중 태평양 전쟁에서 그가 직접 지휘했던 수많은 상륙작전에 의한 경험과 함께 그가 생도시절 배웠던 1759년 캐나다에서 발생했던 영국군과 프랑스군과의 퀘벡(Quebec)전쟁에서 영향을 받았다고 회고록을 통해 밝히고 있다.

둘째, 과거 훌륭한 장군들은 전쟁사 연구를 통해 군사경험이 축적되어 어떠한 상황에 직면하더라도 간접적 체험을 바탕으로 당황하지 않고 어려운 상황을 해결해 나갈 수 있었던 것이다.

셋째, 전쟁사를 전략수립(戰略樹立)을 위한 연구도구로 적극 활용하였다.

나폴레옹이 "새로운 전략과 전술은 자신의 경험과 과거 위대한 장군들의 전쟁을 연구함으로써만 체득될 수 있다"고 말했듯이 클라우제비츠, 조미니, 리델 하트와 같은 훌륭한 군사이론가들은 전쟁사를 과거 전쟁에 대한 연구와 기록에 그치지 않고 군사전략 수립을 위해 적극 활용하였던 것이다.

지금까지 전쟁사의 연구 목적과 함께 전쟁사가 효과적으로 잘 이용된 사례를 들어 보았으나 1935년 맥아더 장군의 육군참모총장 재직 시 연설문을 인용하여 전쟁사 연구의 중요성을 강조해 보고자 한다.

"전쟁사 연구가는 역사로부터 지엽적인 전쟁방법과 기술 같은 것을 배우려 하지 않습니다. 모든 시대에 있어서 그러한 전쟁방법과 기술은 당시 가용했던 무기의 특성과 전투부대의 기동수단, 보급 및 통제수단에 의해 결정적인 영향을 받았기 때문입니다. 그러나 전쟁사를 연구함으로써 우리는 과거에 승리를 가져다준 근본적인 원칙과 이러한 원칙이 어떻게 결합되고 적용되었는가를 명백히 알게 됩니다. 따라서 육군은 전쟁의 악취가 채 가시지 않은 최근 전쟁뿐 아니라 오랫동안 먼지 속에 묻힌 전쟁에 대해서도 연구 분석을 계속해 나가고 있는 것입니다."

2. 전쟁사 연구방법

전쟁사 연구는 정토웅 교수 주장처럼 기본적으로 역사연구방법을 따르지만 연구대상은 군사문제라는 특성 때문에 사회과학적 방법을 적용하며 일반적으로 개괄적 방법(概括的 方法, Extensive method)과 집중적 방법(集中的 方法, Intensive method)[7]으로 구분된다.

이 중 개괄적 방법은 여러 전쟁과 전역 및 전투를 광범하게 개관(慨觀)하면서 연구하는 것으로 이 방법은 전쟁상황을 너무 단순화하는 약점이 있다.

그러나 여러 전투를 취급하여 많은 경험적 지식을 제공받을 수 있으며 집중적 방법은 몇 개의 전역과 전투를 한정적으로 집중하여 연구하는 것으로 제한된 폭의 지식만 제공받을 수 있으나 연구 목적에 맞는 정밀분석을 통해 전쟁의 불확실 상황에 유사하게 접근할 수 있는 특성을 갖고 있다.

전쟁사는 폭넓게, 깊이 있게 그리고 특히 상관관계를 중시하며 연구하여야 한다고 하워드(Michael Howard) 교수가 주장한 바와 같이 필히 사전에 전쟁사의 한계를 인식하는 상태에서 "무엇을, 어떠한 목적을 위해 연구할 것인가?"를 명확하게 한 후에 연구를 실시해야 한다.

그러나 관심사가 다양한 전쟁사 연구가들의 모든 요구사항을 충족시켜 주는 연구 요령을 제시하는 것이 전혀 불가능하다고 할 수 없다. 그러나 누구나 쉽게 제시할 수도 없다고 생각한다. 따라서 일반적인 전쟁사 연구방법 가운데 연구 목적과 대상에 따라 중점적인 연구방법을 연구가 본인이 선택하지만 경험에 의하면 먼저 연대순으로 전쟁사를 개관하여 역사적 통찰력을 갖게 한 후 주제별로 집중하여 연구함으로써 연구 목적을 달성할 수 있다고 본다.

3. 전쟁사 연구절차

전쟁사 연구를 위해 먼저 해야 하는 것은 독서계획 작성을 용이하게 하도록 자신의

---

7) 정토웅, 『군사사 연구방법론』, 국방부 전사편찬위원회, 1991, pp.32~36.

연구 목적에 부합된 질문 표를 작성하고 연구를 시작해야 한다.

군대의 구성과 성격(민병, 징병, 용병 등), 군대가 어떻게 싸웠는가의 평가(전격전, 진지전, 화력, 기동 등) 등 전쟁의 종료까지 그리고 연구 목적을 충족시킬 수 있는 기초자료와 책자를 찾아야 한다.

이때 자료의 목차, 서론, 색인을 파악하여야 하는데 필히 저자의 배경과 특성 등을 파악하여야 한다. 왜냐하면 흔히 우리들이 찾고 있는 핵심내용이 주로 책의 끝부분에 실려 있음에도 그 책을 처음부터 끝까지 모두 정독하여 찾는 비효과적인 방법을 사용하는 경우가 있기 때문이다.

효과적인 방법으로 독서하려면 단시간 내에 우선 그 책의 중요 부분을 찾아내고 나서 저자의 명제를 간파하고 이해하는 데 전심전력을 다해야 한다.

이렇게 연구하고자 하는 책이나 자료를 선택한 후에는 독서를 통해 독서기록을 유지해 나가야 하는데, 독서기록을 유지하는 한 가지 방법은 독서기록을 만드는 일이다.

그리고 기록철의 맨 윗부분에 완전한 서적명, 저자, 발행처, 발행인, 발행일자 등을 기입하고 내용 가운데 특출한 부분의 페이지와 내용에 대한 평가를 기록한다. 또한 그 서적의 주제와 저자의 명제를 간략하게 간추려서 기재하고 자신의 독후감도 적어 두면 매우 유익하다. 이러한 과정을 통해 최초부터 연구 목적에 부합된 질문 표를 작성하고 서적과 자료를 선정한 후 독서를 해 나가면서 독서기록철을 작성함으로써 단순하게 사건의 발생원인과 경과 등을 이해하는 데 그치는 것이 아니라 더 나아가 군사평론가로 전쟁사를 분석할 수 있어야 한다.

군사평론가로서 전쟁사를 비평하고 분석하는 방법 중 가장 쉽고 간단한 방법은 스스로에게 질문하고 답하는 자문자답식(自問自答式)으로 이 방법은 육하원칙에 입각하여 진행함으로써 간단한 전투사나 신속한 분석이 요구될 때 사용하면 매우 효과적이다.

자문자답에 의한 방법

① 누가: 관련 인물은?
② 언제: 언제 발생하였는가? (전투 기간, 시기)
③ 어디서: 어디서 발생하였는가? (작전 지역)
④ 무엇을: 어떤 사건이 발생하였는가? (중요 국면 및 상황)
⑤ 어떻게: 사건은 어떻게 발생하였는가?
⑥ 왜: 사건이나 상황이 왜 그렇게 진전되어 나갔는지?
⑦ 여기서 얻을 수 있는 교훈은?

제2장
전쟁양상의 변천과정

제1절 전쟁의 양상

Carl von Clausewitz
● 1780년 6월 1일 출생
● 1792년 12세에 군 입대
● 1793년 마인츠 재탈환 전투 참전
● 1801년 베를린 전쟁학교 입교
● 1804년 황태자 전속부관 발탁
● 1806년 아우어슈테트 전투 패배
  1807년 가을까지 10개월 포로생활
● 1812년 러시아군 대령으로 참전
● 1815년 제3군단 참모장 임명, 워털루 전역 리니/와브르 전투 참전
● 1819년 베를린 전쟁학교 교장 부임, 전쟁론 집필 시작
● 1831년 11월 16일 콜레라로 사망

전쟁의 정의는 시대와 상황, 그리고 전쟁양상의 변화에 따라 변화하였다. 이를 보다 구체적으로 알아보기 위해 클라우제비츠의 생애와 시대적 상황에 대해 이해할 필요가 있겠다.

클라우제비츠는 최초로 정치적 관점에서 전쟁을 규명하고, 철학적 이성으로 전쟁의 본질을 연구한 사람이다. 클라우제비츠는 인류 최초의 국가 간 전쟁, 즉 국민전쟁이 있었던 나폴레옹 전쟁 시대의 프러시아의 군인이었다.

1780년에 태어나서 1831년에 콜레라에 걸려 사망했다. 클라우제비츠는 사관학교시절 성적이 우수했기 때문에 졸업 후 황태자의 전속부관이 되었고, 1806년에는 아우어슈테트전투에서 패배한 후 프랑스군의 포로가 되어 1807년 가을까지 약 10개월 동안 프랑스에서 포로생활을 했으며 1815년 워털루 전투 시에는 블루헤르 지휘하의 프러시아군 제3군단 참모장으로 나폴레옹을 패배시킨 장본인이다. 이처럼 클라우제비츠는 전 생애를 나폴레옹과 싸우는 데 보냈다. 그 당시의 전쟁양상은 어떠하였을까? 당시의 전쟁은 국가와 국가 간에 사활을 건 전쟁으로서 전쟁에서 패배하게 되면 승자에게 무조건적인 복종을 강요당했던 시기였으며, 비록 절대전쟁이니 현실전쟁이니 하는 개념은 없었지만, 오직 적의 군대를 파괴하는 것을 목적으로 전쟁이 수행되었던 것이다.

이러한 시대적 조류와 전쟁양상 속에서 전쟁을 이해했기 때문에 클라우제비츠는 전쟁을 "자기의 의지를 관철시키기 위하여 적을 굴복시키려는 폭력행위"라고 정의했던 것이다. 앞에서도 언급하였지만 전쟁양상의 변천과정은 전쟁사를 연구함에 있어서 매우 중요한 분야이며 우리가 전쟁사를 연구하는 근본 목적에 해당되는 부분이기도 하다.

따라서 전쟁양상의 변천과정 연구는 전쟁사 연구의 핵심이라 할 수 있고, 수많은 자료의 탐색 없이는 이루어질 수 없는 부분이다. 전쟁양상의 변천과정을 위주로 전사를 연구한 학자들은 대단히 많다. 그중에서도 대표적인 학자로서는 미국의 '리차드 프레스톤'과 '퀸시 라이트'가 있는데, 리차드 프레스톤 교수는 시대적 사건을 중심으로, 퀸시 라이트 교수는 세계사의 시대구분에 따라 전쟁양상의 변천과정을 제시하고 있는데, 리차드 프레스톤 교수의 전쟁양상 변천과정을 시대적 사건을 중심으로 전개하고 있는 것을 보도록 하겠다.

제2절 변천과정[8)]

1. 고전적 전쟁

고전적 전쟁이란 용어의 의미는 고대라는 뜻이다. 오늘날의 군사적 유산은 문화적 유산과 마찬가지로 고대의 그리스, 로마, 중앙아시아 등과 같은 고대 문명으로부터 그 근원을 찾을 수 있다.

고전적 전쟁은 그리스시대로부터 서로마 제국이 용병대장 오도아케르에게 멸망한 476년까지의 전쟁을 말한다. 이 시대 전쟁의 모습은 밀집 중보병의 중량과 지구력의

---

8) 육군대학, 『세계전쟁사』, 2004, pp.1-5~1-11.

고전적 전쟁(Classical Warfare)

● 시기 : 그리스 시대 ~ 서로마 멸망 (5세기)
● 수단 / 양상
  - 인간 Energy(활, 창, 칼)
  - 밀집 중보병의 중량과 지구력의 싸움
● 주요 전쟁 : 그리스 전쟁, 알렉산드로스의 원정, 로마 전쟁
● 변화요인 : 서고트족 기병 (378년, 아드리아노플 전투)

싸움이었다. 영어로 말하면 웨이트와 스태미나(Weight와 Stamina)이며 더 무겁고 오래 견디는 편이 이기는 싸움이라고 해야 하겠다.

줄다리기를 한번 상상해 보자. 똑같은 숫자로 줄다리기를 한다고 했을 때 몸무게가 많이 나가는 쪽이 이기겠는가? 아니면 가벼운 쪽이 이기겠는가? 그렇다. 같은 숫자라면 무게가 많이 나가는 쪽이, 그리고 오래 견디는 쪽이 이길 것이다. 따라서 고대전쟁에서는 병사들의 무게를 늘리기 위해서 중량(重量)을 늘리고 이러한 상태에서 지구력을 기르는 데 중점을 두고 훈련을 실시했던 것이다. 이 시기의 전쟁으로는 마케도니아의 알렉산드로스에 의한 세계정복을 기억할 수 있는데, 알렉산드로스는 이처럼 무거운 부대를 이끌고 11년 동안 이집트-인도에 이르는 34,000km의 거리를 진군했던 것이다. 그리고 칸나의 전투로 유명한 한니발 역시 이 시기의 장군이다. 그리스의 방진(方陣)인 팔랑스(Phalanx)시대를 거쳐 로마시대에는 레기온(Legion)이라는 방진이 전장을 지배하였다. 하지만 서기 378년 아드리아노플(Adrianople) 전투에서 로마의 레기온이 서고트족의 기병에 의해 격파됨으로써 인간의 중량과 스태미나에 의한 정적인 전쟁방식은 서서히 자취를 감추고 기병이 전장을 지배하게 되었다.

2. 봉건적 전쟁

봉건적 전쟁은 5세기로부터 비잔틴제국이 오스만 터키 제국에 의해 멸망한 1453년까지를 말한다. 이 시기는 732년 북아프리카의 무어(Moor)족 기병 5만 명이 피레네 산맥을 넘어 프랑크(Franck)족 보병을 공격하면서부터라 할 수 있다. 이 당시의 전쟁양상은 고대시대 인간에 의한 중량, 즉 밀집중보병의 중량에 말의 에너지를 추가한 것이다. 따라서 전쟁의 모습(전장양상)은 다음과 같이 묘사될 수 있는데 언덕에서 두 개의 물체가 밑을 향해서 내려가고 있다. 하나는 갑옷을 입은 인간 그룹이고, 하나는 짐을 가득 실은 마차 그룹이다. 이 두 종류의 집단 중 밑에 대형을 갖추고 있는 부대에게 큰 압력과 충격을 주는 집단은 어느 것이겠는가? 그렇다. 짐을 가득 실은 마차 집단일 것이다.

이처럼 봉건시대, 즉 기병의 시대에는 인간의 중량에 말의 중량을 더하여 상대편에게 충격을 배가시킴으로써 전쟁에서 승리하려는 모습으로 전쟁의 모습이 나타났다.

그러나 보통 평민이나 돈이 없는 군인은 말을 구할 수 없었고, 또한 말이 있다 하더라도 말에 갑옷을 입히는 등의 무장을 할 수 없었기 때문에 전쟁은 돈이 많은 기사나 영주의 관심사에 불과했다. 거기에다 기사나 영주의 입장에서 볼 때 말의 상실은 전쟁능력의 상실을 의미했기 때문에 전쟁은 매우 제한적일 수밖에 없었다.

유럽에서 이러한 모습의 전쟁을 하고 있을 때 칭기즈칸이라는 군사적 천재가 나타났는데, 칭기즈칸은 말의 중량을 가볍게 하고, 속도를 배가시키기 위해 무장을 경량화함으로써, 진정한 의미의 말에 의한 기동전으로 전 세계를 지배하였던 것이다. 그리고 봉건적 전쟁양상에 변화를 유발한 요인은 1346년의 크레시(Crecy)전투에서 긴 활을 쓰는 영국의 장궁 보병이 프랑스의 기병을 대파시킨 사건과 화승총이 전쟁에 등장함으로써 천 년간 지속된 기병의 시대가 막을 내리고 화약에너지와 화승총이 전쟁에 등장한 것이다. 이 시대의 주요 전쟁은 십자군원정, 100년 전쟁, 칭기즈칸의 전쟁을 들 수 있다.

3. 근대 제한 전쟁

근대 제한 전쟁은 오스만 터키 제국이 화약을 장전한 공성포를 사용하여 콘스탄티노플 (Constantinople)을 점령하는 1453년, 즉 15세기로부터 나폴레옹 전쟁까지로 볼 수 있다. 현대적 의미의 제한 전쟁은 전면전쟁(Global War)을 회피한 국지적 전쟁으로 핵무기나 특수한 무기의 사용을 전략적으로 제한한 전쟁을 말한다.

하지만 여기에서 말하는 제한 전쟁이란 시기적으로 15세기부터 나폴레옹 전쟁 시기까지는 인위적이 아닌 자연적인 현상으로 일대 결전의 모습으로 나타나지 않는 제한적인 모습으로 나타났다는 의미에서 제한 전쟁이다.

이 시대에 전쟁을 제한하였던 요소를 좀 더 보충한다면

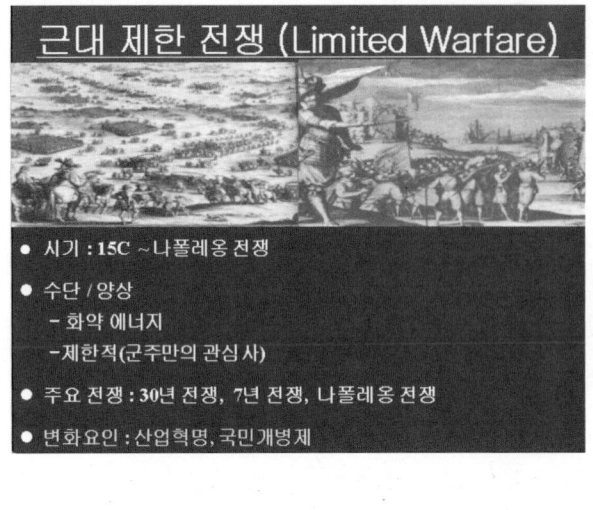

첫째, 정치적으로 30년 전쟁 이후 1648년에 체결된 베스트팔렌 조약의 주권존중사상의 영향이다. 이에 의하여 전쟁의 목적은 적을 완전히 격파하는 것이 아니라 '군사적 결정'을 통하여 '외교적 흥정'을 벌였으며 국민군이 형성되기 이전이었으므로 전쟁은 군주만의 관심사였다.

둘째, 경제적으로 상비군은 막대한 비용을 요구하였고, 중상주의 정책에 의해 생산업이 강조되었다.

셋째, 사상적으로 그 당시는 '이성의 시대'로서 전쟁의 시작과 끝은 항상 국가이성에 의해 좌우되었으며, 합리주의자가 전쟁을 반대하였다.

넷째, 군사적으로 화승총과 화약에너지의 사용으로 살상률이 증대되고, 창고제도에 의한 보급 등 보급체계가 미비하였으며, 상비군의 존재를 자신의 부로 선전하고자 군주들이 야전에서 상비군의 소모를 원치 않았기 때문에 위와 같은 이유로 전쟁은 제한될 수밖에 없었던 것이다.

이러한 절대군주제도하에서의 전쟁양상은 18세기 말 프랑스 혁명과 나폴레옹의 등장으로 결전을 통해서 적을 섬멸한다는 개념으로 변화하게 된다.

즉 프랑스 혁명을 통해 국가의 주권은 국민에게 있다는 사상이 명백해짐에 따라 모든 국민은 스스로 국가를 지켜야만 한다는 소명의식이 자리 잡게 됨으로써, 국가는 국가의 모든 수단인 정치력, 경제력, 과학기술력, 군사력 등을 전쟁에 투입하게 되어 이후의 전쟁은 총력전 양상으로 변화하게 되었다.

이 시대의 주요 전쟁은 30년 전쟁, 7년 전쟁, 나폴레옹 전쟁 등을 들 수 있다.

4. 총력전

총력전이란 쉽게 말하면 국가의 전 역량을 총동원하여 전쟁을 수행한다는 개념이다.

즉 전쟁의 목적과 수단 면에서 무제한적인 성격을 띠는 것을 말한다.

그렇다면, 총력전 양상에서의 전쟁의 목적은 정치적 목적이 될 것이며 이러한 정

치적 목적, 즉 국가의 이익과 생존을 위해 전 국민이 전쟁에 동참하는 절대전 사상에서 총력전은 비롯되었다고 할 수 있다.

전쟁의 수단이란 측면에서 보면, 당시 19세기 유럽은 민족단위의 국민국가가 형성되어 독립국가로 발전하였고, 문화적으로는 르네상스, 사회·경제적으로는 산업혁명, 종교적으로는 종교개혁의 운동이 벌어졌던 시기였다.

이와 같이 산업혁명에 따라 기술혁신으로 전쟁의 도구가 기계화되고, 국민개병제를 통해 군대가 대규모화됨에 따라 전쟁의 수단 또한 무제한적인 성격이 된 것이다.

이러한 총력전 사상은 결국 정치 지도자의 절대전 사상에서 비롯되었다고 볼 수 있는데 미국의 남북전쟁 그리고 1·2차 세계대전을 통해 그 양상이 절정에 달하게 되었다.

총력전이라는 전쟁양상에 변화를 가져오게 한 결정적인 사건은 2차 대전 말기에 일본의 히로시마와 나가사키에 투하된 원자폭탄이었다.

이에 따라 그 후 모든 국가들은 "전쟁의 결과는 '공멸'이다"라는 위험을 인식하게 되면서 냉전이라는 새로운 전쟁양상이 출현하게 된다.

5. 냉 전

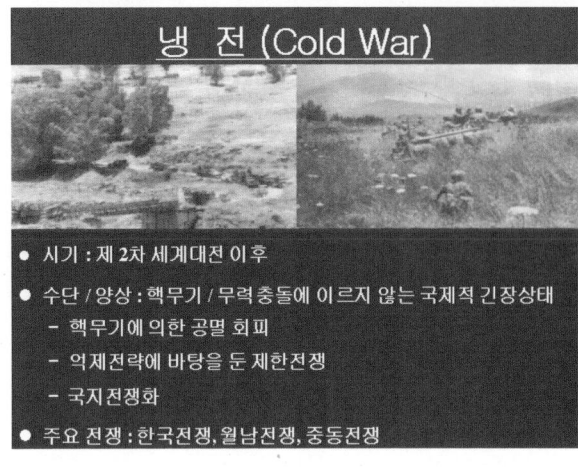

냉전이란 핵무기의 등장에 이데올로기(Ideology)가 결부되어 동서양 체제 간에 생겨난 것으로, 전쟁의 정의에서 살펴본 바와 같은 명백한 무력투쟁 아닌 다른 방법, 즉 정치, 경제, 사회, 군사적으로 상대방에게 압박을 가하는 새로운 전쟁양상이다.

2차 세계대전 이후 전쟁의 양상은 핵전쟁에 의한 공멸을 회피하려는 억제 전략에 바탕을 둔, 새로운 형태의 제한 전쟁으로 발전하였는데, 확전을 방지하기 위해 강대국의 개입으로 국지적인 제한 전쟁이 되었던 것이며, 이 시기의 대표적인 전쟁은 한국 전쟁, 중동 전쟁, 월남 전쟁, 포클랜드 전쟁 등이 있다. 여기에서 한 가지 의문이 생길 것이다. 최근에 있었던 다국적군과 이라크와의 전쟁인 걸프전이나, 다국적군과 유고와의 전쟁인 코소보 전쟁, 그리고 유엔의 PKO 활동 등은 어떤 양상으로 분류해야 할 것인가 하는 점이다. 이 문제에 대해 아직 명확히 정립된 이론은 없으며 이에 대한 연구는 앞으로 정립해야 할 과제라고 생각된다.

제3장
군사사상과 군사이론

전쟁양상의 변천과정에서 기병의 출현, 화약에너지와 화승총의 사용, 프랑스 혁명과 나폴레옹의 등장 그리고 핵무기의 사용과 같은 시대적 사건으로 인해 전쟁양상은 획기적으로 변화하였으며, 걸프 전쟁, 코소보 전쟁, 아프간 전쟁에 대해서는 추가적인 연구가 필요하다는 것을 앞에서 언급한 바 있다.

많은 군사이론가 중에서 조미니, 클라우제비츠, 리델 하트의 군사이론을 연구하는 이유는 군사사상을 연구하는 것이 목적이 아니고 전쟁사를 연구하는 과정에서 조미니의 내선작전과, 리델 하트의 간접접근 전략은 주요 전례를 분석하는 기본 틀로써 적용되고 있고, 클라우제비츠의 전쟁에 대한 이론은 전쟁사 교육을 받는 학생들이라면 모두가 이해해야 할 부분이기 때문에 제한된 시간을 고려하여 세 사람의 이론 중 핵심 부분에 대하여 연구하는 것이다.[9]

제1절 조미니의 내선작전

1. 조미니

조미니의 군사이론을 이해하기 위해서는 조미니의 군사적 경험을 이해하는 것이 선행되어야 하는데, 조미니는 19세기로부터 20세기 초까지 약 1세기에 걸쳐 세계의 군사

---

9) 육군대학, 『세계전쟁사』, 2004, pp.1 - 12~1 - 28.

Antoine Henri Jomini

- 1779년 스위스 출생
- 1798년 스위스군 참모 군생활 시작
- 1801~1804년 "대군사 작전론" 저술
- 1806년 소령→ 대령 특진
  나폴레옹 군사 보좌관
- 1807년 네이의 참모장 스페인 전역 수행
- 1812년 스몰렌스크의 주지사 역임
- 1813년 이후 러시아로 군적 변경 러시아군 개혁과 발전에 헌신
- 1869년 파리에서 사망

이론을 지배했던 거장이다.

조미니의 약력을 간단히 소개하면 1779년 스위스에서 출생했었고, 은행원으로 사회생활을 시작하였다.

1798년, 스위스에서 혁명이 일어나자 프랑스군의 지원을 받는 스위스군에 참모로 지원하면서 군인생활을 시작하였으며, 1801년에서 1804년에 프리드리히 대왕의 7년 전쟁에 대해 심도 깊게 연구하여『대군사작전론』을 발표하였다.

1804년 소령에서 대령으로 특진했는데, 당시 조미니가 일약 두 계급을 특진한 이유는 그가 쓴 최초의 작품『대군사작전론』이라는 책이 나폴레옹의 마음에 들었기 때문이다.

1806년 예나전투(프랑스와 프러시아와의 전투)에서 나폴레옹의 군사보좌관이 되었고 1807년 네이의 참모장으로 승진, 네이 장군을 수행하여 스페인 전역에 참가하였고 1812년에는 나폴레옹이 러시아 원정 시에는 스몰렌스크의 주지사가 되었으며 1813년에는 나폴레옹의 참모장인 베르티에의 시기로 인하여 러시아군으로 군적을 옮겨, 이후 그가 사망할 때까지 러시아군의 발전과 개혁을 위해 헌신했던 인물이다.

이러한 조미니의 군사경력 중 특이한 사항은 조미니는 나폴레옹의 총애를 받았지만 한 번도 부대를 지휘해 보지 못했는데, 그 이유는 조미니의 능력이 너무 출중하여 나폴레옹 부하 장군들의 시기의 대상이 되었기 때문이다.

조미니의 생애를 요약하면, 조미니는 나폴레옹 전쟁을 직접 경험하였으며, 조미니의 군사이론 형성에 지대한 영향을 미친 전례는 프리드리히 대왕의 7년 전쟁과 나폴레옹 전쟁임을 알 수 있다.

2. 조미니의 군사이론

조미니는 "시간과 공간 그리고 무기체계의 변화를 초월하여 불변하는 전쟁의 원리를 도출하고 이를 체계화"하려고 노력한 사람으로서, 그의 군사이론 중에서 후세에 가장 많은 영향을 미친 부분은 전쟁의 기본원칙을 제시하였고, 전략 전술용어의 개념을 정립하였으며, 그리고 전쟁수행 측면에서 외선작전과 내선작전에 관한 개념을 설정한 것이다.

전쟁의 기본원칙과 전략·전술 용어 개념 정립에 관한 사항은 생략하고 작전선과 내선작전에 대해서 알아보도록 하겠다.

작전선이란 군사적 목표를 달성하기 위해 현 작전기지 또는 배치 지역으로부터 일련의 목표들을 연결하는 개념적인 선(군사용어사전)으로 "적 중심을 지향하는 아군의 주노력 방향"(지상작전)이라고 할 수 있다.

조미니의 작전선은 적의 배치 상황, 병참선 그리고 작전계획에 따라 구분할 수 있으며 이것이 외선작전과 내선작전이다. 먼저 외선작전으로서 이해를 돕기 위해 상황을 정하겠으며, 현 상황은 Ⓐ라는 나라는 Ⓑ, Ⓒ, Ⓓ라는 나라에 포위되어 있다면 이러한 상황에서 Ⓐ라는 나라를 Ⓑ, Ⓒ, Ⓓ라는 나라가 공격한다는 가정했을 때 위치상 Ⓑ, Ⓒ, Ⓓ는 Ⓐ에 비해서 외부에 있다.

이처럼 내부에서 외부로 작전을 실시하는 적에 대하여 후방 병참선을 바깥쪽에 유지하면서 여러 방향에서 구심적으로 이루어지는 작전을 외선작전이라 하고, 이때 Ⓑ, Ⓒ, Ⓓ가 Ⓐ에 대해서 취하는 작전선을 외선작전선이라 한다.

이 같은 외선작전의 특징은 적을 포위하여 포착할 수 있고, 적의 퇴로를 차단할 수 있을 뿐만 아니라, 그 후방 병참기지에 위협을 줄 수 있으나, 아군의 배후에 대해 위협을 당할 경우가 거의 없는 전략적으로 유리한 작전이며

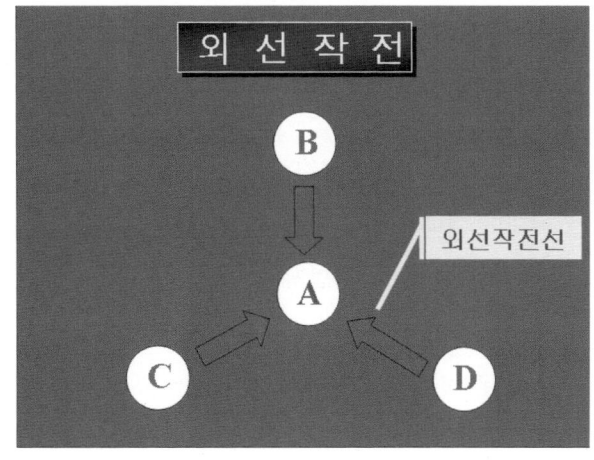

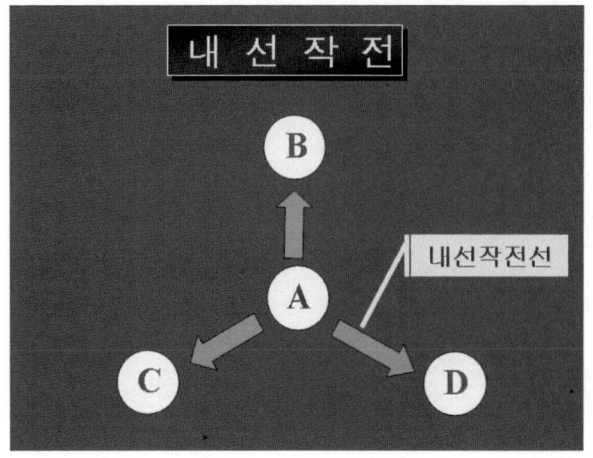

시간과 공간의 여유를 가지고 주도적으로 작전을 수행할 수 있으며 적에 비해 우세한 전투력을 가진 부대가 채택할 수 있는 강자의 전략이다. 반면에 전투력이 분산되기가 쉽고, 각개격파를 당할 위험성을 내포하고 있다.

다음은 외선작전과 반대가 되는 내선작전으로서 여기에서도 상황을 설정해 보면 현 상황은 Ⓐ라는 나라는 Ⓑ, Ⓒ, Ⓓ라는 나라에 포위되어 있다. 이러한 상황에서 Ⓐ라는 나라가 Ⓑ, Ⓒ, Ⓓ라는 나라를 공격한다고 가정했을 때 위치상 Ⓐ는 Ⓑ, Ⓒ, Ⓓ에 대해서 내부에 있으며 이와 같이 여러 개의 외부방향으로부터 구심점이나 후방병참선을 향하여 작전을 실시하는 적에 대하여 아군의 병참선을 내부에 두고 실시하는 작전을 내선작전이라 하고, Ⓐ가 Ⓑ, Ⓒ, Ⓓ를 공격할 때 취하는 작전선을 내선작전선이라 한다.

이 같은 내선작전의 특징은 예하부대를 집결시켜 장악이 가능하고, 적을 분리시켜 축차적으로 각개격파할 수 있는 장점이 있는 반면에 이와 같은 장점은 시간이 경과함에 따라 소멸되고, 병참선을 위협받을 수 있으며 각개격파의 성과가 완전하지 못할 경우에는 수동적인 상태에서 불리한 결전을 강요받을 수 있다.

그럼 프랑스 혁명이 있었던 시대로 되돌아가서 내선작전을 생각해 보면, 프랑스 혁명이 있던 당시 프랑스를 포함한 모든 주변국은 절대군주제도하에 있었다. 프랑스 혁명이 일어나자 프랑스에서는 루이 16세가 처형당하고 국가의 모든 주권이 국민에게 돌아갔다.

이런 상황 속에서 주변국인 영국, 오스트리아, 벨기에, 러시아, 프러시아 등은 프랑스 혁명의 여파가 자국에 파급되어 혁명이 일어날까 전전긍긍하면서 프랑스 혁명을 진압시키기 위해, 다시 말하면 프랑스에 절대군주제도를 부활시키기 위해 연합하게 되고, 프랑스와 전쟁상태에 들어가게 된다.

다시 말하면 프랑스는 연합된 주변국의 포위 속에 갇히게 되는 것으로써, 이때 프랑스는 내선적 위치에 있고, 적에 대한 작전은 내선작전을 하게 되며, 여기서 프랑스가 적방향으로 지향되는 노력의 주방향과 선을 내선작전선이라고 말한다.

이러한 상황 속에서 조미니는 나폴레옹 전쟁을 경험했고, 그의 개념을 구체화하여 내선작전이라 명했던 것이다.

1796년 나폴레옹이 최초로 실시했던 전역인 이탈리아 전역은 내선작전의 가장 모범적인 전례이다.

제2절 클라우제비츠의 전쟁이론

1. 클라우제비츠의 『전쟁론』

클라우제비츠의 이력에 대해서는 전쟁양상의 변천과정에서 설명했기 때문에 생략하고, 그의 저서인 『전쟁론』에 대해 알아보겠다. 클라우제비츠가 베를린 전쟁학교 교장으로 부임한 1819년부터 집필하기 시작한 『전쟁론』은 그의 생전에 완성되지 못하고 그가 사망한 이듬해 1832년 그의 부인에 의해서 출판되었다.

그는 『전쟁론』 서문에서 "2 ～ 3년 후에도 잊히지 않고, 전쟁이라는 주제에 관심 있는 사람들이라면 여러 차례 뽑아 볼 수 있는 그런 책을 저술하는 것이 나의 희망이었다"라고 그의 심정을 피력하였다.

클라우제비츠는 독자들에게 전쟁의 복잡한 본질 문제에 대하여 깊이 생각해 보도록 요구하고 있으며, 예외를 인정하지 않는 원칙은 위험하며, 모든 원칙은 정과 반 양면을 탐구하여야만 본질을 이해할 수 있다고 말했다. 따라서 클라우제비츠 『전쟁론』은 형이상학적인 개념 위주로 이론을 전개하여 매우 난해하며, 무엇보다도 저자 자신이 이 책을 완성하지 못함으로써 후세에 오해와 비판의 대상이 되었다.

하지만 클라우제비츠는 1793년부터 나폴레옹 전쟁의 전 기간 동안 참전함으로써 누구보다도 풍부한 전투경험을 쌓았고, 또한 당시 프러시아의 철학자인 칸트(Immanuel Kant), 헤겔(Friedrich Hegel)과 교분을 쌓으며 이들로부터 많은 영향을 받았다.

따라서 『전쟁론』은 매우 난해한 형이상학적 이론서가 아니고, 전쟁을 철학적인 방법으로 이론화하여 그 본질을 규명하고, 또한 전쟁 경험을 바탕으로 하여 이론과 현실을 결부시키면서 군사현상의 본질을 탐구하려고 하였던 클라우제비츠의 철학적 사상과 풍부한 전쟁경험의 결정체라고 할 수 있다.

2. 클라우제비츠의 군사이론

클라우제비츠는 『전쟁론』에서 전쟁에 관한 견해를 밝히고 있는데 그 핵심적인 내용을 보면 다음과 같다.

첫째, 전쟁의 본질에 관한 사항이다.

클라우제비츠는 먼저 전쟁을 "자기의 의지를 관철하기 위하여 적을 굴복시키려는 폭력행위"라고 정의한 후에 이 명제에서 전쟁의 본질을 유추해 내고 있으며 적을 굴복시키기 위해서는 전투를 통하여 적의 군사력을 격멸하고, 적의 영토를 점령하여 적국민의 저항의지를 분쇄해야 한다는 것이다.

이때 쌍방 교전국 모두는 이러한 동일한 목표를 추구하게 될 것이며, 따라서 양자 가운데 어느 한편이 타도될 때까지 군사적인 행동은 멈추지 않고 계속된다는 것인데 이렇게 "극한까지 추구되는 폭력행위"를 전쟁의 본질이라고 설명하고 있다.

둘째, 절대전과 현실전에 대한 이론이다.

클라우제비츠는 앞서 설명한 전쟁의 본질, 즉 폭력행위가 극한까지 추구되는 전쟁 본래의 모습을 절대전쟁(Absolute War) 또는 완전전쟁(Perfect War)이라고 표현하였으며 여기서 그는 이러한 절대전쟁은 현실세계가 아닌 관념의 세계에만 존재하는 전쟁(Ideal War)일 뿐이며, 현실세계에 있어서 전쟁의 현상은 전혀 새로운 모습으로 변하게 된다는 것이다.

전쟁이 본래의 모습으로 현실세계에 일어나지 않는 이유를 클라우제비츠는 전쟁을 구성하는 세 가지 요소의 속성, 즉 삼위일체를 통해서 설명하고 있다.

전쟁은 국민대중과 전장 환경하의 군대 그리고 정부, 이 세 가지 요소에 의해서 수행되는데 각 요소는 저마다의 속성을 가지고 전쟁을 유도한다는 것으로써 국민대중은 동양의 순자가 말한 성악설과 같이 원시본능적인 폭력성, 증오, 적개심으로 폭력행위를 극한까지 추구하여 전쟁은 절대적으로 치닫게 된다는 것이다.

그러나 전장 환경하의 군대는 우연성과 개연성에 의한 전장의 불확실성 때문에 마찰을 일으키게 되어 전쟁은 의도하는 대로 나아가지 않게 된다.

또한 이성을 가진 정부는 전쟁을 합리적으로 통제하여 정치적 도구로 종속시키게 한다. 즉 정치지도자들은 필요에 의해서 전쟁을 중지시키거나 지속시키려 한다는 것이다.

따라서 전쟁은 이 세 가지 속성이 상호 대립하기 때문에 어느 한 방향으로 치우치지 않고 통합된 형태로서 현실전쟁이 된다는 것이고 두 번째 속성인 우연성은 영어로 찬스(Chance), 즉 예측할 수 없는 돌발적인 사태를 말함이고 개연성은 프로바빌리티(Probability), 즉 어느 정도 확률을 가지고 예측할 수 있는 것을 말한다.

이러한 불확실성은 마찰을 일으키게 되어 전쟁은 의도하는 대로, 즉 계획대로만 진행되지는 않는다는 것으로서 이러한 방해요소를 타개하기 위해서 군대는 전쟁에 익숙해져야 하고, 지휘관은 경험과 불굴의 의지를 가져야 하고 이러한 불확실한 전장환경에서는 창조적인 정신이 자유롭게 발휘될 수 있으며, 따라서 탁월한 자, 즉 군사적 천재(天才)의 개입이 불가피하다는 것이다.

마지막으로 정치와 전쟁의 관계이다.

하나는, 정치 단절로 전쟁을 보는 관점으로서 전쟁에 수반되는 증오와 폭력성으로 볼 때 전쟁 중에도 정치관계가 계속된다는 것은 용납하기가 어렵다는 것이며 전쟁이 발발하면 전쟁 전의 정책은 효과가 없어지고 피침략국의 입장에서는 전쟁은 정책의 완전한 붕괴로밖에 볼 수 없다는 것이다.

다른 하나는, 정치의 계속으로 전쟁을 보는 관점이다. 전쟁을 정책의 자의적 도구(남발성)로 볼 때는 절대목적 위주의 수단 남용으로 결국은 정책의 붕괴가 되어 절대전의 논리와 동일하게 된다. 그러나 전쟁을 이성적 도구로 볼 때는 전쟁은 하나의 정치적 수단이며, 정치적 행위의 계속으로 볼 수 있다는 것이다.

전쟁은 언제나 정치적 목적 때문에 생기며, 따라서 전쟁이란 "진정한 의미의 정치적 수단이며, 다른 수단에 의한 정치적 행위의 계속으로 볼 수 있다"는 것으로써 전쟁 분위기를 구성하는 요소로서는 위험성, 육체적 고통, 불확실성, 우연성이 있으며, 전쟁행동의 기초가 되는 요소의 사분의 삼은 불확실한 안개 속에 싸여 있다. 전혀 예상하지 않은 사태와의 냉혹한 싸움에서 견디어 내려면 두 가지 필수적인 자질을 갖추어야 한다. 첫 번째 자질은 '지성'으로 프랑스어 쿠되이(Coup d'oeil: 慧眼, 軍事眼)로 설명할 수 있고, 두 번째 자질은 결단력, 정서 그리고 강력한 정신력이 뒷받침된 용기이다. 클라우제비츠는 군사적 천재라는 장을 마무리하면서 "전쟁에서 우리 형제와 아이들의 운명과 나아가 국가의 안전과 명예를 맡길 수 있는 지휘관은 창조적인 능력보다는 사려 깊은 사람, 전문적인 접근보다는 포괄적인 이해력을 갖춘 사람, 그리고 격렬한 성격보다는 냉정한 성격의 인물이어야 한다"라고 답할 수 있다고 하였다.

결론적으로 클라우제비츠의 『전쟁론』은 전쟁에 관한 최초의 연구이며 전쟁의 근본 문제를 정면으로 다룬 것으로서 170년이 지난 오늘날까지도 군사 사상에 지배적인 영향을 미치고 있다. 특히 그의 사상은 프러시아 참모본부에 지대한 영향을 미쳤고, 또한 독일이 그의 섬멸전 이론을 무비판적으로 받아들임으로써 1차 세계대전 시 무익한 전투행위가 반복되기도 하였다.

제3절 리델 하트의 간접접근 전략

1. 리델 하트

『전쟁론』이 클라우제비츠를 근대군사학의 시조로 만들었다면 간접접근 전략(Strategy Indirect Approach)은 리델 하트를 현대 전략 시조의 반열에 세웠다고 할 수 있다.

리델 하트는 1895년 파리에서 태어났으나, 20세기 초에 영국으로 이주하였고 1914년 왕립 요크셔 경보병 연대에서 소위로 임관하였으며, 1915년 프랑스에 파견되어 1916년 솜 전투에 참전하고 1924년 대위로 전역하였다. 전역 후에는 타임즈와 밀리터리 텔레그래프지의 군사전문기자가 되어 많은 저서와 논문을 발표하고, 2차 대전 발발 전에 영국의 정책결정과정에 지대한 영향을 끼친 인물이었다. 1970년 75세의 나이로 사망할 때까지 리델 하트는 30여 권의 저서를 남겼는데, 간접접근 전략에 대한 그의 최초 저서는 1929년에 발간된 『역사상의 제결전(The Decisive Wars of History)』이라는 책이다.

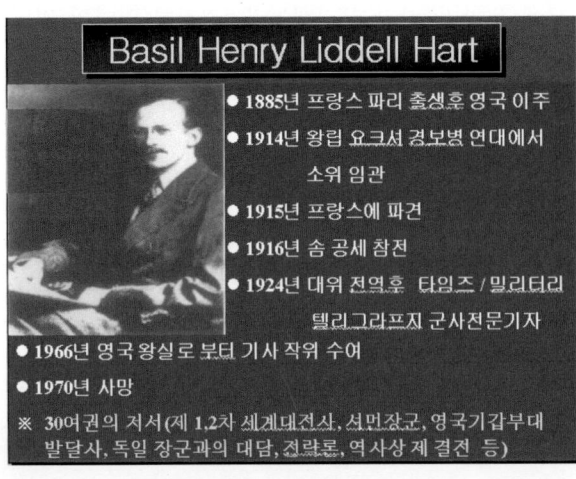

이 책을 발간하고 나서 그는 미래에 독일이 공격을 한다면 아르덴느 지역이 될 것이라는 확신을 가지고 아르덴느 지역을 답사했는데, 이에 따라 그의 결론은 대규모의 기갑부대가 아르덴느 지역으로 지향될 것이라는 예언을 했고, 10년 후인 1939년 다시 아르덴느를 답사하고 나서 연합국 측에 경고를 했지만 연합국 측에서는 이를 받아들이지 않았고, 독일군의 주공은 아르덴느로 지향되었으며, 6주 만에 독일군은 전 프랑스를 석권하게 되고, 연합군은 됭케르크에서 철수를 해야만 했다.

1946년 1월, 제2차 세계대전이 끝나고 나서 로이터 통신원이 "다음 전쟁의 발발 지역은 어디냐?"고 리델 하트에게 물었다. 이때 리델 하트가 "한반도가 될 것"이라고 대답한 것은 이미 우리가 알고 있는 유명한 일화다.

앞에서 소개한 두 가지 일화, 즉 독일이 아르덴느로 주공을 지향한 것이나 전 세계의 공산화를 겨냥하는 소련이 한반도에서 전쟁을 일으킨 것들은 모두 간접접근 전략의 이론에 합치되는 예가 된다.

2. 간접접근 전략

간접접근 전략은 리델 하트에 의해서 이론이 정립되었지만, 그 사용 범위는 군사적인 부분에만 적용되는 이론이 아니라 정치, 경제, 사회, 국제관계 등 많은 영역에서 사용되고 있으며, 따라서 우리는 간접접근 전략의 개념을 명확히 이해할 필요가 있다.

앞서 연구했던 전쟁의 정의에서 전쟁이 추구하는 목적은 정치적 목적이라 하였다.

그렇다면 전쟁에서 정치적 목적을 달성하기 위해서 국가의 제 부문별 요소, 즉 정치, 경제, 사회, 과학, 군사 등에서는 무엇을 수립할까? 그렇다. 전략을 수립한다. 외교에서는 전시외교전략, 경제에서는 전시경제전략, 군사 부분에서는 군사전략을 수립한다. 즉 이 모든 것이 결합되어 비로소 국가전략이 완성된다고 해야 할 것이다. 이제 우리는 군사전략을 중점으로 생각하면 군 최고의 전략단위에서는 전쟁의 목적을 달성하기 위해서 '공세전략'을 채택하였다고 가정하자, 군 최고 전략단위에서 채택된 '공세전략'을 어떻게 구현할 것인가 하는 구체적인 방안의 모색은 작전술제대에서 하게 되고 더 세부적인 전투수행에 관한 사항은 전술제대에서 발전시키게 된다. 군사전략단위에서 채택된 '공세전략'을 구현하는 방안으로 작전제대에서는 두 가지 방안을 고려할 수 있을 것이다.

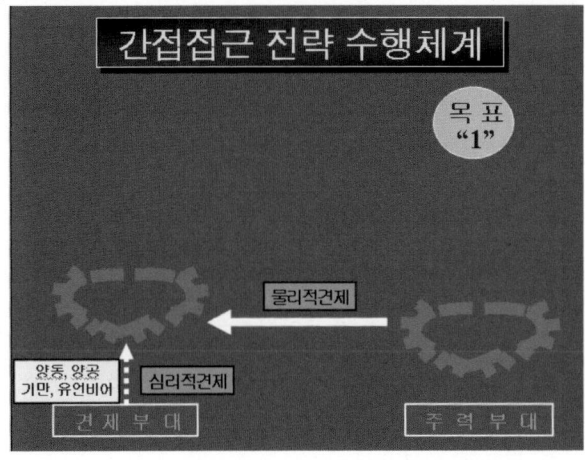

첫째는, 적의 주력부대를 격멸하기 위하여 아군의 주력부대를 적 주력부대의 정면으로 진격시키는 방안과 둘째는, 적의 주력부대를 적절히 견제해 놓고 아군의 주력부대는 적의 측방이나 후방으로 진격해서 적의 주력부대를 격멸하는 방법이 있을 것이다.

가능한 한 적의 강점을 회피하고 적의 방어가 미약한 지점으로 아군 주력을 진격시키는 것이다. 왜냐하면 적의 강점에 아군 주력을 직접 대항시키면 아군의 인적·물적 손실이 증대할 것이고, 적이 바보가 아닌 이상 저항이 강력하여 장시간 소요될 것이며, 경우에 따라서는 예측할 수 없는 결과를 가져올 수도 있기 때문이다.

그런데 우리가 적의 강점을 회피하고 적의 약한 지점으로 주력을 진격시킨다고 쉽게 말을 할 수 있지만 문제는 피·아가 팽팽하게 긴장된 상태하에서 적의 약점을 발견하기가 곤란하고 우리가 적의 약점을 발견하여 진격한다 하더라도 적은 항상 이에 대한 대비책(병력의 전환 등)을 갖고 있다는 점이다.

가령, 적의 약점이 발견되어 그곳으로 아군 주력부대를 진격시켰는데, 적이 이에 효과적으로 대응, 즉 병력을 전환하여 대응한다면 결과적으로 아군은 적의 강점에 진

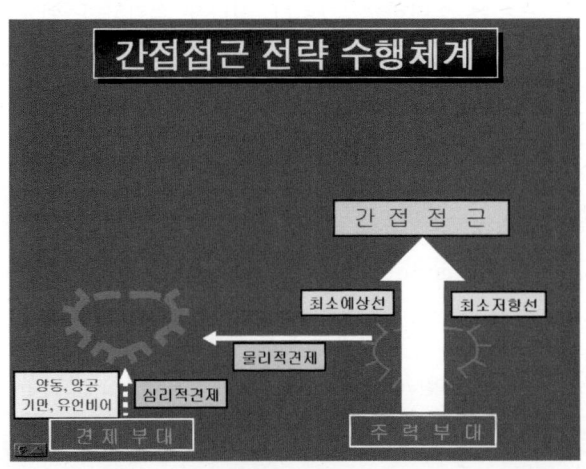

격하는 것이 된다. 그렇다면 이를 해결하는 방법은 무엇이겠는가? 상당히 어려운 문제로서 우리가 이것만 능수능란하게 할 수 있다면 전투는 항상 아군에 유리하게 전개될 것이다.

답은 적의 약점을 인위적으로 조성하여, 적의 주력으

로 하여금 아군 주력이 진격하는 방향에 대해 효과적으로 대응하지 못하도록 대책을 강구하면 될 것이며 이에 대한 해답이 리델 하트의 간접접근 전략 이론이다.

리델 하트의 간접접근 전략이 추구하는 본질적인 목표는 적 지휘관의 마음, 즉 심리이다.

마비이론의 제창자이며 제1차 세계대전 당시 영국군 전차군단의 참모장이었던 풀러는 "적 지휘관을 심리적으로 동요시키거나 마비시킨다면 최전선에 배치된 병사들은 오합지졸이 된다"라고 했듯이 간접접근 전략은 적 지휘관의 심리를 지향하는 것이다. 즉 "지휘관이 졌다"라고 인정한다면 그 전투는 지게 되는 것이다. 현재 상황은 주력부대가 목표 '1'을 점령하고자 하는 상황이다.

첫째, 공격하는 부대는 주력부대가 본격적으로 공격을 시작하기 전에 견제부대가 여러 가지 활동, 즉 양공, 양동, 기만 등의 활동을 함으로써 적 지휘관으로 하여금 아군의 주력이 어느 방향으로 지향될 것이라는 확신을 갖게 한다. 이것이 심리적 견제이며, 이로써 적 지휘관은 자기가 판단한 그곳에 자기의 주력을 배치한다.

적의 방어부대가 배치를 전환함으로써 아군 주력부대가 진격해야 될 작전선상에는 어떤 현상이 일어날까? 그렇다. 방자의 입장에서는 공자의 주력이 이곳으로는 오지 않으리라 판단했기 때문에 병력의 배치가 아주 미약해지는 현상이 발생한다. 여기에서 적이 오지 않으리라 판단한 것은 심리적인 문제로서 최소예상선이고, 병력의 배치가 미약해지는 것은 물리적 문제로서 최소저항선이 된다.

이제 공자는 병력배치가 미약한 작전선을 따라 진격하게 되는데 이를 간접접근이라 한다.

물론, 이처럼 병력배치가 미약한 작전선으로 공자가 주력을 진격시키는 동안 견제부대는 적의 주력군이 주력부대에 대항하기 위해서 배치를 조정할 수 없도록 최선의 노력을 해야 한다. 이처럼 조성된 최소저항선은 최소한 방자의 측방이 되거나 배후가 될 것이다. 이제 공자

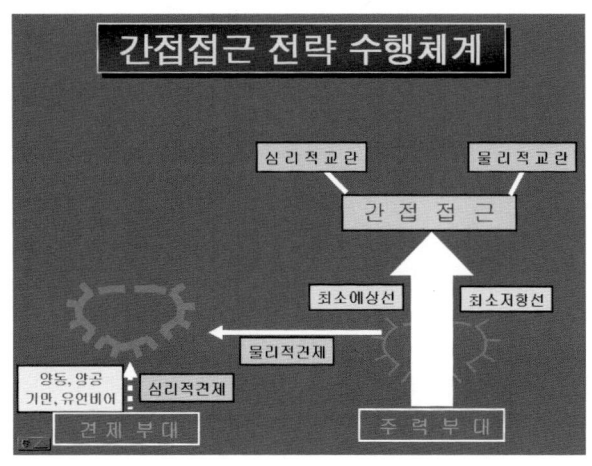

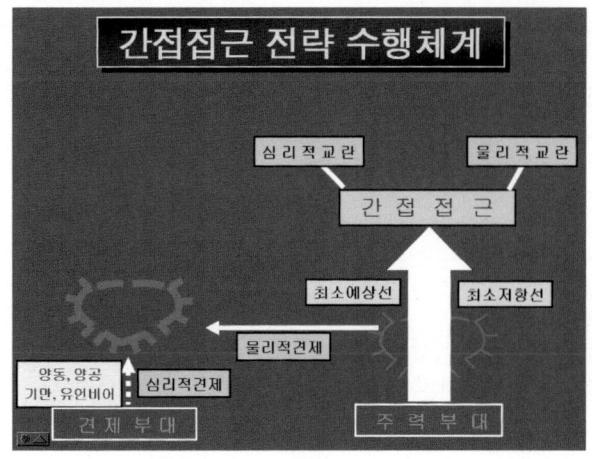

의 진격이 어느 선에 도달하게 되면 방자의 지휘관은 자신이 속았다는 것을 알게 되며 자신이 속은 것은 알았지만, 이때는 이미 아 주력부대에 대항하기 위해서 부대를 재배치할 시기를 상실하게 될 것이다.

이러한 상황은 적의 지휘관에게 심리적으로 엄청난 충격을 주며 저항의지를 상실하게 만든다. 이것이 바로 심리적 교란에 이르는 것이고 이와 더불어 적 지휘관은 자신의 부대를 지휘할 능력을 상실하게 됨에 따라 부대 자체도 조직이 와해되는 물리적 교란에 이르게 되는 것이다. 적 지휘관이 저항의지를 상실하고 적 부대의 균형과 조직이 파괴된다면 공자에게 유리한 전술적 상황이 조성될 것이다.

따라서 공자는 간접접근 전략이 추구하는 근본적인 목적인 최소의 전투에 의해서 희생을 최소화하면서 승리를 획득할 수 있는 기회가 만들어지는 것이다.

제4장
전쟁의 원칙

제1절 개 요

인류역사는 전쟁의 역사라고 말한다. 그래서 인간은 전쟁에서 승리하기 위해 많은 연구를 지속하고 있다. 또한 인간은 많은 전쟁을 경험하고 연구하면서 전쟁을 지배하는 요소를 찾으려고 노력하였다. 전략·전술의 개발, 무기체계의 혁신, 군사제도의 변화 등을 통하여 전쟁에서 승리할 수 있는 원리를 발견하고자 하였다. 그 결과 시대의 고금을 막론하고 전쟁에 공통적으로 적용할 수 있는 전쟁원칙을 만들었다. 따라서 전쟁원칙은 전쟁수행을 지배하는 기본적인 원리라고 할 수 있다.

전쟁원칙은 술(Art)과 과학(Science)의 이중성을 가지고 있다. 전쟁상황이 어느 정도 명확하다면 그 원칙을 과학적으로 적용할 수 있고 전쟁상황이 전반적으로 불명확하면 상황에 따라 융통성 있게 술적으로 적용할 수 있다.

마치 음식재료가 주어지더라도 요리사의 요리솜씨에 따라서 음식의 맛이 결정되는 것처럼 전장에서도 같은 상황과 여건이 주어지더라도 지휘관이 누구냐에 따라서 승패가 결정되는 것과 같은 맥락이다.

현대전쟁의 양상이 첨단화·과학화·정보화·속도화된다고 하더라도 결국 사람에 의해서 좌우되기 때문에 사람의 마음과 사고를 훈련시키는 것보다 더 중요한 것은 없다.

전쟁에 과연 원칙이 존재할 수 있느냐 하는 문제는 많은 군사이론가들에 의해 연구되고 논쟁되어 왔다. 스위스의 군사이론가인 조미니(Jomini)는 프레드릭과 나폴레옹의 전역을 분석하여 전쟁기술에는 공식으로 환원 가능한 원칙이 있음을 주장했다.

그는 『대군사작전론』에서 "어느 시대를 막론하고 전쟁은 승부를 좌우하는 근본원칙이 반드시 존재한다. 그리고 그 원칙은 불변하며 무기의 종류와 시간 및 공간과는 아무런 관계가 없는 것이다"라고 했다.

조미니가 주창한 전쟁원칙 10가지는 '공격의 원칙, 목표의 원칙, 병력집중의 원칙, 기습의 원칙(병력 절약), 경계의 원칙, 협동의 원칙, 기동의 원칙, 예비력 보유의 원칙, 추격의 원칙, 사기양양의 원칙'으로 요약된다. 조미니와는 대조적으로 클라우제비츠(Clausewitz)는 전쟁은 불확실의 영역이므로 이러한 전쟁원칙들은 전쟁지도자를 교육하거나 자습할 때 필요한 것이지 이것을 전장에까지 끌고 가서는 안 된다는 입장을 취했다. 클라우제비츠와 조미니는 나폴레옹 전쟁 시 공히 나폴레옹을 측근에서 보고 그의 전략을 분석했는데 이와 같이 보는 관점에 따라 정반대의 견해가 나오게 된 것이다.

클라우제비츠도 독자적인 전쟁원칙을 도출했는데 '전투력의 집중, 병력의 절약, 기습, 기동성, 단순성'으로 집약된다. 똑같은 전쟁상황이 두 번 일어날 수 없다는 것과 고도로 발달된 무기체계와 전략 개념, 핵무기의 등장 등으로 전쟁원칙을 고수하기에는 많은 제약사항이 따르며, 이러한 전쟁원칙 외에 지휘관의 지휘통솔력, 군사적 식견, 융통성은 전세를 좌우하는 큰 요인으로서 변화된 상황에 따라 융통성 있게 대처하면, 기존의 전쟁원칙을 공히 인정하고 그들의 군 교리에 적용할 수 있다.

우리나라 육군에서는 1963년부터 미국 육군의 전쟁원칙 9가지(목표, 공세, 집중, 기동, 기습, 경계, 지휘통일, 절약, 간명) 원칙을 적용하여 5회의 변천과정을 거치면서 정보, 창의, 사기의 원칙을 추가하여 현재 12개의 원칙을 '지상작전' 수행교리에 지상작전원칙으로 변경하여 반영하였다.

제2절 전쟁의 원칙

1. 목표(Objective)의 원칙

1) 개념
목표는 국어대사전에서 "목적을 삼는 곳, 목적하여 지향하는 표적, 개인의 행동이 그 방향으로 진행되는 종말 결과"라고 기술되어 있고 목적은 "실현하거나 도달하려는 목표"라고 기술되어 있다. 육군야전교범100 – 1(1999.9.30.)에는 "목표는 명확하고 결정적이며 달성 가능한 목표를 설정하고 지향해야 한다"고 기술되어 있다. 목표는 부여된 임무 또는 달성할 과업의 최종상태로서 전쟁상황에서 통제수단으로 제시된다. 왜냐하면 목표는 임무, 적 상황, 지형 및 기상, 가용부대, 가용시간, 민간요소 등을 고려하여 제한된 시간과 능력범위 내에서 군사작전이 이루어지기 때문에 이를 위하여 협조된 통제가 필요하기 때문이다.

따라서 목표는 식별이 용이하고 부대의 전 역량을 집중할 수 있어야 하며, 상급부대의 작전목적에 기여할 수 있어야 한다. 지휘관은 임무에 기초를 두고 최소의 희생으로 최대의 성과를 달성할 수 있도록 적의 중심을 파괴할 수 있는 결정적인 목표를 선정하여야 한다. 각급 제대의 작전목표는 지상작전의 궁극적인 목적인 적 전투의지 파괴와 적 부대 격멸에 기여할 수 있도록 상호 연계되어야 한다.

2) 적용사례: 인천상륙작전

1950년 6월 25일 북한군의 기습남침으로 발발한 한국전쟁은 북한의 철저하고도 주도면밀한 전쟁준비에 비해 한국군은 모든 것이 소홀하고 미흡하였다. 그로 인해 수도 서울이 3일 만에 함락되고 그 해 8월에는 미 제8군사령관 워커 장군의 명령으로 전 국군 및 유엔군이 낙동강을 건너 철수하면서 240km 달하는 낙동강 방어선이 형성되었다.

북한군의 조직적이고 체계적인 공세로 어려움을 겪고 있던 한국군과 유엔군은 낙동강 방어선을 유지하면서 북한군의 약점을 찾아 반격을 위한 발판을 마련하고 있었다.

북한군에게 가장 취약점인 보급로에 심각한 타격은 낙동강 전선의 공격 기세를 약화시키고 마비현상을 일으킬 수 있는 급소를 치는 것과 같은 효과를 주었다. 문제는 그곳이 어디고, 어떻게 공격기세를 찾느냐? 즉 전쟁에서 아군의 피해를 줄이고 적군을 섬멸하는데 사방에서 포위하는 것이 효과적인데 포위된 군대는 고립되어 사방에서 공격을 받게 될 뿐만 아니라 후방에서의 지원이 끊겨 공황상태에 빠지고 쉽게 무너지기 때문이다. 따라서 포위를 위한 상륙지점의 후보지로 인천, 군산, 진남포로 하는 크로마이트(chromite) 계획이 제시되었다. 특히 맥아더장군이 주장하였던 인천상륙작전은 대부분의 장군들이 반대하였다.[10] 낙동강전선에서 북한군은 최후 발악하며 독전을 강요하고 있어 미 제8군사령관은 낙동강 전선의 돌파와 방어를 위한 2개 사단이 추가로 필요하다 하였고, 해군은 인천지역의 조수간만의 차와 어려운 해로 조건을 들어 상륙지점의 변경을 요구하였다. 상륙부대의 주력인 해병대는 간조시에 펼쳐지는 6km의 진흙뻘과 방파제, 상륙 직후 가장 취약한 시가전을 벌여야 한다는 이유로 강력하게 반대하였다. 공군은 상륙지점이 지원기지로부터 원거리 이격 등을 이유로 반대의사를 보였다. 미 합동참모본부는 낙동강 방어선의 위급한 전황을 안정화하기 위한 대책이 더욱 중요함을 내세워 적극적인 지지의사를 보내지 않고 있었다.

이 같은 반대에도 불구하고 1950년 9월 15일 인천상륙작전을 개시하여 성공적으로 인천을 탈환하고 서울을 점령함으로써 한반도의 절반이라는 넓은 영역에 걸친 포위 섬멸전으로 작전의 목적을 달성하였다. 인천상륙작전은 확실한 제해권을 장악한 유엔군으로써는 충분히 시도해 볼만한 작전이었고 목표선정을 잘하였다. 그 결과 서울의 점령은 북한군에게 목의 비수와 같은 역할을 하게 됨으로써 북한군의 사령관으로부터 하전사까지, 낙동강 전선의 부대들를 포위할 수 있었고 서울 이북에 있는 부대에까지 정신적·물리적인 충격과 마비를 불러 일으켜 대성공을 거두었다. 인천이야말로 손자가 주장한 피실격허(避實擊虛)의 물리적·심리적인 장소이며, 리델하트가 주장한 최소예상선과 최소저항선으로 목표의 중요성을 부각시키기에 충분하다.

2. 정보(Intelligence)의 원칙

1) 개념

육군 야전교범에서 정보는 "모든 군사작전에 있어서 필수적인 요소이며, 작전을 계획하고 실시함에 있어서 결정적으로 기여한다"고 정의하였다. 정보의 중요성은 아무리 강조해도 지나치지 않는다. 왜냐하면 정보란 적과 작전지역 등에 관한 자료로서, 모든 작전을 계획하고 실시하는 데 기본이 되는 요소이기 때문이다. 동서고금의 전례를 통하여 볼 때, 정보가 유형전투력의 우열을 극복할 수 있는 가장 효율적인 수단임을 알 수 있다. 또한 전승의 요결은 상대적인 정보우위를 달성하는 데 있다.

그러므로 지휘관은 정보우위를 추구하여 적을 먼저 찾고 적의 약점을 발견 및 조성하며, 적시에 이를 이용함으로써 전장의 주도권을 확보하여야 한다. 신속하고 정확한

---

10) 육군3사관학교 충성대연구소, 전략·작전술·전술 차원에서의 전쟁원칙 적용사례 연구, 2002, p.36

정보는 적시적절한 판단과 결심을 통해 적보다 먼저 행동할 수 있게 하므로 지휘관은 정보의 획득과 운용을 직접 주도해야 하며, 적과 작전지역뿐만 아니라 아군에 관한 정보도 지속적으로 획득하여야 한다.

그러므로 정보는 적시성, 정확성, 적합성, 유용성, 신뢰성이 구비되어야 한다. 이를 위하여 평시부터 정보체계를 통합적으로 운용하고, 많은 정보 중에서 작전에 필요한 정보를 신속하게 선별하여 전파 및 사용할 수 있도록 정보관리능력을 배양하여야 한다. 손자병법에 '지피지기 백전불태(知彼知己 白戰不殆)'라는 말이 있듯이 적의 강·약점, 기도, 능력 등의 제반 사항과 아군에 대한 객관적인 평가는 승리를 향한 출발점이라 할 수 있을 것이다.

2) 적용사례: 맥아더, 중공군의 개입설 불신

유엔군 사령부가 북한에 투입될 가능성이 있는 중공군에 대한 정보를 입수하는 것은 무척 힘들었다. 병력과 물자의 이동상황이나 보급 등에서 나타난 점으로 보아 중국이 개입하려 한다는 것을 추정할 수 있었으나 정확한 판단을 내릴 수는 없었다.

중공군은 미국에 맞서는 조선인민을 도와 참전했다는 의미로 중국인민지원군이라는 명칭을 사용했으며 자신들은 스스로 참전한 의용군이라고 주장했다. 하지만 실상 이들은 중공 정규군인 인민해방군의 명찰만 바꿔단 것이었다. 압록강을 넘어 갓 입북한 중공군은 기밀유지를 위해 행군 중 마주친 북한군에게도 자기들이 중국에서 온 지원군이라는 사실을 숨겼다. 어떤 중공군부대는 전진하려는 중공군과 후퇴하려는 북한군이 전선으로 통하는 외길에서 맞부딪쳐 소속이 어데냐? 묻자 중국지원군이라고 정체를 밝힐 수가 없어 풍채 좋은 간부를 북한군 장군복을 입혀 길을 비키라고 한 적도 있었다 .한편 맥아더사령부는 거듭되는 중공군 잠입의 정보에도 불구하고 이를 쉽게 받아들이지 않았던 이유 중의 하나가 바로 이 보급문제였다. 30만 군대가 이동하려면 긴 보급행렬이 반드시 뒤따라야 한다. 그런데 중공군은 자동차도 보이지 않았고 달구지도 보이지 않았으며 도보 보급부대도 이렇다 할 흔적을 남기지 않았다. 맥아더사령부는 보급부대 없는 군 이동은 없다는 이론을 갖고 상당기간 동안 중공군의 대거 유입 정보를 인정하지 않았다.

1950년 10월 19일 한·만국경을 넘었다고 보고 있는 서부전선의 제4야전군 예하 6개 군[11] 18개 사단으로 병력 수는 18만 명이 넘었다. 11월 초에는 국군이 주로 북진하고 있던 동부전선의 장진호 부근에 3야전군 예하의 3개 군 12개 사단 병력 12만 명이 투입되어 북한 지역에 들어온 중공군은 총 30개 사단 30만여 명이 되었다.

중공군이 실제로 아군에 의해 전장에서 발견된 시기는 그로부터 10월 말이었다. 그러나 중공군이 발견된 후에도 유엔군 사령부는 중국이 전쟁에 개입했다는 사실을 인정하지 않았다.

이처럼 미국이나 유엔군 사령부 측이 중국의 개입을 제대로 예측하지 못하고, 판단하지 못했던 요인은 무엇일까? 그것은 크게 정치적 요인과 군사적인 요인으로 분석할 수 있다. 정치적 요인은 중국이 국가 이익을 우선해 미국 및 유엔과 전면대결이라는 모험을 시도하지 않을 것이라는 점이었다.

또한 군사적으로도 중국의 군사력이 빈약하다. 소련이 미국을 의식해 중국에게 해·공군 지원을 해 주지 않을 것이 분명하다. 따라서 공군의 지원이 없는 중공군은 유엔군에 의해 큰 타격을 받을 것이라는 점이 지적됐다. 이처럼 정보가 유형전투력의 우열을 극복할 수 있는 가장 효율적인 수단인 동시에 상대적인 정보우위가 전승의 요결임을 말해 주고 있다.

3. 공세(Offensive)의 원칙

1) 개념

공세는 공격하는 태세 또는 세력을 의미한다. 육군 군사술어사전에는 공세란 "주도권을 가지고 적을 격멸하는 적극적인 공격활동이며 부대가 공격하고 있는 상태로써 대규모의 공격"으로 정의하였다. 즉 공세는 공격 시에 적에게 강요하는 제반 행동뿐만 아니라 방어 시에도 적에게 주도권을 빼앗기지 않고 다양한 작전활동으로 적에게 아군의 의지를 강요하는 행동이다. 진정한 의미에서 공세는 전장에서 결정적인 성과를 달성하고 행동의 자유를 유지하기 위하여 필수불가결한 요소이다.

공세행동에서 주도권의 확보가 필수인데 주도권은 주도하는 권리로서 전장을 장악하고 획득하여 전세를 지배하는 상태를 의미하며, 선제 또는 기선이라고도 한다.

공격작전 시 전장에서 주도권을 획득하는 방법은 가용한 전투력을 과감하고 공세

---

11) 중공군의 보병사단은 한국군 편제와 비슷한 삼각편제이며, 병력은 통상 7,000여 명이었으나 한국전쟁에 투입된 사단들은 1만 여명으로 증강되어 투입되었다. 중공군은 1개군이 한국군 3~4개 군단급과 동격이다.

적으로 집중 운용하는 것, 적의 과오 또는 약점을 이용하는 것 등이 있다.

현대전에서는 과학기술과 무기체계의 발달로 인하여 전장이 확대되고 제반 작전형태가 복합적으로 수행된다. 따라서 지휘관은 방어 및 지연작전을 실시할 경우에도 적의 약점과 과오를 이용하여 적극적인 공세행동을 실시함으로써 조기에 주도권을 확보하는 노력을 기울여야 한다.

2) 적용사례: 백선엽 장군, "평양 입성의 선봉에 서게 해 달라!"[12]

맥아더사령부는 1950년 10월 2일 북한 인민군의 항복을 권유하는 2차 성명발표에 이어 워커 사령관에게 북진을 준비하라는 명령을 보냈다. 그러나 정확히 언제 38선을 넘을 것인지는 명령서에 없었다.

미 제1군단장 밀번은 10월 5일 청주에서 예하 사단장 회의를 소집하고 북진 계획을 전달했다. 국군 제1사단장 백선엽 장군은 작전 명령서를 천천히 읽어 가는 동안 갑자기 기운이 빠지고 몸이 떨리기 시작했다. 38선을 넘어 평양탈환작전에 들어가는데 한국군은 미군의 보조 역할을 맡기로 되어 있고 평양 대신 서해안 쪽으로 돌아 진남포를 공격하도록 되어 있었다. 평양으로 가자면서 모진 고생을 하고 부대를 이끌고 여기까지 왔는데 정작 한국군이 평양입성작전에서 빠졌다면 사단장을 비롯한 전 장병이 맥이 빠질 수밖에 없었다.

백선엽 장군은 부대로 돌아오는 대신 지프차를 군단본부로 돌려 이동식 차량숙소에 머물고 있는 군단장에게 건의했다. 백선엽 장군은 비록 국군 제1사단은 차량대수는 적지만 평양으로 이르는 지역은 산악이 많아 도보행군이 더 빠른 경우도 있으며 미군은 밤에 자고 낮에만 가지만 한국군은 밤낮으로 달려 공격하기 때문에 결코 늦지 않을 것이라면서 한국군 평양진격을 간청했다. 군단장은 눈물까지 흘리면서 간청하는 백선엽 사단장의 요청을 들어 이미 내린 작전계획을 바꿔줬다. 미 제24사단의 작전계획서를 국군 제1사단 것과 맞바꾸게 했다. 국군 제1사단이 시변리-사리원을 주공축선을 거쳐 평양을 공격하게 하고 미 제24사단은 서해안도로를 따라 진남포쪽 공격을 맡게 했다. 전쟁터에서는 좀처럼 없는 일이었다.

막상 백선엽 장군이 이끄는 국군 제1사단이 북진을 해보니 막강한 북한군에 막혀

---

12) 정일화, 아는 것과 다른 맥아더의 한국전쟁, 미래 한국신문, 2007, p.114-125요약.

도무지 진도가 없었다. 군단장에게 간청해 기존 작전계획을 변경하면서까지 평양탈환을 장담했던 백선엽사단장은 고심하지 않을 수 없었다. 그 문제를 타개하기 위한 궁리 끝에 사단을 지원하는 미군 포병 사령관에게 조언을 구했다. 그리고 포병 사령관의 조언에 따라 전차를 지원받게 된 국군 제1사단은 포병, 공병, 항공과 함께 협동작전이 가능한 '패튼식 전법'을 구사하게 되었다.

병사들은 "남북통일이 된다. 우리가 평양에 가장 먼저 들어가야 한다."는 구호에 밤낮을 가리지 않고 전투하며 눈을 붙이면서 주도권을 가지고 적을 격멸하는 적극적인 공세활동을 펼쳐 나갔다.

이처럼 공격기세를 유지한 결과 10월 19일에는 국군 제1사단이 가장 먼저 평양을 탈환하였다.

4. 기동(Maneuver)의 원칙

1) 개념

국어대사전에서는 기동이란 "지휘관이 전투 목적을 달성하기 위하여 수행하는 병력의 이동"이라고 했으며, 육군 야전교범에서는 "아군에게 유리한 상황을 조성하기 위하여 적보다 상대적으로 유리한 위치로 병력, 화력, 물자 등을 이동시키는 것"이라고 정의하였다. 따라서 기동의 본질은 속도로서 속도유지가 생명이다. 속도유지는 발견 또는 조성된 적의 약점에 대하여 적의 반응시간보다 빠르게 대응하고, 획득한 최초의 성공을 확대함으로써 달성된다. 효과적인 기동을 위해서는 아군의 기동에 장애가 되는 요소를 제거함과 동시에 적의 기동을 방해하거나 차단하여야 한다.

기동은 기동력 발휘, 지형 및 기상 극복, 화력발휘, 적절한 지휘통제와 병참지원 등이 뒷받침되어야 잘 발휘될 수 있으며, 이러한 신속한 기동은 적에게 약점 노출을 강요하고, 아군의 주도권 장악을 보장해 주며, 기습할 수 있는 기회를 제공한다. 또한 결정적 지점에 적보다 조기에 집중, 불리한 교전 또는 적의 대응책을 회피, 취약지역 증원, 전투진행속도 촉진 등 행동의 자유와 교전여부 결정권을 보장해 준다.

따라서 기동의 원칙을 성공적으로 적용하기 위해서는 사고의 기동성, 창의성, 신속한 작전국면의 전환 등이 요구된다. 특히 기동의 원칙을 타 원칙과 적절히 결합하여 사용할 때 최대의 성과를 달성할 수 있다.

2) 적용사례: 원산 진격작전

1950년 9월 29일 서울 환도식에 참석했던 이승만 대통령은 대구로 내려가 군 수뇌부 회의에서 정일권 국군 총사령관에게 친필로 작성된 북진명령서를 주면서 "내가 이 나라의 국군통수권자이다, 나의 명령에 따라 북진하라"고 명령하였다. 그리하여 정 사령관은 9월 30일 강릉의 국군 제1군단사령부를 거쳐 국군 제3사단 제 23연대 진지를 시찰하고 현장에서 구두로 "북진하라' 명령하였다. 이에 국군 제3사단은 10월 1일 38도선을 돌파한 후 10월 3일 간성, 10월 6일에는 통천, 10월 7일에는 송전을 차례로 점령하였다. 국군 제3사단 장병들은 도보 혹은 차량으로 주야로 일각을 늦추지 않고 북진하였다. 이때만 해도 보급상태가 좋지 않아서 대부분의 병사들이 헝겊으로 만들어진 훈련화를 신고 있었는데 그것이 닳아 헤어져 맨발에서 피가 흘렀고, 후송되어 가는 전우의 훈련화를 바꿔 신으면서 진군을 계속하였다.

이따금 패잔병들과 불꽃 튀는 사격전이 벌어지기도 했으나, 국군 용사들은 웬만한 잔적의 무리들은 거들떠보지도 않고 측방 산악으로부터의 위험을 무릅쓰면서, 심지어는 후방 사령부와의 통신연결이 끊어지거나 후방보급소가 적의 유격대에 의해 피습되는 것조차 아랑곳없이 통일의 벅찬 희망으로 하루 평균 24km의 속도로 북진하였다. 적은 이러한 아군에게 덜미를 잡힐세라 허둥지둥 달아나기에 급급하였다. 진군을 계속한 국군 제3사단은 10월 10일 원산 시내로 진격을 개시하였으며 10월 15일까지 동북방의 송전반도로부터 영흥-고원-신창리-안변을 잇는 30~50km의 말발굽형 외선을 확보하였다. 국군의 원산탈환은 맥아더가 인천상륙작전을 성공한 후 10월 1일에 지시한 원산상륙작전에서 상륙부대가 10월 17일에야 승선을 완료하는 것을 고려해볼 때 얼마나 신속하게 진격하였는가는 알 수 있다. 맥아더 장군조차 한국군이 그렇게 신속하게 기동하여 원산을 점령할 것을 예측하지 못했던 것이다. 이처럼 기동의 본질은 속도로써 추격 작전에서 신속한 기동이 방어의 조직력이 무너진 적을 압박함으로써 최대의 성과를 보장해줌을 알 수 있다. 또한 효과적인 기동을 위해서는 아군의 기동에 장애가 되는 요소 제거와 함께 적의 기동을 방해하고 차단하여야 한다.

5. 집중(Mass)의 원칙

1) 개념

집중이란 한곳으로 모이게 하는 것을 의미한다. 집중한다는 것은 집중하고자 하는 곳을 제외한 곳에서는 절약을 해야 함을 전제로 하고 있다. 손자는 아전이적분(我專而敵分), 피실격허(避實擊虛)13)라 하였고, 클라우제비츠는 중심(重心)에 집중해야 하며, 조미니는 결승점에 아군의 주력을 집중해야 한다고 주장하였다. 육군 야전교범에서는 집중이란 "전쟁의 궁극적인 목적을 달성하기 위해서는 우세한 전투력을 결정적인 시간과 장소에 집중시키는 것"이라고 정의하였다.

전투의 승패는 결정적인 시간과 장소에서 상대적 전투력의 우열에 따라 결정된다. 전투력이 적과 대등하거나 또는 열세하더라도 적의 약점에 아 전투력을 적시적으로 집중하여 상대적 전투력의 우세를 달성함으로써 결정적인 성과를 획득할 수 있다. 특히 현대전에서는 감시수단의 발달, 무기체계의 정확성과 파괴력의 증대로 인하여 물리적인 집중은 대량피해를 유발할 수 있다. 따라서 단순한 물리적인 집중보다 분산된 상태에서 결정적인 시간과 장소에 전투력의 효과를 집중시키는 것이 더욱 중요하다. 즉 집중은 동시성과 통합성을 내포하고 있다. 또한 집중은 피아간의 상대적인 개념으로서, 아 전투력의 집중뿐만 아니라 적 전투력의 분산을 강요하는 작전활동, 신속한 기동, 타 지역에서의 절약 등이 병행하여 이루어져야 한다.

2) 적용사례: 영천지구 전투 및 다부동 전투

영천지구전투는 1950년 9월 2일부터 12일 까고 10여 일간 실시하였으며, 영천은 대구, 경주, 포항으로 연결되는 철도 및 육로 교통의 요지이다.

9월 공세 시 영천 북쪽에서 공격을 시작한 북한군 제15사단은 국군의 보현산 방어선과 기룡산 방어선을 돌파한 후 국군 제8사단 방어선의 중앙을 뚫고 영천에 진입했다. 영천이 적으로 부터 피탈 시에는 국군 제1, 2군단이 분리되어 아군의 유일한 횡적 병참선이 차단 될 뿐만 아니라 이후 대구방면 진출시 왜관, 다부동일대의 아군후방을 차단당하는 상황이었다. 또한 경주방면 진출시 동해안 통로 개방과 부산이 위협받기 때문에 낙동강 방어선 전체가 와해되는 전략적 요충지이다. 적들이 경주를 거쳐 부산

---

13) 아군의 역량은 한곳에 집중하고 적은 분산 시킨다. 충실한 곳은 피하고 헛점 있는 곳을 공격하라.

으로 향한다면 국군과 유엔군은 최후의 발판마저 잃게 되는 존망의 위기가 아닐 수 없었다.

따라서 국군은 집중할 수 있는 가용 전투력이 필요했다. 국군 제7사단 제5연대와 제1사단 및 제6사단에서 증원된 2개 연대, 그리고 형산강 방어선에 배치되었다가 원대 복귀한 제10연대가 합세해 적의 측방을 위협하면서 반격작전을 전개했다. 그 결과 적의 공격력은 급속히 약화되었고, 아군은 3일 동안의 교전 끝에 영천을 탈환하고 그 여세를 몰아 영천 동북방으로 진출했다. 그때의 전투로 북한군 제15사단은 치명적인 타격을 입고 전선에서 물러서게 되었다. 1950년 12월 4일 북한 별오리에서 열린 노동당 중앙위원회 제3차 대회에서 김일성은 전쟁의 패인을 분석하면서 "우리가 영천을 점령했을 때 승리할 수 있었고, 영천을 상실함으로써 패배했다."라고 언급했다는 사실은 그 점을 잘 말해 주고 있다.

대구 부근 다부동 전투는 1950년 8월 3일부터 9월 14일까지 40여 일간 실시하였으며, 2차 9월 공세시 북한군은 대구 정면에 제2군단의 3개 사단을 집중 투입했다. 그 결과 미 제1기병사단은 북한군의 집요한 공격으로 고전했다. 그로 인해 대구는 비상사태에 놓이게 되었다. 반면 북한군 제1사단과 팔공산 쟁탈전을 벌인 국군 제1사단의 전세는 점점 유리해지고 있었다. 또한 국군 제1사단 우측방의 국군 제6사단은 신녕 일대의 험한 지형을 이용해 북한군 제8사단의 공격을 저지하고 그들에게 치명적인 타격을 가했다.

대구 부근 다부동 일대에 전투력을 집중 운용한 결과 9월 11일이 지나면서 북한군의 공세는 둔화되기 시작했다. 그때를 맞추어 국군 제1사단은 미 제1기병사단과 협조해 적에게 큰 타격을 주며 9월 14일에는 대구 북쪽 약 10㎞ 지점인 가산 산성의 가장자리까지 진출했다. 그 후 북한군의 공세는 끝났으며, 대구 점령을 위한 북한군의 공세는 완전히 사라지게 되었다.

영천지구 전투 및 다부동 전투는 아 전투력이 분산된 상태에서 결정적인 시간과 장소에 전투력의 효과를 적시적으로 집중하여 상대적 전투력의 우세를 달성함으로써 결정적인 승리를 획득할 수 있었다.

6. 기습(Suprise)의 원칙

1) 개념

국어대사전에서는 기습이란 "적이 모르게 기묘한 꾀로 갑자기 습격하는 것"이라고 하였다. 육군 야전교범에서는 "적이 예상하지 못한 시간, 장소, 수단, 방법으로 타격하는 것이며 적이 알았다 하더라도 계획한 시간 내에 효과적으로 대응하지 못하도록 신속하게 타격하는 것"이라고 하였다. 즉 기습은 적이 모르도록 하는 것이 아니라 적이 알았다 하더라도 효과적으로 대처하기에는 너무 늦도록 하는 것이 보다 중요하다.

기습은 적이 준비한 결전지역 및 시간에 차질을 유발시킴으로써 적의 조직적인 전투수행을 거부하고, 주도권 장악을 용이하게 할 뿐만 아니라, 적을 심리적으로 마비시키고 공황을 유발시켜 결정적인 승리의 기회를 제공한다. 또한 기습은 전투력의 균형을 결정적으로 아군에게 유리하게 전환시킬 수 있는 계기를 부여하며, 최소의 희생으로 최대의 효과를 달성하게 한다.

기습 달성 방법으로는 예기치 못한 시간과 장소의 이용, 불리한 지형 및 기상의 극복, 예기치 못한 전투력 사용, 신무기 사용, 전술과 작전방법의 변화, 작전속도의 변화 등이 있으며 기만 및 작전보안으로 보완된다. 기습의 원칙을 성공적으로 적용하기 위해서는 창의성, 대담성, 민첩성이 요구된다.

2) 적용사례: 무극리 및 동락리 전투

국군 제6사단은 한국전쟁의 초기전투 시 춘천전투의 승리뿐만 아니라 낙동강 방어선으로 후퇴하면서 적에게 치명적인 피해를 입히는 전투를 다시 한번 수행하게 되는데 그것이 바로 무극리 전투이다

무극리 전투는 춘천전투에서 북한군 제2사단과 제7사단에게 치명적인 타격을 가한 국군 제6사단이 횡성, 원주, 제천을 거쳐 충주로 철수하여 1950년 7월 4일까지 진천, 음성, 충주를 연하는 선에서 성공적인 지연전을 실시하던 중 북한군 제15사단 제48연대를 음성 무극리에서 섬멸한 전투이다.

국군 제6사단 예하 제7연대는 북한군 제15사단 제48연대의 남진 정보에 의거 사전에 잠복대기하고 있던 중 주민들로부터 국군이 완전히 철수하였다는 잘못된 정보를 믿고 동락리 초등학교 일대에 연대병력과 1개 대대로 추정되는 포 수십문이 경계병

도 없이 무질서하게 교정에 집결되어 있는 것을 국군 제7연대 제2대대장이 알게 되었다. 대대장은 호기를 놓치지 않고 독단활용으로 무방비 상태의 적을 기습공격한 결과 적 800여 명을 사살하고 장갑차 3대, 76mm포 12문, 기관총 47정, 소총 1,000여정, 각종 차량 60대 등의 전과를 올렸으며 아군의 피해는 경상자 1명뿐이었다.

방어작전간에 이루어진 공세행동에서도 정확한 정보에 의한 기습의 효과는 막대하였다. 무극리 일대에서 1,740여 명의 국군 제6사단 제7연대가 적 사살 2,186명, 포로 132명, 장갑차 4대, 트럭 60대, 지프 15대 등 1개 연대 분량의 장비 및 물자를 노획하였다. 이 전투의 공로로 연대는 전원 1계급 특진하는 첫 번째 부대가 되었으며, 북한군의 남침 계획 전반에 걸쳐 차질을 유발하여 그들의 진출속도에 제동을 걸었으며 위축일로에 있던 아군의 전의와 사기를 크게 진작시켰다.

이렇게 기습은 전투력의 균형을 결정적으로 아군에게 유리하게 전환시킬 수 있는 계기를 부여하며, 최소의 희생으로 최대의 효과를 달성하게 한다. 또한 열세한 전투력으로 몇 배나 우세한 적을 섬멸시킬 수 있는 것은 성공적인 기습만이 가능하다는 것을 보여 주었다.

7. 경계(Security)의 원칙

1) 개념

국어대사전에서는 경계란 "잘못된 일이 발생하지 않도록 미리 마음을 가다듬어 조심하는 것"이라고 기술하고 있다. 육군 야전교범에서는 "부대 기밀을 보호하고 안전과 행동의 자유를 획득하고 적의 간첩활동, 관측, 태업, 요란 또는 기습으로부터 부대를 보호하기 위하여 수행하는 수단이다. 그리고 경계는 전투력을 보존하고 절약하며, 기습을 방지하고 부대의 안전 및 행동의 자유를 유지시키고 적의 정보 및 공격활동을 거부하는 역할을 한다"라고 정의하고 있다.

맥아더 장군이 "작전에 실패한 지휘관은 용서할 수 있어도 경계에 실패한 지휘관은 용서할 수 없다"고 강조한 것처럼 경계의 중요성에 대하여 아무리 강조해도 지나치지 않는다. 장군으로부터 일개 병사에 이르기까지 계급과 직책에 따라 내용과 범위만 다를 뿐이지 경계의 본질은 동일하다.

경계의 실패는 기습을 허용하게 됨을 의미한다. 그것이 전략적이든 작전술 차원이나 전술적 차원이든 간에 치명적인 결과를 초래하게 된다. 전략적인 차원에서 실패는 국가의 존망에 영향을 줄 것이고, 작전적·전술적 차원에서 경계의 실패로 인한 기습을 신속하고 적절하게 수습하지 못하면 그 영향이 전략적으로 확대되어 파국을 초래할 수도 있다.

전장에서 경계를 소홀히 하면 예기치 않은 적의 공격으로부터 심대한 손실을 입게 되며, 아군의 기도가 노출되어 작전을 성공시키기 어렵다. 따라서 부대는 항시 적의 위협에 상응하는 경계태세를 유지하여 전투력을 유지하여야 한다.

경계를 제공하는 수단에는 전장감시, 조기경보, 경계부대 운용, 정찰 및 대정찰, 장애물 운용 등이 있다. 또한 은폐와 엄폐, 소산, 전자전, 기만작전, 작전보안 등도 적의 정보활동을 제한하거나 효과를 감소시킴으로써 경계에 기여한다.

따라서 지휘관은 제반 수단을 활용 및 통합하여 지상, 공중, 해상 등에 대한 입체적인 경계가 항시 유지되도록 해야 한다.

2) 적용사례: 한국전쟁의 발발배경

북한이 남침준비를 착착 진행하고 있을 때 남한은 나름대로 여러 경로를 통해 경보와 징후가 전해지고 있었으나 이를 심각하게 받아들이지 않았다. 북한의 침공에 대한 경고가 전략적 차원 및 전술적 차원이든 간에 신뢰할 만한 정보 및 첩보가 생산되고 보고되었다. 그럼에도 불구하고 국군 수뇌부의 안일한 생각, 장기간 경계태세 유지로 인한 긴장감의 상실과 북한군의 위장전술, 미국의 낙관적인 전망, 북한군의 남침의지와 능력에 대한 과소평가 등 으로 말미암아 한국전쟁의 비극을 맛보게 된 것이다.

당시 북한의 정세와 군대의 움직임을 주시하고 있던 육군 정보당국은 1949년 12월 27일 연말종합정보보고서에서 1950년 봄을 계기로 북한군의 급격한 변화가 있을 것으로 판단하고 있었다. 즉 북한이 남한내 후방교란과 지지기반획득을 통해 남한 내부로부터 붕괴를 꾀하는 한편 북한의 전 기능을 동원하여 전쟁준비를 하고 38도선에 전면공세를 취하여 대한민국의 전복을 기도할 것으로 예상하였다. 이러한 정보판단은 국군수뇌부에게는 너무나 추상적이고 개념적이며 전부터 소문으로 나돌았던 위기설의 연장선에서 인식하고 있었다.

이에 좀더 구체적인 증거자료의 제시가 필요함에 따라 상인으로 위장하여 소련이 지원한 T-34전차 사진촬영과 귀순병의 증언, 북한군의 부대이동 현황 등과 같은 자료가 보고되었으나 그 의미를 분석하고 평가하는 과정에서 전쟁의 가능성이 부인되었다. 남침 시기가 다가오자 북한은 정치적으로 평화공세를 강화했다. 남로당의 고정간첩인 김삼룡과 이주하를 고당 조만식 선생과 교환하자는 제의를 하였으며, 병행하여 위장평화 공세를 강화하고 있었다. 그런 와중에도 군사적으로는 38도선 부근으로 기동훈련을 가장하여 부대이동을 완료하였다. 전술적으로는 보전포 협동훈련과 남한지역에 대한 정찰 및 도상연구, 사단급 훈련의 완료 등 전쟁준비를 완료하고 있었다.

이와 같은 움직임은 육군본부에서 나름대로 포착하여 대비책을 세울 것을 촉구하였으나 참모총장은 오히려 그에 반하는 행동과 결심을 보여 주었다. 육군본부의 일부 요원들은 "남부의 3개 사단을 긴급히 의정부 방면으로 추진시킬 필요가 있다. 의정부 축선은 역사적으로 주 공격로이었다."고 강조했으나 미 군사 고문관에 의해 거절되었다. 미 고문관은 "불필요하게 북한을 자극할 필요가 없고 남한의 치안유지가 급선무"임을 강조했다. 실제로 남부지방에 배치된 3개 사단은 공비토벌과 치안유지를 위한 임무가 주어져 수행해오고 있었다. 1950년 6월 10일에는 대대적인 인사가 단행되었다. 1사단장을 제외한 대부분의 지휘관이 교체되었다. 각 부대로 부임한 사단장은 적의 강·약점, 지형, 아군상황 등과 기본적인 요소를 파악하기 전에 전쟁을 맞이하게 된 것이다. 또한 비상경계령이 1950년 6월 23일 24:00부로 해제가 되고 그로 인하여 각 사단병력의 1/3이 휴가 및 외출을 나갔으며, 전쟁이 발발한 전날 밤에는 육군 장교구락부에서 연회가 새벽까지 계속되었다. 그래서 가장 중요한 시기에는 지휘계통의 마비와 혼란을 초래하는 요인이 되었다. 한국군은 북한군에 비해 정신적으로 물리적으로 장비, 물자, 훈련, 작전계획 등 전반적인 전쟁수행에 필요한 준비가 열세하고 결여되어 있었다.

당시 군 지휘부나 미 군사고문관은 현상이나 주어진 정보와 첩보를 보고 싶은 대로 보거나 보이는 대로 보는 우(愚)를 범했다고 할 수 있다. 주어진 정보나 사실에 대한 의미를 이해하고 통찰하려는 노력이 부족한 가운데 북한의 기습남침에 대한 경계의 허점을 들어 내고 말았다.

즉 경계의 실패는 기습을 허용하게 되고 그것이 전략적이든 작전술 차원이나 전술적 차원이든지 간에 치명적인 결과를 초래하게 된다는 것이다.

8. 절약(Economy of Force)의 원칙

1) 개념

절약의 원칙은 최적의 전투력을 운용하고 자원의 소모를 최소화하는 의미의 절약 개념이 확산되면서 추가되었다. 즉 절약은 작전의 목적을 효율적으로 달성하기 위하여 한정된 자원과 가용한 전투력을 경제적으로 운용하는 것으로서 작전목적을 달성할 수 있도록 최적의 전투력을 사용하여 불필요한 낭비를 억제하는 것이다.

현대전은 총력전의 형태로 수행되므로 국가가 보유하고 있는 자원을 경제적으로 운용하여야 한다. 따라서 작전 수행은 최소의 인적·물적 희생으로 승리할 수 있도록 자원의 소모를 최소화하여야 한다. 이를 위하여 지휘관은 최선의 방책을 수립하고 적의 약점과 과오를 이용하여 전투력을 집중하는 등 경제적인 전투를 수행하여야 한다. 결정적인 시간과 장소에 집중하기 위하여 다른 곳에서 절약한다는 절약의 개념도 중요하며, 꼭 필요한 만큼만 사용한다는 의미로서의 절약개념 역시 현대국가 총력전에서는 중요한 요소로 등장하게 되었다.

절약을 어디까지 할 것인가 하는 것은 지휘관이 판단하여야 할 중요한 문제로서 '한 개를 아끼려다 열 개를 다 잃어버리는 잘못'을 범할 수도 있다는 것을 명심하여야 하겠다.

2) 적용사례: 동해안 351고지 전투(한국전쟁)

동해안 351고지 전투에서 1953년 6월 초에 국군 제5사단이 담당하던 책임지역을 인수한 국군 제15사단 예하 제38연대는 지형의 천연적인 방어력과 이점을 이용하여 병력을 최대한 절약할 수 있도록 진지를 편성하여야 하나 현 전선 고수에 집착하여 돌출부에 방어를 편성하였다. 또한 적군이 어느 한곳에 전투력을 집중하지 않고 전 전선에 걸친 양공작전으로 주공방향을 기만함에 따라 예비인 제1대대를 집결 보유하지 않고 중대·소대별로 분산시켜 취약지점을 보강하였다.

전투가 시작되자 불리한 지형에 배치된 대부분의 병력은 효과적인 전투를 해 보지도 못하고 손실만 당하였으며 병력의 집결이 제대로 이루어지지 않아 예비대를 통한 효과적인 역습을 실시할 수도 없었다. 또한 예비대를 편성하여 실시한 역습도 관습적으로 동일한 방향의 정면으로 축차적으로 투입시켜, 이에 대비하고 준비한 적의 집중

화력으로 무모한 희생의 속출과 작전실패를 초래하였다.

이처럼 방어를 편성함에 있어서는 지형의 천연적인 방어력과 이점을 최대로 이용하여 병력을 절약할 수 있도록 편성하여야 한다. 이렇게 절약된 전투력으로서 결정적인 시간과 장소에서 역습을 통하여 임무를 성공적으로 완수할 수 있는 것이다. 또한 역습을 함에 있어서도 축차적인 전투력의 투입은 금하여야 한다. 이러한 병력의 낭비는 결정적인 국면에서 열세를 초래하여 작전에 실패하였다.

9. 창의(Originality)의 원칙

1) 개념

국어대사전에서 창의란 "새로 의견을 생각해 내는 것"이라고 정의하였으며 육군 야전교범에서는 "창의란 새로운 상황에 대한 대처방안과 전투수행의 기법을 스스로 찾아내는 사고력으로서, 전장의 주도권 장악과 직결된다"고 하였다. 전투는 다양한 기상, 지형, 피·아 상관관계에서 수행되므로 동일한 양상으로 반복되지 않을 뿐만 아니라 동일한 방법을 적용해서는 전투에서 승리하기가 어렵다. 따라서 지휘관은 항상 전투양상을 예측하고 변화하는 상황에 대하여 새롭고 창의적인 방법을 강구하여야 한다.

전투를 효과적으로 수행하기 위해서 지휘관은 풍부한 상상력과 창의력을 바탕으로 지상작전 원칙을 융통성 있게 적용하여 최소의 희생으로 최대의 성과를 달성하여야 한다. 이를 위하여 적을 기만하고 기습을 달성하며, 결정적인 시간과 장소에 전투력을 집중할 수 있도록 새로운 전투기법을 지속적으로 개발하여야 한다.

또한 전쟁 원칙과 전술교리는 전장에서 적용되는 지배적인 원리를 체계화한 것으로서, 작전수행 간 사고의 기준을 제시해 주기는 하나 창의적인 사고가 없으면 이를 효과적으로 활용할 수 없다. 용병의 진수는 기·정(奇·正)과 허·실(虛·實)의 적절한 운용에 있다. 따라서 전투 시 지휘관은 통상적이고 모방된 기법을 지양하고 적이 생각하지 못한 전술을 구사하여 전장의 주도권을 장악하여야 한다. 또한 예하부대의 지휘관이 창의성을 발휘할 수 있도록 필요한 여건을 조성해 주어야 한다.

2) 적용사례: 인천상륙작전의 크로마이트(Chromite)계획

맥아더 장군은 1950년 6월 29일 한강 방어선을 시찰했을 때 상륙작전계획을 구상하였다. 7월 초 한국군의 절망적인 상황을 타개할 수 있는 유일한 방법은 미 지상군을 투입하여 적의 남진을 저지하면서, 상륙작전을 실시하여 북한군을 남북에서 협공함으로써 일거에 뒤집는 대담한 작전이 필요하다며 상륙작전을 검토하도록 지시했다.

이에 따라 미 극동군사령부 계획단에서 계획100-B(인천), 계획100-C(군산), 계획 100-D(주문진)의 3개안을 마련하였고, 이 세 개의 안중에서 인천상륙과 동시에 낙동강선에서도 반격을 취한다고 하는 100-B가 채택되어 7월 23일 크로마이트(Chromite)계획을 수립하였다. 이 계획의 주요 골자는 9월 중순에 적 전선의 배후에서 미 제10군단에 의한 상륙작전이며, 그 목적은 남으로부터의 미 제8군 공격에 호응하여 적을 포위 섬멸시키는데 있다. 즉, 적 전선의 뒤에서 단시일 내에 강력한 공격을 취하게 되면 적의 중요 보급로가 끊기게 되어 결정적인 타격을 줄 수 있게 될 것이다. 만일 이와 반대로 정면공격을 실시하게 되면 전투를 오래 계속하여야 되고 많은 희생을 초래하게 될 수 밖에 없다. 따라서 상륙부대로 미 제2사단과 미 제1임시해병여단으로 인천상륙작전을 실시하는 것이었으나, 7월과 8월 북한군 공격이 예상 외로 강력하여 상륙작전을 감행할만한 여유가 없었다. 한편 미 합동참모본부에서는 맥아더 사령관의 인천상륙작전에 대한 전문을 받고 동 상륙작전에 관해 맥아더 장군과 협의하기 위해 육군 참모총장 콜린스(Collins) 대장과 해군 참모총장 셔먼(Sherman) 대장 등을 동경으로 보내어 되도록 동 작전을 포기시키려고 하였다. 8월 23일 동경 제1생명 빌딩에서 열린 회의에서 맥아더 사령관에게 명확히 인천상륙작전이 불가능하다고 말한 사람은 없었으나, 다만 위험한 문제점들을 들어 어렵다는 것을 설명하였는데, 특히 해군 고위층 전문가들은 조수의 차와 지형의 두 가지 문제를 들어 인천 상륙은 매우 위험하다고 주장하였던 것이다. 그 후 수차에 걸쳐 미 합동참모본부와 UN군 사령부 간에 상륙작전 문제가 제기 되었으나 9월 8일 미 합동참모본부는 맥아더 사령관에게 "귀하의 계획을 승인하며 대통령에게 이미 보고되었다."는 전문이 발송됨에 따라 창의적인 인천상륙작전 계획이 최종적으로 확정되었던 것이다.

이에 따라 유엔 해군과 공군은 9월8일부터 14일까지 동해와 서해에서 양동작전을 펼쳤으며, 이 기간에 유엔 공군은 3,250여회를 출격하여 전략·전술표적을 강타하였다.

맥아더사령관은 상륙부대로 미 제10군단을 신편해 극동군 참모장인 알몬드를 군단장에 임명하였다. 미 제10군단 예하에는 미 제1해병사단과 국군 제1해병연대, 미 육군 제7사단과 국군 제17연대 등으로 편성하였으며 병력규모는 3만 여명이었다. 상륙함정은 미 제7함대를 주축으로 한 유엔 해군함정 261척의 지원을 받으면서 9월15일 02:00시에 인천에 대한 상륙작전을 개시하였다. 다음 날 새벽 미 제10군단은 인천 일대에서 저항하는 북한군을 소탕한 후 9월 18일에는 김포공항을 탈환하고 영등포로 진출할 준비를 갖추었다. 9월19일, 서울 탈환작전으로 행주-능곡-연희동, 영등포-마포, 노량진-서빙고-남산의 3개 방면에서 서울로 진출하여 시가전을 치른 끝에 9월 28일 서울을 완전 탈환하였다.

인천상륙작전의 크로마이트(Chromite)계획이야말로 해군 고위층 전문가들 마져 매우 위험한 계획이라고 하였지만 백아더 장군의 새로운 상황에 대한 대처방안과 전투수행의 기법을 스스로 찾아내는 사고력으로 전장의 주도권을 장악하여 승리를 이끌게 되었다.

10. 지휘통일(Unity)의 원칙

1) 개념

국어대사전에 통일이란 "여럿을 몰아서 하나로 만드는 일 또는 다양한 여러 요소가 어떤 점에서 합치하여 전체에 같이 소속하는 관계를 의미한다"라고 하였다.

육군 야전교범에서 통일의 원칙은 "군사력을 운용함에 있어 모든 전투력이 공동의 목적을 추구함으로써 노력이 분산되지 않는 것을 의미하며, 이러한 방법에는 지휘의 통일과 노력의 통일이 있다"라고 기술하고 있다. 여기서 지휘의 통일이란 단일 지휘관에 의한 일사불란한 지휘체제하에서 부대의 모든 노력이 통합되어 공동의 목표로 지향되도록 하는 것이다. 지휘의 통일이 이루어진 부대는 조직력이 강하여 전투력을 최대한 발휘할 수 있다. 그러나 획일적인 통제는 작전에서의 융통성과 예하부대의 창의성을 제한하기 때문에 지양되어야 한다.

노력의 통일이란 상이한 지휘계통에 있는 부대들 간에 상호 협조와 협력으로 공동 목표를 향해 노력이 지향되도록 하는 것을 의미한다. 전장에서 통합된 전투력을 발휘하기 위해서는 노력의 통일이 이루어져야 한다. 이를 위해서 계획은 집권화하고 실시는 분권화함으로써 전투력 발휘를 극대화시켜야 할 것이다.

나폴레옹이 "부대는 두 명의 우수한 지휘관보다는 한 명의 우둔한 장수에 의해 지휘하는 것이 더 낫다"고 강조한 것과 머리를 치면 꼬리가 달려들고 꼬리를 치면 머리가 달려들고 몸통이 공격받으면 머리와 꼬리가 달려든다는 '상산의 뱀'은 통일의 원칙의 중요성을 보여 주는 좋은 예라 할 수 있다.

2) 적용사례: 한국전쟁 중 초기전투

한국전쟁 중 초기전투에서 한국군이 북한군에게 속절없이 당한 것이 많이 있다. 패전의 요인을 구체적으로 얘기한다면 전투준비태세의 미흡, 전쟁직전 대대적인 인사이동, 전략·전술의 부재, 유무형적인 전투력의 불균형, 병력의 축차투입 그리고 일반차량(35%), 사단별 공용화기(15-20%)의 후송 등과 같은 부적절한 조치 등이 있다. 패한 요인 중 가장 중요한 지휘와 노력의 통일이 미흡했다는 것이다.

북한군의 기습적인 남침 공격시 38도선을 담당하고 있는 부대들은 좌로 부터 국군 제17연대가 옹진반도, 국군 제 1사단이 개성·문산축선, 국군 제7사단이 의정부지구, 국군 제6사단이 춘천지구, 국군 제8사단이 동해안 축선에서 북한군의 공격을 막아내고 있었다. 특히 개성·문산축선의 국군 제1사단과 춘천지구전투에서의 국군 제6사단의 활약은 기대이상으로 잘 싸웠다. 북한군에 의해서 서울이 함락되기 전까지 개성·문산축선과 춘천지구는 전선을 유지하고 있었다.[14)

그러나 개성·문산축선의 국군 제1사단은 서울 함락이 될 때까지 그 사실을 모르고 있었으며, 인접부대인 국군 제7사단의 의정부 및 서울로 후퇴의 상황을 파악하지 못한 채 전투에 임하고 있었다. 결국은 한강철교가 폭파되고 조직적인 철수가 불가하여 중화기 및 장비는 버려두고 개별적으로 또는 소부대단위로 철수할 수 밖에 없는 결과를 초래하게 되었다. 국군 제1사단의 용전분투는 의정부축선의 국군 제7사단의 패전으로 빛을 바라게 되었다.

한편 의정부 축선의 국군 제7사단은 북한군의 남침시 까지 예비연대 없이 전투를 치르게 되었다. 북한군의 주공이 지향한 의정부 축선은 절대적인 열세 하에서 격전을 벌이고 있었다. 서울 사수와 반격을 위한 주요 지역임에도 불구하고 작전개념상에만 중요성을 강조했지 실제적으로 아무런 뒷받침이 없었다. 반격작전 시에도 후방에서

---

14) 육군3사관학교 충성대연구소, 전략·작전술·전술 차원에서의 전쟁원칙 적용사례 연구, 2002, pp.64-65.

증원되는 국군 제2사단과 국군 제7사단 간에 협조가 미흡하였고, 수도경비사령부로 전속 되었던 국군 제7사단 예하 제3연대는 사전에 아무런 연락도 없이 철수함으로써 국군 제2사단의 포천방향 반격이 실패하는 한 요인이 되었다. 포천 방향에 대한 반격의 실패는 동두천 방향으로 공격하여 작전을 성공했던 국군 제7사단을 오히려 위기에 빠뜨렸다. 의정부를 점령한 북한군 제3사단에 의하여 퇴로가 차단당하였기 때문이다. 육군본부는 상황의 급박함을 이유로 후방에서 증원되는 부대를 축차적으로 지휘계선의 통일과 조정 없이 투입함으로써 혼란을 가중시켰으며, 상이한 지휘계통에 있는 부대들 간에 상호 협조와 협력으로 공동 목표를 향해 노력이 지향되어야 하나 그렇지 못했다. 특히 전장에서 통합된 전투력을 발휘하기 위해서는 계획은 집권화하고 실시는 분권화시켜야 함에도 불구하고 국군은 축선별 또는 전체적인 국면에서 지휘통제할 만한 체계와 역량이 미흡한 채 어느 한쪽의 성공을 전체적인 승기로 이어가지 못하고 임기응변적으로 상황을 처리하게 되었다.

11. 사기(Morale)의 원칙

1) 개념

국어대사전에서는 사기란 "싸움에 대한 병사의 기세"라고 하였고, 육군 야전교범에서는 "임무수행에 대한 개인 또는 부대의 정신적·심리적 상태로서 전투력의 효과를 극대화시켜 전승에 기여하는 필수적인 요소이다"라고 정의하였다.

사기는 전투력의 무형전력인 정신력으로서 일반적으로 전투력은 유형전력인 물질력과 무형전력인 정신력을 모두 지칭한다. 클라우제비츠는 "물질력이 칼집이라면 정신력은 칼의 날이다"라고 하였다. 나폴레옹 역시 "모든 지휘관은 모든 수단을 다하여 병사들을 끝까지 싸우도록 사기를 고무시켜야 한다"고 강조하면서, "정신력과 물질력의 효율은 3:1이다"라고 하였다. 그는 정신력을 물질력보다 우위에 두었다.

사기가 충만한 부대는 전 부대원이 지휘관을 핵심으로 확고한 사명감을 견지하고 생사를 초월하여 부여된 임무를 완수하려는 전투의지로 나타나며, 사기가 저하된 부대는 조직이 이완되고 전투를 회피함으로써 지휘관의 용병술 구사가 불가능하여진다. 따라서 지휘관이 전장에서 높은 사기를 고양하고 유지하기 위해서는 전장의 공포심을 제거하고 전투에 대한 자신감을 부여하는 것이 중요하다. 또한 교육훈련과 지휘통

솔을 통하여 부대원들의 사기를 고양시키고 단결심과 필승의 신념을 고취시키며, 결단성 있는 지휘로 신뢰감을 조성하여야 한다. 특히 전투경험이 없는 부대나 작전에 실패한 부대에는 비교적 쉬운 임무를 부여함으로써 작전의 성공을 통하여 자신감을 부여하여야 한다. 아울러 지휘관은 아군이 왕성한 사기를 유지할 수 있도록 모든 노력을 경주해야 하며, 동시에 적군의 사기를 저하시키고 패배감을 조성하는 데도 중점을 두어야 한다.

2) 적용사례: 춘천지구 전투 승리한 국군 제6사단

한국전쟁 초기 춘천방면의 국군 제6사단은 육군본부의 비상경계령 해제에도 불구하고 비상을 유지했다. 당시 국군은 병력이 9,338명밖에 없었고 북한군은 3개보병사단과 1개 모터사이클 연대 등 37,000여명에 달해 인원은 4;1 규모였고, 포병은 5:1규모로 열세하였다. 북한군은 포병의 지원을 받는 선봉 2개 사단규모면 국군 제6사단을 간단히 붕괴시킬 수 있다고 생각했다. 전선이 돌파되면 1개 사단을 추가 투입하고 모터사이클 연대를 양평- 이천- 수원 방면으로 진격시켜 서울 주변의 국군 주력을 통째로 포위할 계획이었으나 국군 제6사단에 의해 이런 모든 계획이 수포로 돌아갔다.[15] 국군 제 6사단의 분전으로 북한군 7,000여명의 사상자와 자주포 18문 등 막대한 장비를 잃은데 비해 국군 제 6사단은 400여 명의 사상자를 냈을 뿐 이었고 장비 손실도 적었다. 그러나 의정부 전선이 돌파되어 서울이 함락되는 등 서부전선의 방어가 무너지자, 국군 제6사단 역시 포위되는 것을 피하고 전선의 균형을 맞추기 위해 상부의 지시에 따라 충주로 후퇴하였다.

이 전투 승리의 가장 결정적인 요인은 사기(정신전력)이다. 초기작전간 타 전선에서는 지휘관을 비롯하여 수많은 장병들이 공황을 극복하지 못하고 이탈하였다. 특히 처음 보는 전차에 대한 공포증으로 인하여 전선이탈이 가속되었다. 그러나 춘천지구 전투에서는 국군 제6사단 제7연대의 대전차포 소대장 심일 중위가 옥산포에서 화염병과 수류탄으로 육탄공격 하여 적 자주포를 파괴하였으며, 국군 제6사단 제19연대 박준수 중위와 10명의 육탄11용사들 역시 말고개에서 육탄돌격으로 적 전차와 자주포를 파괴하는 등 무기체계의 열세를 전투의지만으로 극복하였다.

---

15) 임영대, 한국전쟁, 소와당, 2010, p.27

국군 제6사단의 이러한 전투의지(사기)는 김종오 대령과 임부택 중령 등 지휘관들이 북한군의 남침이 있을 것이라는 것을 인지하고 평소 지속적인 정신교육을 실시하면서 병사로부터 장교에 이르기까지 교육훈련을 강화하고, 지형을 최대로 이용하여 군관민이 혼연 일체가 되어 진지를 준비하였으며, 휴일이었지만 경계를 강화하는 등의 완벽한 전투준비와 공비토벌을 통해 축적된 얼마간의 실전경험으로부터 발휘된 것이다. 이러한 요인들이 실전에 임하여 심일 중위와 육탄11용사들의 숭고한 육탄공격을 가능케 했으며, 전부대의 사기를 진작시켜 전차 미보유를 비롯한 열세한 장비로 무장한 1개 사단으로 전차연대로 보강된 적 1개 군단을 맞아 승리하게 해 주었던 것이다.

12. 간명(Simplicity)의 원칙

1) 개념

간명이란 군사작전의 계획이나 명령을 간단명료하게 수립하여 시행하는 것을 의미한다. 지휘관은 유동적인 전장상황에서 다양한 부대와 작전요소를 운용하여 전투를 수행한다. 부대 운용 개념, 작전계획 및 명령 등을 복잡하게 수립하면 작전 실시간에 오해와 혼란이 초래되고, 융통성을 제한하며, 계획과 수행간의 마찰 등으로 인하여 오히려 작전을 실패할 수 있다.

따라서 지휘관은 계획이나 명령을 작성할 때 지휘관의 의도와 작전개념 및 예하부대의 임무를 간단명료하게 하고, 제 작전요소를 유기적으로 통합하는 데 필수적인 협조사항만을 구체화하여 이해가 용이하도록 작성해야 한다. 특히, 지휘관 및 전투원들이 신체적 피로 등 악조건에 있을 때는 간명한 계획과 명령이 더 한층 요구된다.

작전 실시간 간명한 명령을 위해서는 평소 교리를 숙지하고 예규를 준비하며, 훈련을 통하여 상하 간에 공통의 전술관을 구축함으로써 긴급한 상황에서 필요치 않은 내용들이 작전명령에 포함되지 않도록 해야 한다. 또한 명확한 목표 설정은 간명의 시발점이다. 전투는 마찰요소로 인해 통상 착각과 혼란을 동반하게 되므로 설정된 목표에 따라 명령 및 계획을 간결하고 명확하게 작성 하달하도록 하여 오해와 혼란 발생 가능성을 최소화해야 한다.

2) 적용사례: 다부동 전투 – "Y"선으로의 철수[16]

북한군이 대구를 조기에 점령할 목적으로 총 5개 사단을 투입하여 대구방향으로 공격시 왜관-낙동리간을 방어하는 국군 제1사단 정면에는 북한군 제 1, 3, 13, 15사단 등 4개 사단이 대구공격에 안간힘을 다하고 있었다. 국군 제1사단은 육군의 방어지역 조정에 따라 다부동 일대의 새로운 방어선인 낙동강-왜관 동북쪽 'Y'선으로 철수하라는 명령을 받고 'Y'선으로 철수하였다. 그러나 상급부대인 국군 제2군단의 작전명령에는 'Y'선의 후방인 다부동을 경유하여 'Y'선에 진출하라고 하였다.

육군본부의 명령을 국군 제2군단장이 국군 제1사단장에게 재하달하면서 다부동 경로를 명시하게 되고 이 경로인 'Y'선 후방의 다부동지역에 재집결하는 사이 적이 먼저 'Y'선을 점령하였다. 그 당시 작전부대의 철수로를 Y선 후방의 다부동을 경유하여 Y선에 진주시킴으로써 불필요한 부대집결과 역행군 등으로 방어편성에도 미흡한 귀중한 시간의 낭비를 가져오게 하여, Y선상의 방어임무 수행에 큰 지장을 초래하였던 것이다.

긴급한 상황에 대비하여 혼란과 착오 없이 협조된 방어선을 형성하기 위해 사전에 지정해 놓은 'Y'선이므로 중간제대에서 작전을 구체화시킬 필요 없이 육본명령과 동일하게 'Y'선을 점령하라는 명령을 하달하면 그만인 것을 상급부대에서 예하부대의 전투실상에 대한 고려 없이 구체화시킴으로써 불필요한 희생을 초래하였다. 이처럼 명령하달 시 부대 운용 개념, 작전계획 및 명령 등을 복잡하게 수립하면 작전 실시간에 오해와 혼란이 초래되고, 융통성을 제한하며, 계획과 수행간의 마찰 등으로 인하여 오히려 작전을 실패할 수 있다.

따라서 지휘관은 예하부대의 임무를 간단명료하게 하고, 제 작전요소를 유기적으로 통합하는데 필수적인 협조사항만을 구체화하여 이해가 용이하도록 작성해야 한다. 작전목표는 명확히 제시하되, 목표달성을 위한 세부적인 방법이나 수단은 예하부대에 위임하여 작전실시간에 예하지휘관이 상황판단하여 그 상황에 맞는 최선의 방책을 선정하여 시행할 수 있도록 여건을 보장해 주어야 한다.

---

16) 육군3사관학교 충성대연구소, 전략 · 작전술 · 진술 차원에서의 전쟁원칙 적용사례 연구, 2002, pp.92-93.

제2부

한국 전쟁사

제1장
한국전쟁의 발발 원인과
남·북한 작전계획

　선배 전우들의 숭고한 희생으로 얻은 한국전쟁의 경험을 바탕으로 얼마만큼 우리의 지형과 상황에 맞는 우리만의 군사이론이나 교리를 발전시켜 놓았는가라는 질문을 드리면서 한국전쟁에 대한 새로운 시각을 갖게 해 줄 뿐만 아니라 더 나아가 전쟁사를 보다 체계적이고 논리적으로 연구함으로써 교리를 발전시키고 결국에는 전쟁에서 승리할 수 있는 기초를 다지는 계기가 될 것이다.

제1절 한국전쟁의 발발 원인

1. 38도선 형성

　제2차 세계대전의 전세가 1943년에 접어들면서 연합국 측의 승리가 확실시되었다. 이때부터 연합국들은 전후의 새로운 세계질서에 관해 논의하기 시작하였다.

　한반도 문제가 연합국 간에 공식적으로 거론되기 시작한 것도 이때부터였다. 1943년 2월, 카사블랑카(Casablanca) 회담[1]에서 회담을 마치고 미국 대통령 루스벨트(Franklin D. Roosevelt)가 영국 수상 이든(Anthony Eden)에게 동남아 지역의 전후 처리에 관한 기본

---

1) 카사블랑카 회담: 제2차 세계대전 중 북아프리카의 대서양 해안에 있는 모로코 최대의 항구도시인 카사블랑카에서 프랭클린 D. 루스벨트 대통령과 처칠, 그리고 그들의 군사보좌관 및 참모총장이 개최한 회의(1943.1.12~23). 서방연합을 위한 앞으로의 국제군사전략을 기획했다.

구상을 피력하면서 한반도 문제를 최초로 언급하였다.

1) 카이로 회담

연합국 측의 본격적인 전후 처리 회담은 1943년 11월 22일~25일 미국의 루스벨트 대통령, 영국의 처칠 수상, 중국의 장제스(蔣介石) 총통 등이 참석한 카이로 회담이었다. 한반도에 궁극적으로 한민족에 의한 통일정부가 수립되어야 한다는 것도 카이로 선언에 의해 처음으로 공식 발표되었다.

이들은 일본이 점령했던 지역에 대한 전후 처리 기본구상과 한반도의 문제에 관하여 "일본을 제1차 세계대전 발발 후 점령한 태평양상의 모든 도서, 중국으로부터 탈취한 모든 영토와 강압적으로 탈취한 그 밖의 영토로부터 추방한다. ……한국은 한국인이 처해 있는 노예상태에 유의하여 적당한 시기에 자유롭고 독립된 국가가 되도록 한다"라고 선언하였다. 이 선언에 이어 11월 28일부터 12월 2일까지 미·영·소 3개국 수뇌가 태평양전쟁의 종전을 앞당기기 위하여 테헤란에서 소련의 대일전 참전문제를 중점적으로 논의하면서 소련 수상 스탈린이 전후 처리 대원칙인 카이로 선언에 동의하였다. 따라서 이 선언에 한국의 독립과 관련된 조항이 비록 특별조항에 포함되어 있지만 한국문제 처리의 기본전제가 되어 한국의 독립은 비로소 국제적인 보장을 받게 되었다.

카이로 선언의 한국관련 조항 중 '적당한 시기에'로 해석되는 구절은 즉각적인 독립부여가 아니라 일정한 기간의 정치적인 수습과정을 의미하는 것이었다. 즉 일정한 기간의 신탁통치를 실시한 후에 독립을 보장한다는 의미였다.

2) 얄타 회담

1945년에 접어들어 마지막으로 연합국에 대항하던 독일의 패전이 임박하자 미·영·소 3국은 1945년 2월 4일 얄타(Yalta)에서 회동하여 패전국의 처리, 식민지 독립, 이권의 분배 등에 관해 구체적으로 논의하였다. 이 의정서에는 한국문제가 언급되어 있지 않았으나 회담 중 루스벨트 대통령과 스탈린 수상 간에 미·영·소·중 4개국에 의한 신탁통치를 실시하되 신탁통치 간 외국군은 주둔시키지 않기로 잠정 합의하였다.

이 얄타 회담에서 미·중 수뇌들은 스탈린에게 대일전의 조건으로 극동에 있어서 러일전쟁 이전 소련의 영토와 모든 권리[2]의 회복을 약속하였다. 얄타 회담이 끝난 후 미 국무성은 이 협정을 한국에 적용하는 데 만전을 기하기 위해 당시 미국에서 독립 운동을 하던 이승만에게 협력을 요청하였으나 이승만은 미국에게 중경의 임시정부를 즉각 승인할 것을 촉구하였다.

3) 포츠담 회담

1945년 7월 17일, 제2차 대전 마지막 연합국 회담이 포츠담(Potsdam)에서 열렸다. 연합국 측은 희생을 최소화하면서 조기종전을 달성하려는 목적에 주로 일본의 전후 처리방침 설정, 소련의 대일전 참전 시기와 미·소 간의 작전협조, 미국이 실험에 성공한 원자폭탄 사용에 대한 협의를 하였다.

1945년 제2차 세계대전 시 연합국의 승리가 확실시되면서 연합국 측은 7월 26일 포츠담 선언에서 일본에게 무조건 항복을 요구하였다.

"일본국 정부가 즉시 전 일본군의 무조건 항복을 선언하고, 충분한 보상을 요구한다. 그렇지 않다면 즉각적이고 완전한 파멸뿐이다. 카이로 선언의 조항은 이행되어야 하며 일본의 주권은 혼슈·홋카이도·규수·시코쿠와 연합국이 결정하는 제 소도에 국한한다." 그러나 일본이 이를 거부하자 8월 6일과 9일 2차에 걸쳐 일본에 원폭을 투하하였다.

이때 전쟁 참전 눈치만 살피고 있던 소련은 일본의 패망이 거의 확실시되자 급히 8월 8일에 일본에 대해 선전포고를 하고 이튿날 3개 집단군으로 일본의 관동군을 격파하면서 만주와 북한 일대로 진입하게 되었다.

그리고 8월 13일에는 청진에 상륙하였고, 8월 26일에는 38도선 이북을 완전히 점령하게 되었다.

4) 일반명령 제1호

8월 10일 일본이 포츠담 선언을 수락하였다. 갑작스럽게 일본의 항복의사를 통고받자 일본 본토 상륙작전을 준비 중이던 미국은 항복 접수지역 및 절차에 대한 일반명령 제1호의 기안을 서두르게 되었다.

미 국방성 정책과장 본 스틸(Bone Steel) 대령은 국무, 국방 3성 조정 위원회의 독촉을 받고 일반명령 1호를 작성하게 되었으며 최초구상은 가능한 한 소련이 받아들일

2) 연합국은 소련에 1904~1905년 러일전쟁에서 잃은 영토를 반환하고 또 외몽골의 독립을 인정한다는 것이었다.

수 있는 범위까지 북쪽으로 분계선을 선정하려고 했으나 소련군은 이미 한국에 진주하고 있었으며 미군은 한반도로부터 600마일이나 떨어져 있는 오키나와에 있었다. 따라서 문제는 소련이 그의 안을 받아들여야 하고 동시에 그들이 한국 전역을 장악하는 것을 막는 일이었다.

그는 처음에 행정적인 경계선을 따라 분계선을 선정하려고 했으나 그의 사무실에 있는 유일한 한국지도는 행정적인 경계가 그려져 있지 않았고, 다만 북위 38도선이 대략 한반도를 둘로 나누고 있었다. 그래서 북위 38도선을 잠정적인 선으로 설정하고 한국 내의 일본군을 각각 북쪽은 소련군에게, 남쪽은 미국에게 항복하도록 정하였다.

38도선의 확정은 절박한 상황과 제약된 시간 속에서 결정되었다. 본 스틸 대령이 기초한 일반명령 제1호의 문안은 다음 날 아침 합동참모본부와 3성 조정위원회, 국무장관을 거쳐 8월 15일 마침내 트루먼 대통령의 최종 재가를 얻어 소련과 영국 등 연합국에 전달되어 동의를 구하는 한편, 마닐라에 있던 맥아더 장군에게도 타전되었다. 소련의 반응을 기다리는 동안 워싱턴 당국에서는 긴장의 순간이 흘렀다. 8월 16일 스탈린은 답변을 통해 38도선 문제에 대해서 전혀 언급도 없이 여순, 대련항을 포함한 만주 지역은 소련의 점령 지역에 속한다는 묵시적인 동의를 하였다. 이리하여 제2차 대전은 종결되었으며 한민족은 해방을 맞게 되었다. 한민족은 36년간의 일제 압박과 압제에서 벗어나 새로운 국가건설에 대한 희망과 포부를 가질 수 있게 되었다. 그러나 한반도의 분할은 이 땅의 주인인 한민족이 모두 잠든 사이 말없이 확정되었다.

일반명령 제1호는 일본군의 항복수락과 무장해제를 위한 순수한 군사적인 조치로서 정치적인 의도는 내포되어 있지 않은 것이었으나, 민족의 삶의 터전이 남북으로 분단되고, 정치적인 철의 장막으로 굳어져 동족상잔을 빚은 비극의 선으로 바뀌게 되었다.

2. 한국전쟁의 발발 원인[3]

1) 국제적 요인

(1) 제2차 세계대전 이후 미・소의 대립

제2차 세계대전 이후 미・소 관계는 급격히 냉각되었다. 즉 소련은 세계 적화를 위

---

3) 육군대학, 『한국전쟁사』, 2004, p.71.

해 팽창주의 정책을 추진하였고, 미국은 소련의 팽창을 저지하기 위해 봉쇄정책으로 대응하였다.

그 결과 제2차 세계대전 이후의 미·소의 대립에 따른 냉전체제가 구축되었다. 미국과 소련의 대립에 의한 냉전체제 구축과정은 크게 3단계로 구분할 수 있다.

먼저 1단계는 1946년 초까지 소련의 팽창정책 기간으로서 이 기간 동안 소련은 동부유럽과 발칸 반도를 위성국가로 만들었고 터키와 그리스에서 공산당을 지원하는가 하면 이란과 만주 지역에 소련군이 계속 주둔하는 등 상당히 적극적인 팽창정책을 추진하고 있었다.

다음 2단계는 1946년 초부터 1947년 초까지로 미국의 봉쇄정책 기간이다.

이 기간 동안 미국은 소련의 팽창정책에 대하여 적극적인 봉쇄정책을 펴게 되는데 당시 소련 주재 미국대사였던 조지 케넌은 그의 보고서에서 "스탈린은 자신의 권력과 체제의 유지를 위해서 유럽에서 적극적인 팽창정책을 추진하고자 하니 미국과 서유럽은 이에 강경히 맞서야 한다"라고 보고를 하게 되고 이를 긍정적으로 수용한 트루먼은 1947년 3월, 트루먼독트린을 발표하여 유럽에서 적극적인 봉쇄정책을 표방하였다. 그리고 이것이 가시화된 것이 공산화 위협에 직면한 터키와 그리스에 대한 각각 4억 불의 경제 원조이다.

3단계는 1949년 초까지 미·소의 냉전체제가 확고하게 구축되는 기간으로 이 기간 동안 미국이 47년부터 향후 4년간 유럽 17개 국가에 대하여 130억 불을 지원하는 마셜 플랜에 의거, 적극적으로 유럽부흥을 위한 경제원조를 하자, 소련은 자체 공산진영의 결속을 도모코자 1947년 9월, 코민포름을 결성하였고, 1948년 6월, 베를린에서 서방국가의 영향력을 단절시키고자 베를린을 봉쇄하였다.

이렇게 되자 1949년 4월 미국은 북대서양 조약기구(NATO)[4]를 결성하여 유럽 지역에서 소련의 공산진영과 맞서게 됨으로써 첨예한 냉전체제가 완전히 형성되었다.

결국 미국과 소련 간의 주도권 장악을 위한 대립과 긴장의 산물인 냉전체제는 이렇게 구축되었고, 이러한 미·소 간의 냉전이 한반도에서 격화되어 열전화가 되었다.

(2) 미국의 한반도 정책 오류

미국의 대한반도 정책에 있어서 오류의 핵심은 한반도에 대한 전략적 가치를 낮게 평가한 결과 극동방위선에서 제외시키고 주한미군을 철수시킨 데 있다고 볼 수 있다.

---

4) NATO(North Atlantic Treaty Organization) 북대서양조약기구. 2차 대전 후 동유럽에 주둔하고 있는 소련군과 군사적 균형을 맞추기 위해 체결한 북대서양조약의 수행기구.

이렇게 한반도의 전략적 가치를 낮게 평가한 것은 당시 미 국무부 정책실장이면서 처음으로 봉쇄정책을 주장했던 조지 케넌의 말을 빌리면 쉽게 이해할 수 있다.

그에 따르면 "한국은 정치적으로 미성숙할 뿐만 아니라 국내정세가 불안정하여 미국이 소련에 대한 봉쇄정책을 추진하는 데 있어서 한국으로부터는 어떠한 도움도 기대할 수 없기 때문에 미국은 위신을 크게 손상시키지 않는 범위 내에서 한반도로부터 빠져나오는 것이 최선이다." 결국 주한미군의 철수는 이러한 대한반도 정책판단과 핵무기 중심의 대량보복전략 채택에 따른 미 지상군의 대폭감축 등이 원인이 되어 1949년 6월 주한미군은 한반도에서 철수하게 되었다.

또한 이러한 배경하에 미국 국무장관 애치슨은 1950년 1월 12일 기자회견을 통해 미국의 극동방위선에서 한반도와 대만이 제외되었음을 발표함으로써 결과적으로 이러한 애치슨의 선언과 주한미군의 철수는 소련과 북한으로 하여금 장차 한국전쟁 발발 시 미국이 개입하지 않을 것이라고 오판하게 되는 결정적인 계기가 됨으로써 한국전쟁 발발의 또 다른 원인이 되었다.

(3) 소련과 중국의 적화정책

소련과 중국의 대한반도 정책 일치에 따른 북방 3각 협력체제의 형성으로 소련은 한반도를 장악하여 위성국으로 만듦으로써 극동지역에서 남진정책을 실현하기 위한 전진기지를 확보하려고 하였다.

소련은 2차 세계대전 이후 미국이 원자무기의 절대적인 우위에 도취되어 있는 동안 재래식 전력을 강화하는 한편 1948년부터는 외교노선에 있어서 아시아 우선정책으로 전환하였다. 여기서 우리가 주목할 것은 아시아 우선정책으로, 이는 당시 미국이 중심이 된 유럽 위주의 봉쇄정책으로 인해 소련은 유럽 지역에서 팽창에 제한을 느끼게 되자 자연히 아시아로 시각을 돌리게 되었다.

당시 아시아는 어떠하였는가? 월남, 미얀마, 필리핀 및 한국 등 대부분이 일본의 식민지하에 있다가 독립하였거나 독립 중에 있었던 관계로 정치적·경제적으로 매우 혼란스러운 상태였으며, 따라서 공산주의가 침투하기에 좋은 여건을 갖고 있다고 판단하였던 것이다.

그래서 극동의 남진정책을 위한 전진기지로 한반도를 확보할 경우 일본에 대한 영향력을 행사할 수 있고 나아가 미국에 대하여 효과적으로 대항할 수 있을 것이라고 판단했던 것이며, 한편 중공의 대한반도 인식은 역사적으로 볼 때 한반도를 중국대륙과 순치보거(脣齒輔車)[5]의 관계에 있다고 인식하였다. 즉 입술이 떨어져 나가면 이가 시린 것처럼 이를 보호하기 위해서는 입술이 있어야 된다고 생각하여 중국과 국경을 접한 한반도에는 그들에게 최소한 적대적인 국가가 존재해서는 안 된다고 생각하고 있었다.

그러나 국공내전 기간 미국은 장제스 정부를 지원하였기 때문에 미국의 지원을 받는 한국은 적대국가가 되었던 것이다.

또한 중공은 국공내전을 치르면서 정치적·경제적·사회적으로 피폐된 신생국가인 관계로 이를 극복하기 위해서는 소련의 원조(aid)와 지원(support)이 절실한 실정이었으며, 이런 이유에서 소련과 뜻을 같이하지 않을 수 없었다.

결국 이러한 중국과 소련의 상호 일치된 이해관계와 북한 김일성의 의도가 일치되어 북방 삼각 협력체제의 형성으로 이어지게 되었다.

그럼 북방 삼각 협력체제는 먼저 북한과 소련이 1948년 12월 '모스크바 비밀협의'를 통해 불가린 계획을 수립하였는데 이는 "18개월 이내에 북한 인민군을 대폭 증강시켜 남한 전역을 무력으로 석권할 수 있도록 한다"는 것이었다. 이를 위해 40여 명의 특별 군사고문단을 파견해서 인민군을 지도하도록 하고 티 34(T-34) 소련제 전차 500대를 제공하여 2개의 기갑사단을 편성한다는 것이었다.

한편 북한과 중국은 1949년 1월 '하얼빈 회담'을 통해 국공내전에 참전했던 한인병력 28,000여 명을 북한에 인수하기로 합의하였으며, 또한 1949년 3월 18일에는 스탈린 중재하에 '조중 상호 방위협정'이 체결되었다. 이 협정은 차후 중공군이 6·25전쟁에 개입하게 된 근거가 되었으며, 그리고 최종적으로 중국과 소련은 1950년 2월 14일에 '중소 우호동맹 및 상호원조 조약'을 체결하였다.

이러한 북방 삼각 협력체제의 형성은 남침을 계획하고 있던 북한에게 병력, 전차와 같은 실질적인 지원수단을 제공해 줌으로써 또 다른 직접적인 6·25전쟁 발발 원인이 되었던 것이다.

---

5) 순망치한(脣亡齒寒)과 보거상의(輔車相依)를 합친 말로서 서로 없어서는 안 될 밀접한 관계를 비유한 말. 즉 입술과 이의 관계처럼 결코 끊어서는 안 되는 관계.

2) 국내적인 요인

(1) 남북한 군사력 불균형

남북한 군사력 불균형 상태는 병력과 장비는 인민군에 비해 상대적으로 너무나 열세였으며 우선 병력 면에서 북한군은 198,380명에 달했으나 국군은 105,751명으로 2 : 1의 비율로 북한군이 우세하였고 특히 국군 제7사단의 경우는 실제 병력비율은 7 : 1 비율로 대단히 심각하였다.

또한 장비 면에서는 북한군이 양적으로나 질적으로나 한국군과 비교될 수 없었으며 특히 개전 초기에 한국군의 어떠한 대전차 무기로도 파괴할 수 없었던 티 34(T-34) 전차를 242대나 보유하고 있었으며 야포는 북한군 552문에 한국군 91문, 항공기는 북한군 211대에 한국군 22대로 장비 면에서도 열세였다.

한편, 부대훈련 면에서는 한국군의 16개 대대만이 겨우 대대훈련을 마친 반면에 북한군은 소련 특별 군사고문단 지도하에 사단기동훈련 및 보전포 협동훈련을 완성한 상태에서 남한 전 지역에 대한 지형연구까지 실시하였던 것이다.

그리고 추가적으로 전투경험과 부대 지휘능력 면에서는 한국군의 경우 후방 지역 공비 토벌작전과 38도선상에서 소규모 분쟁경험 등 대침투 및 국지도발 경험이 고작이었고, 전면전 경험은 전무였다.

반면에 북한군의 경우는 앞에서도 설명했듯이 1949년 1월 하얼빈 회담의 결과 28,000여 명의 중공군 내 한인 병력과 소련군 내 한인 병력 5,000명이 입국하여 전체 인민군의 삼분의 일 이상이 실전경험을 가지고 있었다.

또한 방호산, 이권무와 같은 다수의 팔로군 출신 지휘관들이 사단급 이상 부대를 지휘해 본 경험을 가지고 있었으며, 결론적으로 이러한 군사력 불균형 상태는 북한으로 하여금 더욱 전쟁을 통한 승리를 확신케 함으로써 전쟁 발발의 또 다른 원인이 되었다고 할 수 있다.

(2) 국내정세의 혼란

8·15 해방 후 미군정 당국은 일본군의 항복 접수 이외에는 별다른 조치와 계획이 없었다. 그리하여 민주주의를 표방한 정치활동을 방임한 결과 무려 248개의 정당이 난립하였다.

특히 50년 5월 30일 제2대 국회의원 선거에서는 총의석 210석 중 절대다수인 130석으로 무소속이 전체 의석의 62% 이상을 차지한 반면에 집권당은 54석 26%에 불과하였으며, 그 결과 외부에서 볼 때 국내 정치상황이 대단히 불안정하고 현 정부로부터 민심이 이반된 것으로 인식될 정도였다.

경제적인 면에서 일본이 패망한 후 한반도에서 철수하면서 자본의 94%와 기술의 80%가 빠져나감으로써 남한의 890개 공장들은 미가동 상태로 방치될 수밖에 없었다. 정부재정이 바닥나자 화폐 발행고가 해방 후 47년까지 통화량을 334억 원으로 증가되어 해방 이후 무려 6.6배에 달하게 되었다. 이렇게 시중에 화폐가 급증하게 되면서 물가는 무려 33배나 폭등하였던 것이다.

즉 150원짜리 커피 한 잔이 무려 4,650원을 주어야 맛을 볼 수 있었다. 이를 통해 당시의 국민경제는 어떠하였는지 쉽게 짐작할 수 있을 것이다.

또한 사회적으로도 남로당 및 무장공비의 활동으로 폭동, 반란, 파업 등이 끊임없이 발생하여 사회질서가 극도로 혼란한 상태였고 특히 군 내부 상황은 더욱 심각하였는데 좌익세력의 침투로 인해 군내 시위, 하극상, 상관 구타 등이 빈발하였으며, 심지어 6사단 8연대 1, 2대대가 건제단위로 월북하는 사건까지 발생하였다.

결국 이러한 문제가 여수·순천 반란사건으로써 여수 주둔 제14연대(1948.5.4 창설) 내에서 공산당 세포책임 지창수(일등상사), 김지희(중위), 홍순석(중위) 등이 주동이 되어 장병을 포섭 확장하고 있었다.

남로당은 제주도 폭동이 그들에게 유리하게 전개되어 가자, 여수를 중심으로 한 제2전선을 형성하여 국군의 제주도 증원을 방해하고 상황 추이에 따라 연쇄적인 반란을 유발케 하여 정부를 전복시킬 목적 아래 제14연대 세포책에 반란을 명령하였다. 1948년 10월 19일 제14연대 1대대는 제주도에 출동하게 되어 있었다.

반란 주모자들은 이 기회를 이용하여 같은 날 21시에 거사하고 반대하는 장병들을 제거한 후 여수를 점령하였으며, 곧이어 순천에 파견된 2개 중대도 이에 호응하였다.

여수·순천을 장악한 반란군은 지방 공산당과 이에 부화뇌동하는 분자 3,000여 명과 작당하여 반란부대를 재편하고, 경찰을 위시한 각계각층 지도급 인사와 고용주, 스승, 친지, 학우 할 것 없이 반동으로 몰아세워 집단 학살하며, 방화 파괴를 서슴없이 저질렀으므로 여수·순천 일원은 문자 그대로 피바다를 이루었다.

이에 정부가 이 지역에 계엄령을 선포하여 토벌작전 1주일간에 걸친 격전 끝에 탈환하였으나 반란군이 지리산으로 도주하여 유격전으로 전환하였기 때문에 토벌작전은 다음 해인 1949년 1월까지 계속되었고 2월에는 마침내 호남 일대에 선포된 계엄령이 해제되었다.

다음은 대구 반란사건으로서 남로당은 제14연대 반란군이 지리산으로 도피한 뒤에 대구 주둔 제6연대 세포책인 곽종진(연대인사계: 특무상사)에게 반란을 지령하였다. 동 연대는 창설(1946.2.18,. 당시 좌익 사설 군사단체인 국군준비대 출신을 핵심으로 구성된 부대였다. 더군다나 창설 이래 5대에 이르는 연대장 가운데 김종석(3대), 최남근(2, 5)이 공산주의 사상을 지녔던 자이며, 1946년 10월에 발생한 대구 폭동사건의 관련자들이 경찰의 손을 피하여 다수 입대한 관계로 사실상 좌경화 군대나 다를 바 없었다.

1948년 11월 2일 주동자들은 비상을 발령하고, 영문도 모르고 집합한 병사들을 선동하여 반란을 일으킨다. 그러나 대구 시내로 빠져나간 부연대장의 요청을 받고 출동한 미군과 연대 헌병대에 의하여 진압되고, 40여 명만이 팔공산으로 도주하였다. 사건 직후 대구에 파견된 군 수사기관은 잔류병 400명을 신문한 결과 좌익세포 112명을 색출하였다.

이러한 상황은 미국으로 하여금 국공내전 당시의 장제스 군대를 보는 것과 같아 한국에 대한 군사원조 무용론까지 대두하게 되었으며 이와 같이 남한 국내정세의 혼란은 군사력 불균형과 함께 또 다른 전쟁 발발 원인이 되었다고 할 수 있다.

결론적으로 한국전쟁은 미·소 냉전체제의 산물이며, 남북한 군사력 불균형과 국내 정세의 혼란이 김일성에게 남침 시 승리 가능성을 확신케 함으로써 발생한 전쟁이었다. 결국 이러한 한국전쟁은 1950년 6월 25일 북한군의 기습남침으로부터 시작되어 1953년 7월 27일 휴전협정이 조인될 때까지 만 3년 1개월하고도 2일간 계속되었다. 그 동안 쌍방은 38도선을 각각 세 차례나 넘나들면서 남으로는 낙동강, 북으로는 압록강까지 오르내리며, 전 국토의 80%에 달하는 지역에서 전투를 하였다.

3. 한국전쟁의 경과

한국전쟁의 경과는 통상 4단계로 구분할 수 있다.

먼저 첫 번째 단계는 북한군의 남침기로서 1950년 6월 25일 전쟁시발로 38도선을 돌파하여 낙동강선까지 이르러 9월 15일 인천상륙작전 직전까지의 기간으로서 이 단계에서 주로 연구할 내용은 초기 작전, 지연작전 그리고 낙동강 방어선작전이다.

두 번째 단계는 유엔군의 반격 및 북진기로서 1950년 9월 15일 인천상륙작전으로부터 10월 25일 중공군의 1차 공세 직전까지의 기간으로 이 단계에서 주로 연구할 내용은 인천상륙작전과 반격작전, 그리고 압록강까지의 북진작전이다.

세 번째 단계는 중공군의 침공 및 유엔군의 재반격기로서 1950년 10월 25일 중공군의 개입과 더불어 단행된 공산군의 대공세로 유엔군이 평택-제천-삼척선(37도선)까지 후퇴한 다음 재반격작전으로 38도선을 회복하여 1951년 7월 10일 휴전회담이 개시될 때까지의 기간으로 이 단계에서 주로 연구할 내용은 중공군의 개입경위 및 중공군의 5차례에 걸친 대규모 공세와 유엔군의 3차례에 걸친 반격작전이다.

마지막 네 번째 단계는 교착전기로서 1951년 7월 10일 휴전회담이 개시될 때부터 1953년 7월 27일 휴전회담이 조인될 때까지의 기간으로 이 단계에서는 휴전회담 시 주요 쟁점사항과 휴전회담 기간 중 군사작전으로 구분할 수 있다.

전쟁결과 한국군 및 유엔군은 전사 178,000여 명, 부상 555,000여 명, 실종 및 포로 약 42,000여 명의 인명피해를 입었다. 반면 북한군 및 중공군은 사망 660,000여 명, 부상 800,000여 명, 실종 및 포로 130,000여 명의 피해를 입은 것으로 추정됐다. 또 남북한 민간인 피해는 2,490,000여 명, 피난민은 3,200,000여 명, 전쟁미망인 300,000여 명, 전쟁고아 100,000여 명이 발생했는데 그 흔적과 영향은 반세기가 지난 오늘날에까지 미치고 있다.

제2절 남·북한 작전계획

1. 북한군의 남침 작전계획

미국의 극동정책, 특히 한반도에 대한 소극적인 정책은 북한에 대한 소련의 적극적인 정책과 좋은 대조를 이루었다. 즉 한반도가 미국의 극동방위선에서 제외된다는 에치슨 미 국무장관의 발언은 미국의 극동정책을 반영하는 것이었고, 이것이 북한 및 소련으로 하여금 한반도의 상황을 오판하도록 하는 데 결정적인 계기가 되었다는 것은 의심할 여지가 없다.

1) 기본목표

북한의 남침 기본목표는 무장 폭력수단으로 한국 전역을 점령한 다음, 공산주의식 사회주의혁명을 이룩하여 한반도를 완전 적화함으로써 소련이 태평양-동남아로 진출하기 위한 '공산기지'로 활용할 수 있게 하는 것이었다. 이를 뒷받침하는 것은 소련이 극동 지역에서 남진정책을 추진하는 과정에서 뚜렷하게 부각되고 있지만 무엇보다도 중요한 것은 남침계획이 소련군 장군인 안토노프(Antonov)에 의하여 수립되었다는 사실이다.[6] 이는 곧 북한군 남침의 기본목표를 소련이 직접 설정하였다는 것을 뜻한다. 소련의 전쟁지도자들은 이러한 목표 달성을 위한 군사적 방책을 정하였다는 것을 뜻한다. '속전속결전략'을 채택하였다. 이것을 실천하는 방법으로서 기동력과 화력발휘에 불리한 장마철이 지나간 8월 7일을 공격개시일로 최초 결정하였다.

그러나 친소파는 유리하게 전개되고 있는 대내외적인 정세에다 압도적인 전투력의 우세를 확보한 이상 한반도 적화는 달성된 것이나 다를 바 없으니, 광복 5주년 기념행사를 부산에서 거행함으로써 최대한의 정치적 과시효과를 거두어 보겠다는 망상과 만에 하나라도 남쪽에서 민중봉기가 일어나지 않거나 설사 일어난다고 하더라도 작전에 기여하지 못하였을 경우에는 이것을 정적, 즉 남로당파를 제거하는 구실로 삼기로 계획하고 있었다. 이와 같은 정치적 이유 때문에 남침 개시 일자는 8월 15일부터 역산하여 52일째인 6월 25일(일요일)로 앞당겨졌다. 더욱이 북한은 기습 달성으로 얻게 되는 전략 전술적인 상승효과를 노리고 일요일을 공격 개시일로 선정하였다.

2) 작전개념

북한군의 남침계획은 김일성의 작전방침에 따라 그들의 공격집단을 금천-구화리, 연천-철원, 화천-양구 지역에 집중하여 공격작전을 전개, 3일 내에 서울 부근의 국군주력부대를 포위 섬멸한 후 그 전과를 확대하여 남해안까지 진출한다는 개념하에 3단계[7]로 계획하였다.

- 제1단계: 국군의 방어선 돌파 및 주력 섬멸단계로서 3일 이내 서울을 점령한다. 서울(수원)-원주-삼척까지 진출한다.

---

6) 당시 북한군 작전국장이었던 유성철 소장의 증언에 의하면 북한군의 남침계획의 명칭은 '선제타격작전계획'으로서 러시아어로 작성되어 있었다. 그리고 실제로 러시아어로 된 이들 문서의 사본이 전쟁 중에 노획되었다(육군대학 한국전쟁사).

7) 북한군의 남침계획은 1992년 러시아에서 공개한 '선제타격작전계획'으로 유성철의 증언에 따르면 3단계로 계획되어 있다.

- 제2단계: 전과확대 및 예비대 섬멸단계로 군산-대구-포항까지 진출한다.
- 제3단계: 소탕 및 남해안으로 진출단계로서 목포-여수-부산으로 전개한다.

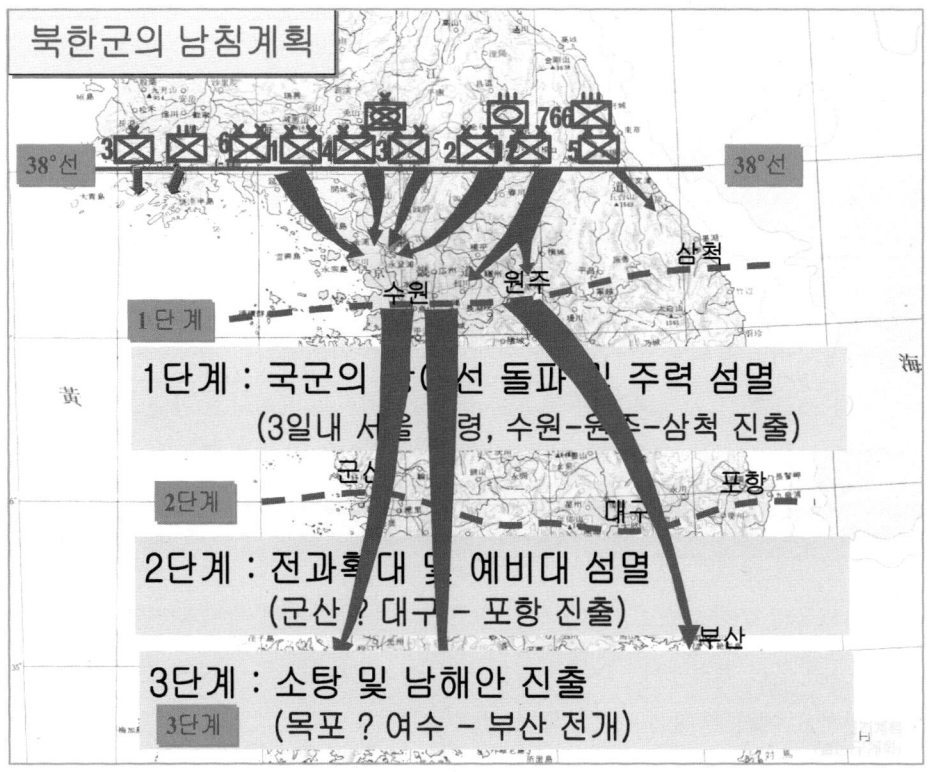

선제타격계획의 제1단계 작전은 북한군의 지상군 총 10개 사단을 2개 공격집단으로 편조하고, 그중 제1군단을 주공으로써 금천-구화리, 연천-철원에서 38도선을 돌파하여 북으로부터 서울을 압박하고, 제2군단을 조공으로써 화천-양구에서 38도선을 넘어 서울 동측방과 수원 방향으로 우회시켜, 양개 군단의 협조된 포위공격으로 서울을 점령한 후 수원-원주-삼척선을 확보하도록 계획하였다.

제2, 3단계 작전은 제1단계 작전에 이어 실시되나, 남침계획 자체가 서울이 점령되면 민중봉기가 일어난다는 상황을 전제로 하고 있으므로, 국군의 조직적인 저항은 없을 것으로 판단하였다. 따라서 미 증원군의 전개 이전에 남해안까지 진출하여 부대배치를 끝낸다는 전략에 따라 신속한 기동에 중점을 두어 제1단계작전과는 달리 군단 간 상호 지원을 고려하지 않은 채 4개의 축선별로 국군을 각개격파하여 전략 종심으로 깊숙이 진출하도록 하였다.

실제에 있어 제1단계 작전은 대체로 계획대로 진행되었으며 계획된 목표도 달성하였으나 제2, 3단계 작전은 계획과는 다르게 진행되었다. 그것은 인민봉기도 일어나지 않았고, 국군의 저항도 완강하였으며 미 증원군도 신속히 전개하는 상황이 그들의 예상과는 대단히 다른 양상으로 발전되었기 때문이었다.

2. 국군의 방어작전계획

1) 방어작전계획의 기본개념

북한이 극비리에 남한적화를 위한 선제 기습공격 작전계획의 연구, 작성에 착수할 무렵보다 조금 이른 시점에 우리 국군도 방어작전계획을 마련하고 있었다. 국군의 방어계획은 기본적으로 북진을 위한 공격계획이 아니라, 북한군이 공격을 가해 왔을 때 이를 현 전선에서 격멸하는 수세적인 지역고수 방어개념이었다. 국군의 방어계획은 북한이 1950년 춘계에 38도선에서 전면적인 공격을 가해 올 것이라는 1949년 말 육군본부 정보국의 종합정보보고서에 의거해 1950년 1월 말경에 수립됐다. 이 보고서에 근거해 국방부는 방어계획수립을 서둘러 1950년 3월 25일자로 '육본작전명령 제38호'를 확정하고 예하 부대에 시행토록 하달, 지시했다.

육군의 각 사단, 특히 전방 주둔부대는 이에 기초하여 1950년 5월 초에 작전계획을 수립했다. 각 사단의 방어계획은 육군 단독의 방어선 점령을 위한 기본계획이 주가 됐고 화력계획, 장벽계획, 역습계획 등과 같은 지원계획은 준비 중에 있었다.

국군방어계획은 육군 총참모장 명의로 작성한 국군의 기본방어계획으로서 해당 부록까지 구비한, 대단히 세밀한 작전계획이었다. 그것은 북한의 침공 시기를 비교적 정확히 예측한 정보력에 바탕을 두고 있었다. 이 계획에는 언급돼 있지 않지만, 해군과 공군도 각기 기본방어계획에 따라 자체의 작전계획을 수립했던 것으로 보인다.

예컨대 해안선 경비는 해군본부의 해안선 방어계획에 의거해 한강하구, 군산, 포항에 중점을 두고 철저한 해안선방어진을 구성하도록 돼 있었다. 그리고 해군의 지휘하에 특별경찰대와 해안청년방위대로 하여금 해안 감시 등의 경비를 맡도록 계획했다. 대공경계는 공군본부의 대공계획에 의거해 공군으로 대공감시부대를 편성하는 한편 육군의 각급 부대도 별도로 대공부대를 편성해 중요 지역을 방어하도록 했다. 그러나 국군방어계획의 기본개념은 육군을 위주로 한 정보판단으로서 적의 주공이 동두천, 포천-의정부-서울 축선에, 조공은 개성-문산-서울 방향으로 지향될 것이라는 판단 아래 의정부지구를 방어 중점으로 삼아 이를 중심으로 방어지대를 구성하고, 적의 공격을 진전에서 격파하여 38도선을 확보하는 것이었다.

이와 같은 판단을 토대로 하여 정립된 방어개념은 '38도선을 고수(固守)'하는 지역 방어로서 방어 지역을 경계지대(경계선), 주방어지대(주저항선), 예비진지(최후저항선)로 구분하고 각기의 지도(指導)내용을 다음과 같이 정하였다.

• 제1기: 경계지대 전투

경계선에서 적의 저항을 최대한 지연시키고 주방어선 교량 및 도로파괴를 실시하면서 지연전을 실시하다가 불리할 경우 주방어선까지 철수한다. 이때 제2, 제3, 제5사단을 집결하게 하는 동시에 옹진방면과 8사단 지역에서 주작전이 유리하게 전개될 수 있도록 견제공격을 취하고 유격전을 감행하여 적의 동서측방을 위협한다.

• 제2기: 주방어지대(주저항선) 전투

주방어진지에서 전 화력을 집중발휘하며 철저한 역습으로 가장 강력한 전투를 실시하여 적을 진전에서 격멸한다. 즉 임진강 남안-고랑포-초성리-양문리-가평 북방-춘천 북방-주문진선으로서 전선이 지나치게 확장되어 전투지도상 불리할 경우에는 예비진지선까지 지연전을 실시하며 철수한다.

• 제3기: 예비진지(최후저항선) 전투

전군이 예비진지선에서 전화력을 집중하고 역습으로써 적의 전력을 철저히 분쇄 격파하여 이 진지를 최후까지 확보한다.

이 가운데 수도 서울에서 불과 40㎞ 정도밖에 떨어져 있지 않은 서부 지역 전방 38도선 경계 지역의 방어계획은 기본개념이 세 가지였다.

첫째, 옹진지구 부대는 북한군의 공격에 밀릴 경우 인천으로 철수한다. 둘째, 개성지구의 부대는 지연전을 펼치면서 임진강 남안의 방어선으로 철수하고, 기타 부대는 지연전을 실시한다. 셋째, 후방예비사단은 반격부대로 운용한다는 것이었다. 예비사단이 전방으로 증원된 후의 후방 지역은 경찰과 청년방위대로 후방경계부대를 편성하여 관할 지역 내 해·공군부대와 협조하여 후방 지역작전을 수행하도록 계획됐다. 만일 38도선에서 적의 침공을 저지하지 못할 경우 한강 이남으로 전략적인 후퇴작전을 감행하되 한강선, 대전선, 낙동강선에서 지연전을 전개하도록 계획했다. 이에 육군본부 작전국은 단계별 후퇴작전에 수반될 교량 및 도로 파괴계획을 포함한 공병부록을 작성하여 방어계획에 포함시켰다. 이 모든 계획은 미 군사고문단 측의 도움 없이 우리 국군이 독자적으로 수립한 것이었다.

2) 부대 운용계획 및 방어진지 편성

육군본부 작전명령 제38호는 전방과 후방방어계획을 포함하고 있었다. 이 가운데 앞에서 언급한 바 있듯이 전방부대의 작전계획은 방어중점을 의정부지구에 두고서 제1선인 전방방어지대에 3개의 방어선을 설정하고 군을 제1선 부대와 예비대 등 2개 방어제대로 편성하여 단계적으로 방어 작전을 실시해 적의 공격을 저지, 격퇴한다는 개념이었다.

38도선을 담당하는 전방 육군부대는 적의 침공에 대비하여 38도선상의 경계진지 전투지대, 주저항선 전투지대, 최후저항선 전투지대 3단계로 구분하여 축차적인 전투를 벌이도록 계획했다.

제1단계에 실시할 초기 작전 시의 경계진지전투는 38도선상의 경계진지에서 적의 남하를 최대한 지연하는 것이었다. 제2단계 작전인 주저항선 전투 간에는 주 진지선에서 전 화력을 집중해 철저하고 강력한 역습을 가해 적을 진전에서 격멸하도록 계획했다. 만일 적이 아군 방어진지에 침입했을 경우 모든 수단을 동원해 현재 선상에 적을 붙들어 놓는다는 개념이었다. 제3단계 작전인 최후저항선, 즉 예비진지에서의 전투는 전군이 모든 가용한 화력을 집중하면서 역습을 가해 적의 전력을 철저히 격파하여 최후까지 진지를 방어, 확보한다는 계획이었다.

다음으로 서울 주둔 수도경비사령부, 육군본부 직할 독립기갑연대, 충남 대전의 제2보병사단, 경북 대구의 제3보병사단, 전남 광주의 제5보병사단 등과 같은 후방 지역 사단을 비롯해 경찰 및 청년방위대의 작전계획은 다음과 같았다.

수도경비사령부는 김포, 인천지구를 포함한 수도권지구의 방어를 준비하면서 필요시 전방의 국군 제1, 제7보병사단에 증원하도록 계획됐다. 육군본부 직할 독립기갑연대는 경원선의 철원 이남 지역에 중점을 둔 수색준비와 서울 동남쪽의 반경 32km 지

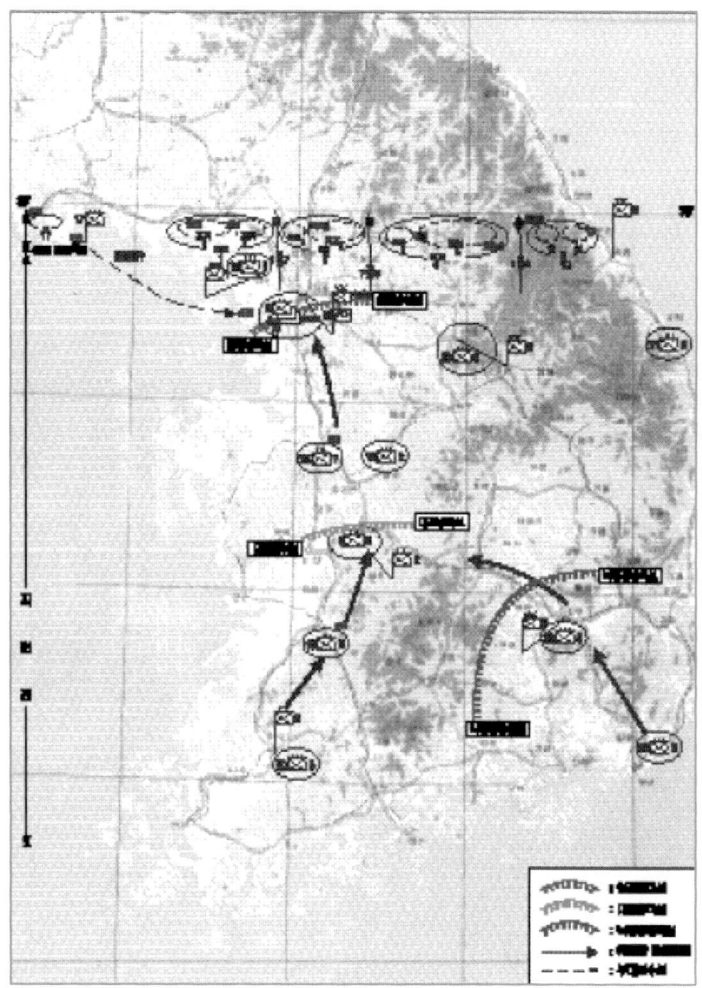

국군방어계획(후방사단의 전방전개 및 지연계획)도

역에 대한 수색 계획을 준비하도록 했다. 포병학교 교도연대는 수도방어를 고려하고, 필요에 따라선 경기도 문산 지역에 위치한 제1보병 사단과 경기도 의정부에 위치한 제7보병 사단의 주진지 전방에 대한 화력지원을 준비토록 했다. 제1공병단은 수도방어에 협력함과 동시에 필요에 따라 제1·제7보병사단 방어전투 시 지원을 준비하도록 했다.

　국군 제2보병 사단은 춘천－의정부 지역으로, 국군 제3보병사단은 의정부－문산 지역으로 제5보병 사단은 문산－의정부 지역으로 증원할 계획을 수립하도록 했다. 이 후방 예비사단들의 전방부대 증원 시 부대배치는 앞쪽의 '국군방어계획도'와 같았다.

후방경계를 위한 공비토벌은 원칙적으로 경찰이 담당했다. 이를 위해 전투경찰 22개 대대를 편성하여 해당 지역에 배치했다. 국가 주요 시설에 대한 경비와 보호는 경찰, 청년방위대, 대한청년단에게 맡겼다.

3. 국군 각 사단의 방어작전 준비상태[8]

국군은 주한미군이 철수함에 따라 1949년 1월부터 38도선 방어임무를 인수했다. 국군은 정부 수립과 더불어 출범했지만, 국토 방위임무를 본격적으로 맡게 된 것은 사실상 이때부터였다. 당시 육군은 전체 8개 사단 23개 연대 규모였다. 그중 전방에 배치된 부대는 제1, 제6, 제7, 제8사단 등 4개 사단과 1개 독립연대였다. 이 사단들도 자체안전을 고려해 부대를 종심으로 배치하지 않으면 안 됐다. 종심배치로는 38도선의 방어는커녕 38선상의 주요 도로조차 방어하기 어려웠다.

전쟁 발발 당시 육군이 보유한 8개 사단 23개 연대를 대대로 환산하면 66개 보병대대였다. 하지만 실제로 38도선 전방진지에 배치된 부대는 12개 대대에 불과했다. 다른 21개 대대는 제1선 사단의 예비부대로서 서울-원주-삼척을 연하는 지역에 주둔해 있었고, 나머지 33개 대대는 후방 지역 경계와 공비 토벌작전을 위해 남부 지방에 분산 배치돼 있었다. 전쟁 하루 전인 1950년 6월 24일 현재 국군의 경계상황을 서부에서 동부 순으로 그리고 후방 각 부대별로 살펴보면 다음과 같았다.

옹진반도는 독립 제17연대가 경계하고 있었다. 방어정면이 45㎞에 달한 이 지역은 38도선으로 말미암아 남쪽의 육지와 차단돼 후방과의 교통을 해로에만 의존해야 했다.

예하 3개 대대 중 2개 대대를 일선에 배치하고 나머지 1개 대대를 예비대로 옹진반도 중앙부인 옹진광산에 배치했다. 통상 1개 사단의 방어정면 지역 10㎞에 비하여 약 4.5배나 긴 거리를 1개 연대가 방어하고 있었던 셈이다.

서울의 북방 관문으로서 전략상 극히 중요한 개성-문산-고랑포 지역의 약 90㎞는 국군 제1사단이 방어하고 있었다. 국군 제1사단은 예하에 제11, 제12, 제13연대와 제6포병대대 및 공병대대를 두고 있었다. 국군 제1사단은 국지도발에 대한 방어 개념으로부터 정규전에 대비할 수 있도록 문산-봉일천-서울 축선상에 전투력을 집중 운용한다는 방어계획을 수립해 놓았다.

---

8) 서상문, 『6 · 25전쟁사』, 군사편찬연구소, 2005, pp.123~130.

중부 지역의 요충지인 철원방면은 국군 제7사단이 담당하고 있었으며, 예하에 제1, 제9연대와 제8포병대대 및 공병대대를 두고 있었다. 당시 국군 제7사단은 적의 주공 방향으로 판단된 경기도 의정부 일대를 경계하고 있었다. 방어정면의 거리는 적성에서 일동에 이르는 47㎞에 달했다. 춘천정면은 국군 제6사단이 담당하고 있었다. 사단 예하에는 제2, 제7, 제19연대와 제16포병대대 및 공병대대를 두고 있었다.

　　사단 방어정면은 사단본부 우측 명지산에서 관대면까지의 90㎞에 이르렀다. 동해안의 강릉방면은 국군 제8사단이 담당하고 있었으며, 예하에 제10, 제21연대와 제18

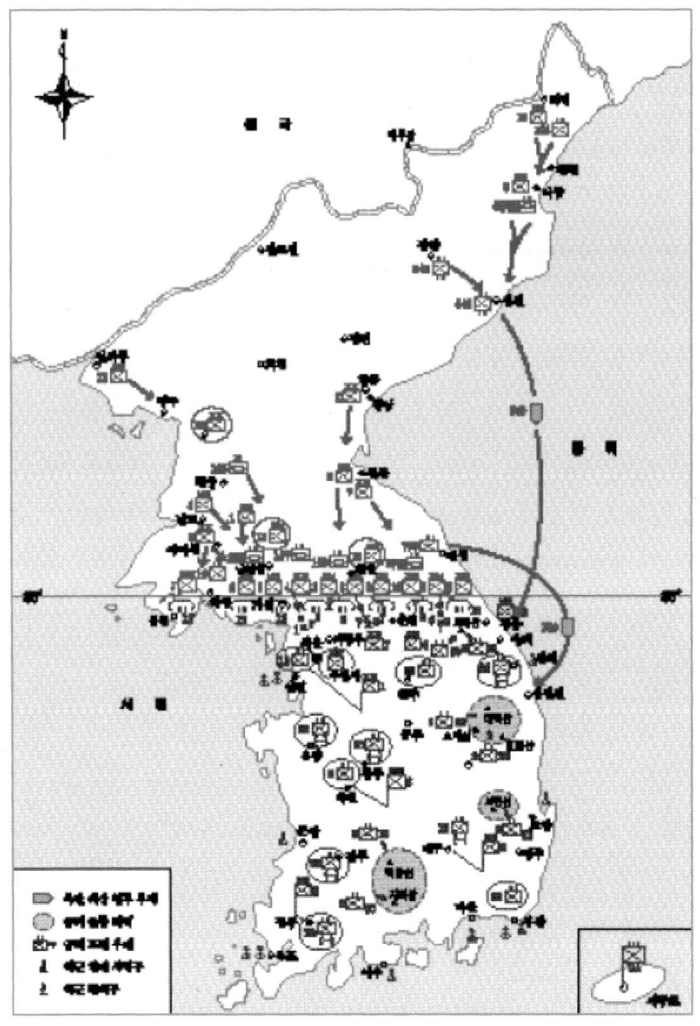

전쟁직전 국군과 북한군의 대치상황

포병대대 및 공병대를 두고 있었다. 사단 경계 지역은 국군 제6사단 우측 책임 지역인 관대리에서 동해안에 이르는 26㎞ 지역 정면이었다. 국군 제8사단은 일단 침공한 적을 38도선상의 진지에서 저지하지만, 진지가 돌파됐을 경우 방어중점을 동해안에 두고 인구－어성전－주문진에서 적에게 타격을 가한 다음 연곡천변으로 적을 유도하여 이 선에서 적을 격멸한다는 것이었다.

한국전쟁 발발 당시 후방 예비사단은 수도경비사령부를 비롯해 제2, 제3, 제5사단 등 총 4개 보병사단이 있었다. 각 예비사단의 임무는 평시에는 군 예비대로 있다가 전쟁이 발발하면 육군 본부의 명령에 따라 북한의 주요 접근로로 판단되는 문산 및 의정부 축선의 방어임무를 맡고 있는 전방사단에 대한 증원과 함께 명령에 의거해 공격을 위한 역습을 실시하는 것이었다.

먼저 수도경비사령부는 말 그대로 평시 서울에 주둔하면서 전쟁이 발발하면 김포, 인천 지구를 포함한 수도권 지구의 방어를 준비하다가 명령에 따라 적의 주공 진출로인 국군 제1사단과 국군 제7사단을 지원하게 돼 있었다.

그 밖에 제2, 제3, 제5사단은 전쟁 발발 시 신속히 서울로 집결하여 서울 주변 지역에 진지를 구축하고 적의 침투를 적극 방지하는데, 국군 제2사단은 춘천－의정부 지구를, 제3사단은 의정부－문산 지구를, 국군 제5사단은 문산－의정부 지구를 지원하고, 명령에 따라 공격을 위한 역습을 실시하도록 돼 있었다. 그리고 육군본부 직할부대로 서울 서빙고에 위치해 있던 독립기갑연대는 전쟁 발발 시 경원선 철원 이남 지역과 서울 동남 반경 32㎞ 지역에 대한 수색임무를 수행하고 있던 중이었다.

이처럼 후방예비사단의 평시 및 전시임무는 명확하게 규정돼 있었지만 실제로는 그 작전계획을 한 번도 실행해 보지 못했다.

왜냐하면 국군은 창군 이래 38도선에서의 북한군 도발에 대처해야 했을 뿐만 아니라 후방 지역의 공비토벌작전과 인민유격대 토벌을 위한 대비정규전 작전에도 동원되느라 사실상 조직적인 부대교육훈련을 실시할 여유가 없었기 때문이다.

육군본부가 교육각서 제1호를 하달한 것도 1950년 1월이 최초였다. 이에 근거해 훈련을 실시하긴 했지만, 육군 전체 66개 보병대대 중 24%에 불과한 16개 대대만이 대대훈련을 마쳤을 뿐이었다.

4. 전쟁 직전 남북한의 전력 차이[9]

한국전쟁 직전 국군이 보유한 병력과 장비는 북한군에 비해 현격하게 열세했다. 이는 당시 국군의 방어 준비태세 면에서 근본적 취약점과 함께 위협이 됐다. 북한인민군은 6·25 남침전쟁 개시 직전까지 전투준비가 완료된 육군 총 10개 보병사단, 해군 3개 위수사령부, 공군 1개 비행사단이 주축이 된 강력한 무력을 갖췄다. 남침직전 3군 전체 병력은 19만 8,380명으로 국군의 10만 5,751명에 비해 약 두 배였다.

전방 방어 지역에서의 아군 방어부대 병력과 적의 38도선 전개부대 병력을 비교한 피아병력 비율은 주공방향인 철원-의정부-서울 축선은 1 대 4.4였고, 개성-문산-서울 축선은 1 대 2.2였다. 조공방향인 화천-춘천과 인제-홍천 축선은 1 대 4.1이었고, 양양-강릉 축선은 1 대 2.5로 국군이 북한군에 비해 열세했다.

더욱이 당시 국군 38도선 경계부대의 전체 병력 중 3분의 1이 외출한 것을 고려한다면 실제병력 비율은 이보다 훨씬 격차가 심했다.

일례로 당시 국군 제7사단의 경우는 사단 전방 북한군 병력보다 7분의 1 수준밖에 되지 않았다. 무기 및 장비의 전력 비율은 병력의 격차보다 더욱 심했다. 북한군은 국군에 단 한 대도 없었던 소련제 T-34전차를 242대나 보유하고 있었다.

그뿐만 아니라 국군은 적의 전차를 파괴할 수 있는 대전차화기나 항공기를 공격할 대공화기도 갖추지 못했다.

---

9) 성상문, 『6·25전쟁사』, 군사편찬연구소, 2005, p.129.

북한군 병력 정보 판단표(1950.6.25. 현재)

구 분		부 대	병력(명)	주요 무기 장비(대/문)
민족보위성 직속 인민군	육군	10개 보병사단	120,880	
		전 차	8,800	T-34전차 242
		122㎜ 포 연대	1,300	야포 36
		고사포연대	1,200	고사포 36
		모터사이클연대(603)	3,500	대전차포 16, 박력포 16, 장갑차 54
		기계화보병연대(206)	3,000	대전차포 12, 야포 4, 박격포 33
		공병여단	2,500	
		통신연대	1,000	
		제1군관학교	1,500	대전차포 6, 야포 8, 박격포 15
		제2군관학교	2,500	박격포 18
		북방유격대	2,500	
		계	148,680	
	공군	공 군	2,000	
		계	2,000	
	해군	기 지	2,100	
		육전대	9,000	대전차포 36, 야포 12, 박격포 99
		해안포	2,600	야포 72
		계	13,700	
		합 계	164,380	
경비대 내무성 직속		38경비대	22,600	대전차포 36, 야포 24, 박격포 180
		철도보안대	2,600	
		조(선)만(주)국경경비대	2,800	
		각도보안대	2,800	
		중앙경비연대	2,000	
		평양시보안대	1,200	
		계	34,000	
총 계			198,380	

* 자료출처 『6 · 25전쟁사』 ① 전쟁의 배경과 원인(서울 : 국방부군사편찬연구소, 2004년), 590~591쪽 종합

북한군의 주요 예상 접근로별 피아 병력 비교

접 근 로	국 군		북 한 군			비 율
	병 력	부 대	병 력	부 대		
문산 – 서울	9,715명	제1사단	21,000명	1사단(11,000명), 6사단(-1)(8,000명), 203 전차연대(2,000명)		1 : 2.2
의정부 – 서울	7,211명 (실병력: 4,500명)	제7사단	32,000명	제3사단(11,000명), 제4사단(11,000명), 제13 사단(6,000명), 105전차여단(-1)(4,000명)		1 : 4.4 (1 : 7.1)
화천 – 춘천 인제 – 홍천	9,112명	제6사단	36,938명	제2사단(10,838명), 제12사단(12,000명), 제 15사단(11,000명), 독립전차연대(1,100명), 제 12MTSP(2,000명)		1 : 4.1
양양 – 강릉	6,866명	제8사단	17,000명	제5사단(11,000명), 제766부대 (3,000명), 제549부대(3,000명)		1 : 2.5

편제상 보유한 57㎜ 대전차포나 2.36인치 로켓은 성능이 약하여 정상적인 공격으로는 T-34 전차를 파괴할 수 없는 것들이었다.

포병의 경우도 북한군은 국군을 압도했다. 북한군은 122㎜ 신형곡사포를 비롯해 총 552문의 곡사포와 120㎜ 박격포를 포함한 총 1,728문의 박격포를 보유한 데 비해 국군은 105㎜ 곡사포 91문과 81㎜, 60㎜ 박격포 등 960문을 보유하고 있었을 뿐이다. 국군은 북한군에 비해 곡사포는 8분의 1(1 : 8.2), 박격포는 2분의 1(1 : 2.4)에도 미치지 못했다.

국군은 대전차포(57㎜ RR, 2.36″RKT)만 북한군보다 많이 보유하고 있었다. 그것은 북한군 보유량의 4배나 많았지만 성능은 적의 전차조차도 파괴할 수 없을 정도였다. 여기에다 북한군은 모터사이클연대와 같은 기동부대까지 갖추고 있었다.

제2장
북한군의 남침과 초기전투

제1절 북한군의 남침

1. 개 요

1950년 6월 25일 새벽, 38선을 따라 배치되어 있던 북한군의 야포가 남쪽을 향해 일제히 불을 뿜기 시작했다. 이어서 북한군 기동부대가 서쪽의 옹진반도로부터 동쪽으로 개성, 전곡, 포천, 춘천, 양양에 이르는 38선 전역에서 공격을 시작했다. 또한 유격대와 육전대가 동해안을 따라 강릉 남쪽 정동진과 임원진에 상륙했다. 그때부터 정적에 휩싸여 있던 38선과 동해안 일대가 단숨에 아비규환의 전쟁터로 변했다. 우리 민족의 최대비극이었던 한국전쟁은 이렇게 시작됐다.

1) 북한군의 남침과 국군의 대응

북한군의 기습남침이 시작되자 38선으로부터 불과 40㎞ 남쪽에 위치한 서울은 그야말로 풍전등화와 같았다. 사전에 치밀한 남침계획을 수립했던 북한군도 남한의 그 같은 약점을 결코 간과하지 않았다. 그들은 서울 북쪽에 주공인 북한군 제1군단을 투입해 서울을 목표로 집중적인 공격을 감행했다. 중부전선의 춘천과 동부전선의 강릉 북쪽에서도 북한군 제2군단의 공격이 동시에 시작됐다. 북한군의 기습공격을 받은 38선 일대의 국군 장병들은 즉시 전투태세에 돌입했으며, 주둔지에서 새벽잠을 깬 부대원들은 출동준비를 갖추기에 바빴다. 그동안 지속되었던 비상경계령이 불과 하루 전인 6월 24일(토요일) 00시부로 해제되었으며 주말을 맞이해 많은 병력이 외출·외박을 나갔기 때문에 부대에 남아 있는 병력은 많지 않았다.

38선의 국군 방어진지에서는 파도처럼 밀려오는 적 부대와 치열한 접전이 이미 전개되고 있었다. 국군 부대들이 미처 준비태세를 갖추기도 전에 방어진지를 기습한 북한군의 공격을 선도하고 있는 것은 소련제 T-34전차와 SU-76 자주포였다. 그들의 전차와 자주포가 국군의 방어진지를 향해 돌진하고 있었으나, 당시 국군은 단 한 대의 전차와 자주포도 갖지 못했다. T-34전차를 격파할 수 있는 대전차무기도 없었다. 따라서 북한군의 전차는 무적의 괴물이었다. 전차의 위력을 보고 있는 국군 용사들은 공포의 도가니에 빠질 수밖에 없었다. 많은 장병들이 전의(戰意)를 상실했다. 그러나 모두가 그냥 바라보고 있지는 않았다. 화염병을 들고 또는 박격포탄을 메고 전차를 향해 달려들었다. 감히 대적할 상대가 없을 것이라며 방심하고, 햇치를 열어 놓은 채 진격하고 있던 전차에 올라타 전차의 내부에 화염병을 던졌다. 또한 포탄을 등에 맨 채 육탄으로 전차를 향해 돌격하는 용사도 있었다.

예상치 못했던 국군 용사들의 반격에 이제까지 무적임을 뽐내던 북한군의 전차는 화염에 휩싸이거나, 궤도가 잘렸다. 그러나 그 같은 특공대의 활약도 대세의 흐름을 막지는 못했다. 육군본부 상황실에는 전방사단으로부터 급박한 상황을 알리는 전화가 쇄도하기 시작했다. 이른 아침 자택에서 상황보고를 받은 육군 총참모장 채병덕 소장은 곧 비상을 발령하고 신성모 국방부장관을 직접 찾아가 전쟁 발발 상황을 보고했다. 북한군의 남침상황이 전파되면서 비상소집이 시작되었지만 장병들의 부대 복귀는 신속하게 이루어지지 않았다. 서울을 비롯한 주요 도시의 거리에는 방송 차량이 장병들의 부대 복귀를 독촉했고, 사람들이 많이 모인 극장과 운동장에도 비상사태를 알리는 방송이 울려 퍼졌다. 그러나 적과 맞서 싸울 병력이 부족한 대부분의 전방진지는 장병들이 투입되기도 전에 붕괴되기 시작했다. 이날 오후 1시 국방부는 전쟁 발발에 관한 공식 담화문을 발표했다. 그 사실이 신문 호외로 전국에 뿌려지자 국민들은 충격과 불안에 휩싸이게 되었다.

2) 북한 측의 남침 사실 은폐와 북침 주장

남침 전쟁의 기습 달성이 확실해진 것을 확인한 북한 정권은 오전 11시경 평양방송을 통해 "남조선이 북침했기 때문에 자위조치로서 반격을 가해 전쟁을 시작했다"는 내용으로 대한민국에 대해 선전포고를 발표했다. 이어서 오후에는 김일성이 직접 방송을 통해 "리승만 괴뢰정부의 군대가 침략전쟁을 일으켰으며, 공화국 경비대와 인민군대에게 반격을 실시하라고 명령했다"는 내용을 발표했다. 북한 측의 주장은 "대한민국이 북침했으므로 그들이 반격했다"는 것으로 그들의 사전 치밀한 계획에 따라 도발한 침략전쟁의 실상을 은폐하고 그 책임을 한국 측에 전가하려 했던 것이다. 그들이 공간사로 펴낸 『조선전사』에도 그런 내용들이 상당히 장황하게 기술되어 있다. 그후 일부 인사들이 북한의 주장과 맥락을 같이해 "남측이 먼저 공격을 시작하였고, 북측이 이를 반격함으로써 전쟁이 확대되었다"는 소위 '북침설'을 주장하기도 했다. 북한을 비롯해 북침설을 주장하는 사람들은 국군의 해주 진입설을 그 증거로 제시하고 있으나, 그것은 오보임이 판명되었고 사실적인 증거는 발견되지 않았다. 실전에서 국군의 어느 부대도 38선 이북으로 공격 또는 진입한 사실이 없었기 때문이다. 반면 북한군은 어느 때 어느 곳에서도 방어전을 실시했거나 후퇴한 적이 없었으며 오직 38선을 넘어 공격을 계속했을 뿐이다. 북한 측의 사실 은폐 기도는 많은 증거 자료를 통해서도 허구임이 드러났다. 전쟁 중에 노획된 북한군의 '선제타격작전계획'에는 그들의 남침기도가 분명하게 명시되어 있다. 또한 전쟁 이후 공산권 특히 러시아에서 발표된 관련 자료는 소련, 중국, 북한이 사전에 모의해 전쟁을 준비하고 남침을 시작했다는 사실을 확실하게 보여 주고 있다. 뿐만 아니라 당시 전쟁에 직접 참가했던 많은 공산측 인사들도 북한의 남침 사실을 증언해 주고 있다. 특히 1994년 러시아를 방문한 한국의 김영삼 대통령에게 러시아 옐친(Boris N. Yel'tsin) 대통령이 제공한 한국전쟁 관련 비밀문서에는 "김일성의 요청을 스탈린(Joseph V. Stalin)이 승인함으로써 전쟁이 시작되었다"[10]는 내용을 명시하고 있어 북침설을 주장하던 사람들도 변명의 여지가 없게 되었다. 한편 "어느 편이 먼저 총을 쏘았는지는 중요하지 않다"라고 하거나, "미국과 남한이 북한으로 하여 남침하도록 유도했다"는 '남침유도설' 등을 내세우는 사람들도 있다. 하지만 그것들은 모두 북한의 전쟁 도발사실과 그 책임을 희석시키려는 궁색한 변명에 지나지 않는다.

---

10) 노병천, 『이것이 한국전쟁이다』, 21세기군사연구소, 2004, p.56, p.515: 김일성이 스탈린에게 승인을 받기 위한 남침계획요도. 이 계획에 따르면 남침은 크게 두 단계로 구분되어 3일 내로 수원과 원주, 삼척선을 점령하고 나머지 제2단계로 부산을 점령한다는 것이었다. 이 요도는 1992년 8월 28일 러시아 국방부에서 근무하고 있는 코로트코프(Korotkov) 박사에 의하여 세상에 공개되었으며 6 · 25전쟁이 남침전쟁이었음을 확인하는 결정적인 증거가 되고 있다.

제2절 초기전투

1. 전쟁 초기 38선 부근 전투

남침을 시작한 북한군은 압도적으로 우세한 전투력으로 국군의 38선 방어진지를 곳곳에서 돌파했다. 북한군의 기습공격에 당황했던 국군은 열세한 병력과 장비에도 불구하고 옹진, 개성, 문산, 동두천, 포천, 춘천, 홍천 그리고 강릉 지역에서 결사적인 방어전을 전개했다.

1) 옹진 지역 전투

옹진반도는 북쪽을 제외하고는 3면이 해 주만으로 둘러싸여 우측의 연백평야와는 완전 분리되어 하나의 섬과 같은 지형이다.

38도선을 사이에 두고 아군과 대치한 적은 제3경비여단이고 사리원에 위치한 북한군 제6사단 예하의 제14연대와 제105전차여단의 일부를 제17연대 전면의 옥동(옹진 북쪽 10킬로)으로 이동시켜 공격태세를 갖추고 있었다. 옹진에는 국군 독립 제17연대가 1개연대로는 감당하기 힘든 45㎞의 넓은 정면을 담당해 방어임무를 수행하고 있었다. 연대의 우일선은 제3대대, 좌일선은 제1대대로서 제3대대와 협조점에서 서해안까지, 제2대대는 예비로서 배치하였다. 제17연대를 지원하는 포병은 제7포병대대로서 1개 포대씩 전방 대대에 배속시키고 대대(−2)는 연대에서 직접 운용하였다.

한국전쟁 이전에도 그곳에서는 북한군과 국부적인 충돌이 자주 발생했지만 국군은 그때마다 위기상황을 잘 극복해 왔다. 그러나 반도라는 지리적 특성 때문에 전면공격을 받게 될 경우 제17연대는 지역을 방어하다가 부득이할 경우 해군 LST 2척으로 해상 철수하도록 계획되어 있었다. 6월 25일, 옹진을 공격한 북한군 부대는 제6사단 제14연대와 38경비 제3여단 등 2개 연대 규모였다.

전투력이 우세한 적으로부터 04:00경 기습을 받은 제17연대는 초전부터 악전고투했다. 05:30에 연대장은 제1대대장으로부터 대대의 예비인 1중대 투입계획과 제2대대의 증원을 요청한다는 보고를 접수하였으나 작전장교로부터 제3대대와 연락이 두절되었다는 보고를 받았다. 그리고 06:10경에 좌측 제1대대장의 전사 보고를 받은 연대장은 적의 주목표는 옹진 탈취에 있다고 판단하고 예비인 제2대대를 제1대대 지역에 투입하였다.

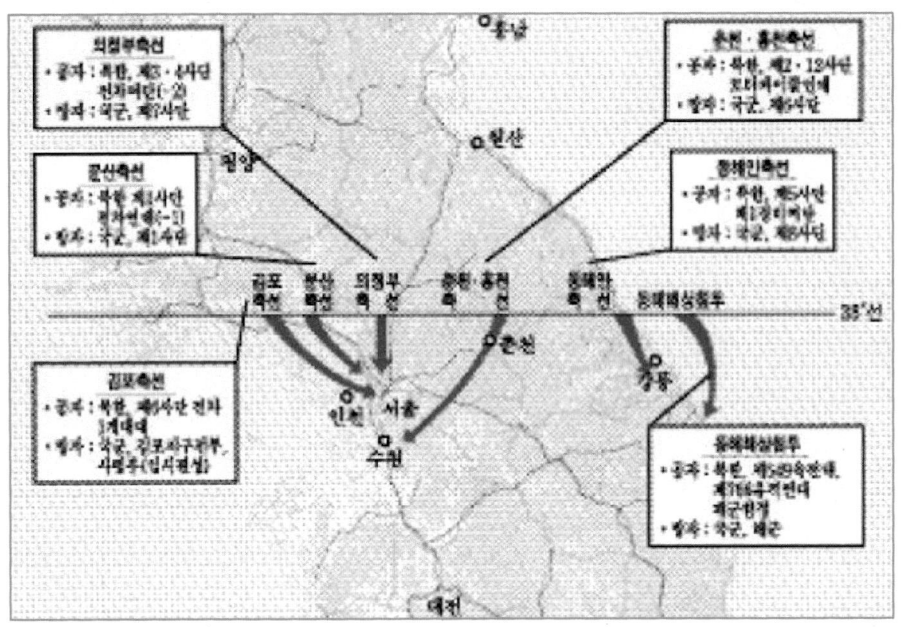

북한군의 초기 전투 공격축선 상황도

　　연대장으로부터 주저항선을 회복하라는 역습명령을 받은 제2대대장(소령 송호림)은 06:20에 역습명령을 하달하여 역습을 실시, 09:00에 목표인 사동 및 자동 일대를 탈취 재편성을 실시하였다. 그러나 좌일선 정면에서 제2대대의 역습으로 실시된 진격과는 반대로 제3대대는 분산된 상태에서 철수만 거듭하여 전세는 시시각각으로 악화되었다.

　　곧 주저항선이 동서로 양분되자 연대장 백인엽 대령은 그 지역을 더 이상 지탱할 수 없다고 판단해 해상철수를 단행키로 했다. 그 후 지연전을 전개하면서 연대본부와 직할대 및 제3대대는 부포항에서 26일 01시 해군 함정 편으로 철수했다. 한편 제1, 제2대대와 연대직할대 낙오병들은 사곶항에서 25일 21시에 군산으로 민간 선박 편으로 철수했다. 이어서 그들은 27~28일 사이에 인천을 경유, 수원으로 집결해 육군 예비가 되었다.

2) 개성·문산 전투

　　개성에서 문산을 거쳐 서울에 이르는 접근로에는 국군 제1사단이 청단으로부터 고랑포에 이르는 약 94㎞의 넓은 정면에서 방어임무를 수행하고 있었다. 사단은 제12연대는 개성 지역, 제13연대를 우일선부대로 전방에 배치하고, 예비인제 11연대를 수색에 배치해 두고 있었다. 그러나 제1사단은 방어정면이 너무 넓다는 약점 때문에 적의 전면적인 공격을 받게 될 때에는 임진강 남안의 방어진지에서 고수방어를 수행하고, 이것이 불가능하면 남쪽 예비진지로 철수한다는 계획을 세워 두고 있었다. 국군 제1사단 지역은 북한군 제203전차연대(-1)의 지원을 받는 북한군 제1사단과 제6사단(-1)이 공격해 남침 당일 임진강과 한강변까지 남하했다. 우일선 부대인 제13연대는 아군의 진지를 돌파한 적의 전차가 배후로부터 공격을 실시하여 일월봉에 병력을 재배치했다. 또한 개성 지역 12연대는 적 제6사단 제15연대병력이 열차를 탑승하여 개성 시내로 진입하여 연대 후방으로 공격함으로써 진지는 쉽게 와해되어 개성은 개전 5시간 반 만에 완전히 적의 수중에 들어가고 말았다. 1사단장 백선엽 대령은 38선 진지에서 철수한 부대들을 임진강 남쪽의 주저항선에 배치하는 한편, 예비연대를 그곳에 증원해 방어선을 강화했다.

그리고 제12연대의 주력이 임진강 철교를 건너 철수한 후에는 그 교량을 폭파하라고 명령했다. 그러나 명령 전달 과정의 혼란과 기술 부족으로 철교 폭파는 실패했다. 그 때문에 경의선을 따라 북한군이 접근할 수 있는 가능성이 잔존하게 되었다.

그 시기까지 사단은 적의 공격을 받아 적지 않은 피해를 입었다. 그럼에도 불구하고 사단은 천연 장애물인 임진강변에 주저항선을 편성해 그곳에서 적을 격퇴하겠다는 의지로 적과 맞섰다. 26일 적 전차가 출현하자 제13연대 제1대대장은 대전차 특공조를 편성해 이를 격퇴하며 적의진출을 지연시켰다. 그때 육본의 조치에 따라 지원부대들이 속속 사단에 도착했다. 증원된 부대로 전투력이 증강되자 힘을 얻은 사단장은 역습을 감행해 주저항선의 취약점을 보완하기로 했다. 그러나 이 무렵 사단 우측의 제7사단이 철수함으로써 우측방이 완전히 노출되었고, 정면에서는 적 전차가 계속 공격해 오는 불리한 상황이 전개되었다.

그 같은 상황에서도 사단장은 봉일천 북쪽의 최후저지선으로 철수한 후 결전 기회를 모색했다. 하지만 6월 28일, 한강교가 폭파됨에 따라 퇴로가 차단된 사단은 부득이 철수를 결행하지 않을 수 없었다. 그 후 사단은 이산포 행주나루에서 한강을 도하해 시흥으로 철수한 후 한강방어선에 투입됐다.

3) 동두천·포천·의정부 전투

적의 주공이 지향된 동두천·포천 지역에는 국군 제7사단이 38선 경계임무를 담당하고 있었으며, 동두천 정면에는 제1연대, 포천 정면에는 제9연대가 배치되어 있었고 사단 예비대는 없었다. 국군 제7사단 방어 지역을 공격한 북한군은 제105전차여단의 지원을 받는 2개 정예 사단이었다. 그중 북한군 제3사단이 포천 방향으로, 북한군 제4사단은 동두천 방향으로 공격해 왔다. 북한군의 공격이 시작되자 7사단장 유재흥 준장은 전방에 추진된 경계부대로 하여금 적의 공격을 저지시키도록 하고 주방어진지에 병력 투입을 서둘렀다.

그러나 당시 의정부에서 훈련 중이던 2개 연대 주력이 감악산으로부터 천주산을 연하는 주저항선에 투입되기까지는 상당한 시간이 소요됐다.

그동안에 전차를 앞세운 적이 도로를 따라 우회함으로써 주저항선 전방과 후방에서 혼전이 전개되었다. 북한군 제3사단은 25일 오전 중에 포천을 점령하고, 북한군 제4사단은 이날 해질 무렵 동두천 시내에 진입했다.

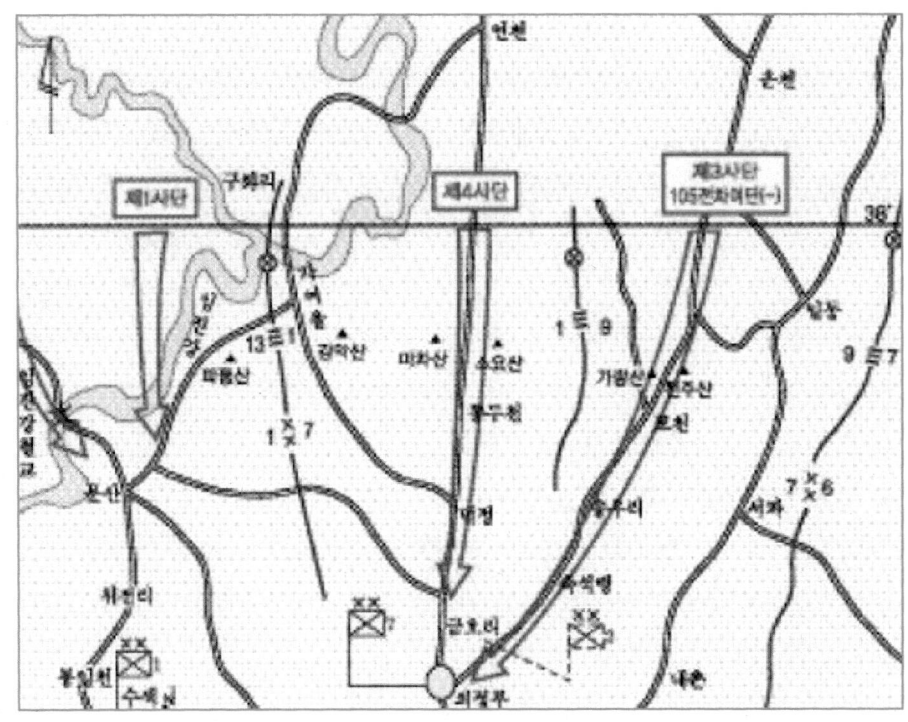

의정부 지역 전투 상황도

이렇게 개전 초일 동두천과 포천을 적에게 침탈당함으로써 서울의 관문인 의정부가 위태롭게 되었다. 의정부의 위기는 곧 서울의 위기와 직결되므로 육군본부는 서울 부근에 주둔한 부대뿐만 아니라 후방에 있는 부대들을 의정부 지역에 투입해 적의 진출을 저지하려 했다.

이에 따라 대전의 국군 제2사단, 대구의 국군 제3사단, 광주의 국군 제5사단이 황급히 출동했다.

그러나 당시 상황이 너무도 긴박했기 때문에 이들 부대들은 완전편성을 갖추지 못한 채 대대단위로 각각 출발했다. 그리고 서울에 도착한 후에도 각각의 단위부대들은 후속하는 본대와 합류하지 못한 채 전선에 투입됐다.

따라서 대부분의 부대들이 전투력을 제대로 발휘하기 어려운 형편이었다. 그런 상태에서 육군총참모장 채병덕 소장은 제7사단장 유재흥 준장과 제2사단장 이형근 준장에게 동두천과 포천을 공격할 것을 명령했다.

성공 가능성이 희박해 보이는 상황이었지만 제7사단장은 다음 날인 26일 아침 역습을 감행한 결과, 방심한 적을 기습하게 되어 뜻밖에 동두천을 탈환할 수 있었다.

그러나 국군 제2사단의 포천 공격이 실패하자, 동두천에 진입한 부대들의 퇴로가 차단되어 버렸다. 따라서 그들은 분산 철수할 수밖에 없었다. 그와 같이 다급한 상황 하에서 의정부 북쪽 금오리에 포진한 육군포병학교 제2교도대대장 김풍익 소령은 제2포대장 장세풍 대위 등과 함께 적의 전차를 공격하던 중 장렬히 전사했다.

4) 춘천 · 홍천 전투

전쟁 발발 당시 중동부전선을 담당했던 국군 제6사단은 제7연대를 춘천, 제2연대를 홍천 북동쪽에 배치하고 제19연대를 예비로 원주에 집결시켜 두고 있었다. 국군 제6사단 정면으로 공격해 온 적은 북한군 제2군단으로, 예하 제2사단은 화천에서 춘천 방향으로, 제12사단은 인제에서 홍천 방향으로 각각 공격했다.

그러므로 춘천 · 홍천 지역전투는 주로 춘천 정면과 홍천 북방, 두 곳에서 전개되었다. 화천과 춘천을 잇는 도로상의 모진교는 북한군 기계화부대가 북한강을 건너 춘천으로 들어오기 위해 반드시 통과해야 할 교량이었다. 그러나 모진교 폭파에 실패한 국군 제6사단 예하 제7연대는 적의 공세 초기 적 SU-76 자주포의 위세에 밀려 전방 방어선이 무너졌으며, 급히 주저항선으로 철수하지 않을 수 없었다. 그러나 연대는 조기에 부대를 수습해 신속하고 질서 있는 전투태세를 갖추었으며, 연대 대전차포중대의 소대장 심일 소위가 북한군 자주포 2문을 파괴하자 아군 장병들은 적의 전차를 파괴할 수 있다는 자신감을 갖게 되었다. 그날 낮 동안 북한군은 나무 한 그루 없는 논밭 지대에서 완전히 노출된 채로 정면공격을 반복했다. 이에 맞서 국군 제6사단 포병대대가 그들을 향해 정확하고도 치열한 포격을 가했으므로 많은 피해를 입은 적은 소양강을 도하하지 못했다.

한편 홍천 북방 국군 제2연대 정면에는 적 제12사단이 자주포를 앞세우고 공격해 왔다. 연대장은 주방어진지에 주력을 배치하고 특공대를 편성해 적 자주포를 파괴했다. 다음 날인 6월 26일, 춘천 정면에서는 아침부터 소양강을 넘어 남하하려는 북한군의 공격이 시작됐다. 그들은 몸을 숨길 곳이 없는 평지에서 정면공격을 강행했고, 아군 포병은 정확하고 통렬한 포격으로 타격을 가했다. 공격이 지연되자 북한군 제2군단장은 홍천 방향으로 공격하던 제12사단의 일부를 춘천 방향으로 전환시켰다. 그럼에도 북한군은 소양강을 넘지 못했다. 27일에도 북한군은 공격을 계속하면서 소양강 도하를 시도했다. 아군은 대전차포와 곡사포로 대응했는데 그 과정에서 소양강은 사살된 북한군의 피로 붉게 물들었다. 그때 한동안 두절되었던 사단과 육본을 연결하는 전화가 소통됐다.

그러자 육본 참모부장 김백일 대령은 "서부전선이 완전히 무너졌고 육본은 시흥으로 철수하므로 국군 제6사단은 사단장의 판단에 따라 철수하면서 중앙선을 중심으로 중부전선에서 지연전을 전개하라"는 작전명령을 전달했다. 비로소 인접부대의 전투 상황을 알게 된 사단장은 철수명령을 내렸다. 철수 과정에서 홍천 북방의 말고개를 지키던 아군 특공대원들은 수류탄과 화염병으로 10여 대의 적 자주포를 파괴하는 전과를 올렸다. 이와 같이 춘천 및 홍천 일대에서 3일 동안 적의 공격을 저지했던 국군 제6사단은 6월 28일부터 원주 방향으로 철수하면서 지연전을 전개했다.

5) 동해안 전투

동해안 지역 방어를 담당한 국군 제8사단은 예하의 2개 연대 중에서 제10연대를 38선에 배치하고, 제21연대는 예비로 삼척에 집결하고 있었다. 적이 남침할 경우 사단은 38선에서 적을 격멸하고 강릉을 고수할 계획이었다.

그러나 6월 중순, 적 게릴라 토벌작전을 위해 각 연대에서 1개 대대씩을 차출했기 때문에 적의 전면 남침에 즉각 대응할 수 있는 가용 병력은 4개 대대에 지나지 않았다. 반면 북한군 공격부대는 제5사단과 38경비 제1여단으로 방어부대의 2배가 넘었다.

여기에 적 제549육전대부대 및 제766유격연대부대가 정동진, 임원진 등 해안으로 상륙해 후방으로부터 협공했으므로 국군 제8사단은 극히 불리한 상황에서 싸우게 되었다. 북한군의 공격을 받게 되자 전방에 배치되어 있던 제10연대는 제대로 전투력을 발휘하지도 못한 채 적에게 밀렸다. 사단장 이성가 대령은 전방진지가 순식간에 돌파되고 후방 해안 지역에 적이 대거 상륙했다는 보고를 받자 육본에 증원을 요청했다.

그러나 육군본부의 답변은 "서울 방어가 더 긴급하므로 지원이 불가능하다"는 것이었다. 상황이 급격히 악화되자 사단장은 전방에서 철수한 제10연대와 함께 삼척의 제21연대를 강릉으로 이동시켜 강릉을 확보하기로 했다.

그러나 북한군 제549육전대부대가 7번 도로를 차단하고 있었기 때문에 제21연대는 7번 도로를 포기하고 내륙 산악도로를 이용해 사단의 주력과 어렵게 합류할 수 있었다. 그 후 사단장은 적정과 가용병력 및 지형을 고려해 무모한 전투를 회피하기로 하고 6월 27일, 일단 대관령을 넘어 철수했다. 이어서 대관령 서쪽 유천리 및 횡계리 일대에서 부대를 수습한 사단장은 사단의 전투력이 건재하며 장병들의 투지가 불타고 있음을 확인하고 강릉 탈환을 위한 반격을 결심했다. 그러나 공격제대가 강릉을 향해 진출하고 있을 때 '원주로 철수하라'는 육본 명령이 접수됐다. 이에 따라 사단은 공격을 멈추고 다시 대관령을 넘어 원주 방향으로 철수했다. 이와 같이 옹진, 개성, 고랑포, 전곡, 포천, 춘천, 양양을 잇는 38선에서 국군의 방어진지를 기습 공격한 북한군의 전투력은 최초부터 아군의 2~3배가 넘었다. 따라서 중과부적이었던 국군부대들은 불과 3일 만에 중요한 방어 지역을 모두 북한군에게 빼앗긴 채 뿔뿔이 후방으로 철수할 수밖에 없었다.

당시 국군은 인원과 장비, 교육 훈련 면에서 결점이 많아 정규전을 수행할 수 있는 능력이 부족했다. 특히 북한군의 전차에 대한 대비태세가 없었던 것은 치명적인 결점이었다. 그러나 이러한 결점에도 불구하고 국군 장병들은 육탄으로 적 전차와 자주포를 향해 돌진하는 등 결사적으로 항전함으로써 적의 전진을 지연시켰다. 그 과정에서 춘천과 홍천 지역을 방어했던 국군 제6사단은 사단장의 지시로 외출·외박을 통제하고 방어진지를 구축하는 등 사전 대비태세를 강구함에 따라 북한군의 집요한 공세에 맞서면서 3일 동안 춘천을 지켜 냈다. 그 결과 "춘천을 점령한 후 수원 방향으로 진출해 서울의 후방을 차단한다"는 북한군의 남침계획은 초반부터 차질을 빚게 되었다. 반면 국군은 성공적인 춘천 방어전투에 힘입어 한강 남쪽에서 전투력을 수습해 보다 조직적인 지연전을 수행할 수 있었다.

2. 수도 서울 북한군 점령

6월 26일 13시경, 의정부가 북한군에게 점령됐다. 전방에서 철수한 국군 제7사단장 유재흥 준장은 창동을 중심으로 도봉산－수락산을 연결하는 새로운 방어선을 구축하기로 했다.

그러나 27일 오전, 아군 부대들이 미처 방어진지를 편성하기도 전에 40여 대의 전차와 자주포로 증강된 적의 공격을 받게 되자 방어부대들은 창동 지역을 포기하고 미아리, 태릉 일대로 분산 철수했다.

1) 미아리 방어선

그 무렵 국군 제5사단장 이응준 소장이 미아리 일대에서 새로운 방어진지를 편성하고 있었다. 그곳에서 부대를 수습한 국군 제7사단은 국군 제5사단과 함께 정릉－미아리－청량리를 잇는 '미아리 방어선'을 구축하고, 두 사람이 방어 지역을 동서로 나누어 각각 지휘하기로 했다. 그들은 그곳의 지형이 방어에 유리하므로 도로만 차단하면 적 전차를 막을 수 있을 것이라는 희망을 가지고 전력을 다해 방어진지를 구축했다. 27일 밤, 폭우가 쏟아지는 가운데 적의 공격이 재개됐다. 야간이었지만 전차를 앞세운 적은 미아리 삼거리에 설치해 둔 장애물을 쉽게 밀어 제치고 길음교를 통과해 서울 도심으로 진출했다. 적 전차가 시내로 진입한 사실을 알지 못한 채 미아리 방어선을 지키고 있던 국군 장병들은 다음 날 날이 밝은 후 적의 습격을 받고 분산 철수하기 시작했다.

2) 북한군의 서울 진입

미아리 방어선의 붕괴는 서울 방어를 위한 최후 방어선의 붕괴였다. 미아리 방어선 붕괴로 적 전차가 시내에 진입함에 따라 서울 시가지는 무방비 상태에 놓이게 되었다.

시내 곳곳에 차량, 목책 등으로 긴급히 장애물을 설치하는 방안이 강구되었지만 효과적인 저항은 이루어지지 못했다. 전쟁 시 서울에서 시가전을 실시하는 방안은 원래부터 고려되지 않았다. 따라서 6월 28일 날이 밝으면서부터 서울은 북한군의 지배하에 놓이게 됐다.

3. 한강교 폭파와 한강방어선 전투

북한군이 서울에 진입한 6월 28일 새벽, 국군에 의해 한강의 교량들이 폭파되었다. 당시 한강에는 5개의 교량(이촌동—노량진 간의 한강대교와 3개의 철교, 광나루의 광진교)이 있었으며, 수도권 내에서 남북으로 연결되는 도로는 모두 이 교량을 통과하게 되어 있었다. 한강은 폭 700~1,500m이며 평균 수심은 3m로 서울을 빼앗긴 국군에게는 가장 좋은 천연적인 방어지역이었다. 따라서 서울에 진입한 북한군의 한강 이남 진출을 막기 위해 이들 교량을 파괴하는 것은 필수적인 조치였다. 그러나 문제는 그 시기였다.

1) 한강교 폭파 경위

한강교 폭파는 북한군의 서울 진입과 밀접히 관련되어 있다. 최초 육군본부는 북한군이 서울 시내에 진입하기 2시간 전에 한강교를 폭파하기로 했다. 이에 따라 6월 28일 새벽 1시, 적 전차가 미아리 방어선을 통과했다는 상황을 보고받은 육군 총참모장 채병덕 소장은 공병감 최창식 대령에게 전화를 걸어 한강교 폭파를 지시했다.

최 대령은 공병학교장 엄홍섭 중령에게 폭파명령을 하달하였다. 엄중령은 공병학교 교관들을 동원해 6월 28일 오전 2시 30분경, 한강 인도교와 함께 3개의 철교를 폭파했다.

2) 한강교 폭파 영향

한강교 폭파의 근본 목적은 적의 진출로를 차단하는 것이었다. 그러나 한강교 폭파로 인한 부작용은 치명적인 결과를 초래했다. 한강 이북에서 철수명령을 받지 못한 채 적과 싸우고 있던 국군 주력부대의 퇴로가 차단됨으로써 국군 총병력의 거의 절반이 분산되는 결과가 초래되었던 것이다. 또한 강북에 있던 중장비와 차량 그리고 곡사포, 박격포, 기관총 등과 같은 무기도 대부분 유기되었다. 뿐만 아니었다. 한강교 폭파는 미처 피난하지 못한 채 서울에 남아 있던 시민들에게도 큰 충격이었다. 그들은 이후 아군이 서울을 수복할 때까지 3개월간 적의 치하에서 고통을 겪지 않으면 안 되었다.

3) 한강교 폭파사건의 재판(裁判)

한강교 폭파의 영향은 심각해 군과 국민의 분노가 쉽게 가라앉지 않았다. 군 수뇌부는 민심을 수습하기 위해 교량 폭파 관계자들을 뒤늦게 군사재판에 회부했다. 여기서 재판부는 공병감 최창식 대령에게 한강교 조기폭파의 책임이 있다고 판결하고 사형을 선고했다.

그러나 최 대령의 사형이 집행된 후 14년이 지난 1964년, 그의 부인이 제기한 항소심에서 재판부는 최 대령이 '상관의 명령에 복종'한 것이라고 판단해 무죄를 선고했다. 하지만 그 재판에서 '그 상관이 누구인지'와 '한강교 폭파의 진정한 책임자가 누구인지'를 밝히지는 않았다.

4) 한강방어선 전투 전개

한강교가 폭파된 6월 28일 오전부터 북한군의 전차가 대거 서울 시내로 진입하기

북한군의 남하를 지연시키기 위해 폭파된 한강 인도교

시작했다. 그러나 전차를 앞세워 거칠 것 없는 공격을 감행했던 북한군도 한강교 폭파로 인해 한강 북쪽에서 일단 멈출 수밖에 없었다. 한강교가 파괴된 후 서울 북쪽에 배치되어 있던 국군 장병들은 지휘체계가 와해된 상태에서 나룻배와 같은 극히 제한된 도하수단을 이용하거나 모든 장비를 버리고 헤엄을 쳐 한강을 건넜다. 그리고 한강 이북에서 철수해 온 장병들이 한강 남쪽 둑에서 전열을 정비하게 됨으로써 자연스럽게 한강 남안을 따라 방어선이 만들어졌다. 그러나 병력과 장비가 제대로 갖추어진 방어선은 아니었다. 한강 이주는 천연적인 장애물의 이점을 최대한 활용해 미군 지원 병력이 도착하는 데 필요한 시간을 확보하는 것이 국군지휘부의 최대 희망이었다.

(1) 한강방어선 전투

한국전쟁에서 한강방어선은 '서울 동부의 광나루에서 서북쪽으로 김포반도 북단'에 이르는 한강 남쪽 전체를 연결하는 선이다. 그러나 협의의 한강방어선은 '노량진에서 영등포까지'를 말하는데 그것은 당시 아군의 주력이 그곳의 방어에 중점을 두었기 때문이다.

한강방어선 전투를 수행하기 위해 육군본부는 '시흥지구전투사령부'를 편성하고 김홍일 소장을 사령관으로 임명했다.

어려운 상황하에서 임무를 부여받은 김 소장은 무질서하게 철수하는 장병들을 수습하고, 그들에게 급식을 제공하며 사기를 되살리는 데 힘을 쏟았다. 이를 위해 '미군 참전'이라고 크게 쓴 간판 수십 개를 만들어 길목마다 세우게 했다. 그리고 피난민과 함께 후퇴하던 철수병들을 500명 단위의 '혼성대대'로 편성한 후 '혼성 수도사단', '혼성 제7사단', '혼성 제2사단'으로 급조했다.

이렇게 해 국군은 주력부대들이 흩어진 지 불과 10시간 만에 3개 사단으로 재편성되어 한강 남쪽의 새로운 방어선에 배치되었다. 한강방어선에 배치된 부대들은 3개 사단이라고 하지만 급조 편성된 '혼성부대'들이었다.

사단이라고 해야 병력상으로는 정식 연대 규모에도 미치지 못했다. 장비도 열악하기 짝이 없었다. 105㎜ 곡사포는 한강을 건너면서 모두 버렸기 때문에 1문도 없었고, 박격포 2~4문과 기관총 2~3정뿐이었다. 박격포마저도 포신만 있고 다리가 없는 등 반신불수가 대부분이었다. 한강선 방어임무를 맡은 김홍일 사령관의 작전개념은 가용한 인원과 장비를 총동원해 적의 전진을 3일 이상 지연시키는 것이 전부였다. 곧

지원될 것으로 기대되는 미군이 도착하는 데는 그만한 시간이 소요될 것으로 보았기 때문이었다.

(2) 맥아더 원수와 어느 병사의 대화

6월 29일, 혼성 수도사단이 지키고 있던 영등포 지역에 미 극동 군사령관 맥아더(Douglas MacArthur)[11] 원수가 나타났다. 그의 방문 목적은 한국의 전황을 직접 살펴보고 지상군 파병의 필요성을 검토하기 위함이었다.

수행원과 함께 전용기 편으로 일본에서 수원비행장에 도착한 후, 한강방어선을 시찰했던 그는 쌍안경으로 한강 일대를 살펴본 후 개인호에서 진지를 지키고 있는 병사를 발견하고 가까이 다가가서 "병사! 자네는 언제까지 그 호를 지키고 있을 것인가?"라고 물었다. 그러자 그 병사는 "군인은 명령에 따를 뿐입니다. 저의 상관이 철수하라는 명령을 내리지 않으면 제가 죽는 순간까지 이곳을 지킬 것입니다"라고 답변했다.

통역으로부터 그 말을 들은 맥아더 원수는 감동한 듯 "이 병사에게 전해 주게. 내가 도쿄로 돌아가는 즉시 지원병력을 보내 줄 터이니 그때까지 용기를 잃지 말고 싸우라고!" 그는 그렇게 말하면서 병사의 손을 잡고 격려했다. 그리고 맥아더 원수는 그 병사와의 약속을 결코 저버리지 않았다.

한편, 북한군은 며칠 동안 강을 건너기 위해 산발적인 도하를 시도했다. 노량진 지역에서는 6월 30일부터, 영등포 지역에서는 7월 1일부터 본격적인 도하공격을 감행했다. 아군 방어부대들은 적의 포격에 의해 많은 피해를 입었으나 무엇보다도 전차 공격이 없었으므로 잘 버틸 수 있었다. 국군의 입장에서 보면 한강방어선 전투는 '적과의 싸움'이라기보다 오히려 '시간과의 싸움'이라고 할 수 있었다.

즉 적을 격멸하고 실지(失地)를 회복하는 것이 목적이 아니라, 지원군의 도착을 기다리는 시간을 얻기 위해 싸웠기 때문이다. 국군은 한강방어선에서 당초 3일간을 목표로 적의 도하를 저지하려 했으나, 결과적으로 북한군이 서울에 진입한 6월 28일부터 그들의 전차가 한강을 도하한 7월 3일 아침까지 6일 동안이나 한강변을 고수했다. 이로써 국군이 흩어진 부대를 재편성하고, 건제를 회복할 수 있는 시간을 얻었을 뿐만 아니라, 미군과 유엔군의 참전에 필요한 황금 같은 시간도 확보할 수 있게 되었다.

---

11) 맥아더(Douglas MacArthur, 1880.1.26.~1964.4.5.): 한국전 연합사령관 임무수행, 인천상륙작전 지휘.

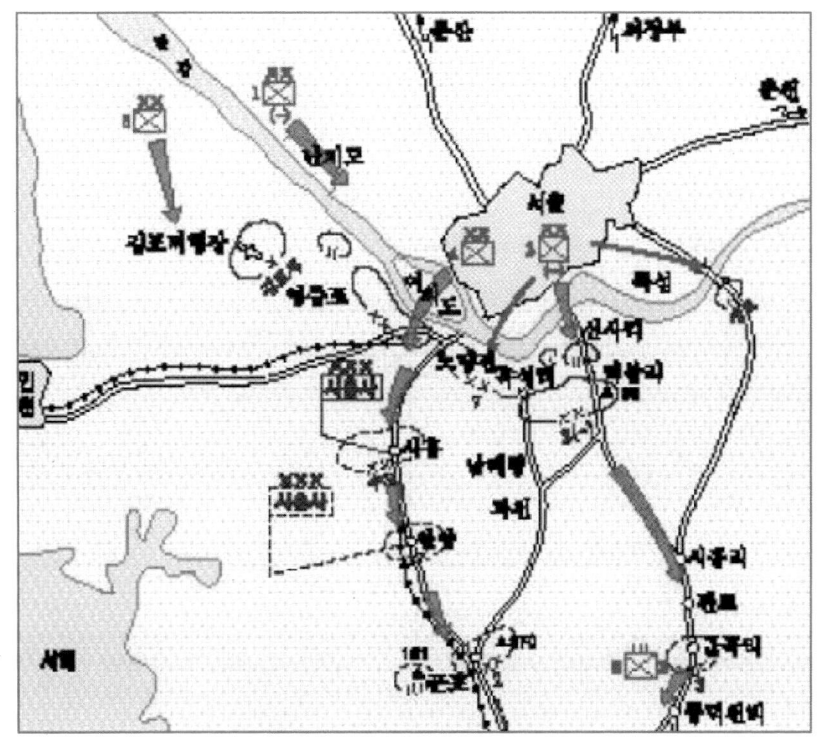

한강방어선의 배치와 북한군의 공격 상황도

4. 전쟁 초기 해군과 공군 작전

북한군의 기습남침 직후 국군은 지상군주력이 조기에 한강 북쪽에서 붕괴되는 위기를 맞았다. 그러나 국군 부대들이 한강 남쪽에서 부대를 수습하고 유엔군 지상군이 참전할 때까지 북한군의 공격을 지연할 수 있었던 것은 유엔군과 국군 해·공군의 눈부신 활약이 있었기 때문이라고 해도 과언이 아니다.

1) 해군의 초기 작전

전쟁 발발 당시 한국 해군은 병력이 7천여 명, 함정이 71척이었다. 그러나 전반적으로 전투력은 매우 빈약한 상태로 주력 경비정은 노후하였고 무장도 허약했다.

그나마 다행이었던 것은 북한 해군도 그렇게 우세한 전력은 아니었다. 그들 역시 연안 방어와 함께 국군 후방 지역에 육전대 또는 게릴라 부대를 침투시키는 정도의 전투력에 불과했다. 6월 25일, 북한군의 전면남침 급보를 받은 해군본부는 예하 전 해군부대에 비상경계 태세 돌입과 전투준비를 명령하고, 각 정대 사령관에게는 경비강화와 함께 적선을 발견하는 즉시 격침할 것을 지시했다. 그 같은 해군의 비상조치에 따라 제2정대가 동해에서, 서해에서는 제1정대, 남해에서는 제3정대가 해상작전을 담당했다. 그 결과 해군은 하루 평균 21척의 경비정을 출동시키는 해상작전을 수행했다.

그중에서 특이한 작전은 백령도와 옹진지구에서 육군 제17연대의 작전을 지원하고 그 철수작전을 지원한 것이었다. 또한 대한해협 해전에서 PC701 백두산함은 600여 명의 게릴라가 탑승한 무장수송선을 격침해 그들의 배후 교란 기도를 좌절시켰다.

한편, 워싱턴 당국은 지금까지 미 극동 해 공군에 가해졌던 제한사항을 철회하고, 38선 이남의 북한군 부대 및 전차와 포병에 대한 공격을 포함해 최대한으로 한국군을 지원하도록 결정했다. 이와 같이 워싱턴이 해 공군의 지원을 결정함에 따라 6월 27일, 미 극동해군사령관 조이(Charles Turner Joy) 제독은 극동해군이 수행할 임무에 관한 작전명령을 하달했다.

이에 따라 지정된 한국지원전대(South Korea Support Group)는 한국의 연안 해역을 초계하면서 적의 상륙을 저지하는 한편, 침공해 오는 함정을 격침시키는 임무를 수행하게 됐다. 또한 아군 지상부대에 함포를 지원하고 군수물자를 수송하는 함선을 엄호하는 임무도 담당하게 됐다.

미 해군 함정이 한국 해역에 본격적으로 출동함에 따라 한국 해군 총 참모장은 6월 30일, 수원에서 미국 대사관 해군 무관과 협의를 통해 미 해군이 동·서해상 북위 37도선 이북의 작전을 담당하고 그 이남을 한국 해군이 담당하도록 합의했다. 그때부터 미 극동해군 함정, 제7함대의 항모기동부대, 영연방 함정으로 구성된 유엔 해군이 한국 해역에서 제해권을 장악하고 해상작전을 수행하게 되었다.

2) 공군의 초기 작전

전쟁이 발발하던 당일 북한 공군은 기습적으로 여의도, 김포, 수원비행장에 대한 공격을 감행해 한국공군의 전력을 무력화시키려 했다. 그러나 한국 공군은 이에 맞설 능력이 없었으며, 겨우 아군 지상 전투부대를 지원하기 위한 연락 및 정찰임무를 수행할 수 있을 정도의 수준이었다.

그때 한국 공군은 궁여지책으로 연락용 및 연습용 항공기 18대를 출격시켰다. 연락용 항공기(L형)들은 후방석에 탑승한 정찰대원이 30파운드짜리 폭탄 2개씩을 가슴에 안고 출격했다. 연습용 항공기(T형)들은 각각 8~10개의 폭탄을 탑재하고 출격해 부조종사가 육안으로 지상을 내려다보며 손으로 폭탄을 투하했다.

이렇게 한국 공군은 25일~26일까지 양일간 48회의 출격을 기록했으나 27일에는 보유하고 있던 폭탄을 모두 사용함으로써 더 이상 작전을 수행할 수 없게 되었다. 그 시점에 희망적인 계기가 만들어졌다.

이승만 대통령의 요청을 받아들인 미국이 한국에 항공기를 제공하기로 함으로써 10명의 한국 공군 조종사가 일본에서 10대의 F-51 전폭기(무스탕)를 조종해 7월 2일 대구기지로 돌아왔다.

도입된 전폭기들은 지상 전황이 긴박함에 따라 다음 날부터 즉시 출격을 개시하였고, 소규모이긴 하지만 본격적인 근접항공지원 작전을 수행하게 되었다.

한편, 미 극동공군 역시 극동해군과 마찬가지로 한국에 대한 방어임무를 띠고 있지는 않았지만 상황의 긴박성을 파악한 트루먼(Harry S. Truman) 미국 대통령은 6월 27일 오전, 맥아더 원수에게 38선 이남의 공중 및 지상 목표에 대한 공격 권한을 부여했다.

그때부터 미국 공군의 활동이 본격적으로 시작되었으며 극동공군 예하의 제5공군이 남한 전역의 제공권을 장악했다.

한편, 북한 공군은 지상군이 6월 28일 서울을 점령하고 이어서 김포 비행장을 확보하자, 7월 5일부터 그들의 항공기 일부를 김포비행장으로 전진 배치하고 지상군 작전을 지원하기 시작했다. 북한 공군의 재등장에 따라 미 제5공군은 김포기지를 공격했다. 또한 전폭기와 해군 함재기들은 평양, 평강, 온정리 등 북한 내의 공군기지를 공격했다.

이러한 미 공군의 활동으로 북한 공군은 7월 22일 이후 더 이상 항공기를 투입하지 못하게 됐으며, 유엔 공군은 한국 전역에서 제공권을 장악하게 되었다. 북한 공군기의 위협이 사라지게 되자 항공모함은 해안 가까이에서 어려움 없이 함재기를 투입할 수 있었다.

유엔 공군의 일방적인 대규모 근접항공지원은 지연작전을 전개하고 있던 국군과 미 지상군부대에게도 기동의 자유를 보장해 전선 정비에 크게 기여하게 되었다.

제1절 미국의 참전과 유엔군 사령부 창설

1. 미국의 반응과 조치

한반도에서 북한군의 남침이 시작된 1950년 6월 25일 새벽 4시는 워싱턴 시간으로
는 6월 24일 토요일 오후 3시였다. 전쟁을 예견하지 못했던 미국의 주요 정책결정자
들은 제각기 한가로운 주말을 보내고 있었다.

그러나 오후 9시경, UP통신의 특종보도로 "한반도에 전쟁이 발발했다"는 소식이
전해지면서 상황은 긴박하게 전개되기 시작했다.

1) 미국정부의 조치 및 참전[12]

서울과 도쿄로부터 긴급 보고를 받은 애치슨(Dean G. Acheson) 국무장관은 즉시 미
주리 별장에서 휴식 중인 트루먼 대통령에게 이 사실을 보고했다. 그때 대통령과 국
무장관은 "한국문제 해결을 위해 유엔에 호소한다"는 외교적 방침을 결정하고 유엔
안전보장이사회를 긴급히 소집하도록 요구하는 일에 대해 의논했다.

그 당시 미국의 주요 정책결정자들은 소련의 지원을 받을 수밖에 없는 상황에서 일
어난 북한의 남한 침공이 유엔과 미국의 권위를 위협하고 있기 때문에 극동과 일본에

---

12) 김행복, 『6 · 25전쟁사』, 군사편찬연구소, 2005, p.32.

서 미국의 이익을 위해 단호한 조치를 취해야 한다는 데 의견의 일치를 보고 있었다. 한편 미 합참은 극동군 사령관 맥아더 원수에게 긴급조치로 제한적 군사조치를 다음 과 같이 시달하였다.

첫째, 한반도의 전쟁상황 파악을 위한 조사반 파견
둘째, 미국인의 철수를 위한 해·공군 지원
셋째, 국군의 작전을 위한 탄약지원

다음 날인 6월 25일(워싱턴 시간) 블레어 하우스(Blair House)에서는 곧 국가안전 보 장회의가 열렸다. 회의에서 트루먼과 그의 주요 보좌관들은 한반도 문제를 미국이 극 동에서 당면하고 있는 중요한 문제로 인식했다.

여기서 애치슨 국무장관은 미군과 유엔군 참전 결정과정 "유엔 안전보장이사회가 미국의 제안을 채택해 북한에게 철병을 요청하기로 결의했다"고 보고한 다음, 국무 및 국방부의 일치된 의견으로 '미국이 즉각 실시해야 할 행동'을 제안했다.

미군과 유엔군 참전 결정과정

일 자		상황 및 조치(한국시간/미국시간)
한 국	미 국	
6.24.(토)	6.23.(금)	
6.25.(일)	6.24.(토)	• 전쟁 발발(25일 오전 4시/24일 오후 2시) • UPI통신보도(25일 오전 11시 4분/24일 오후 9시 4분) • 무초대사보고(25일 오전 11시 26분/ 24일 오후 9시 26분)
6.26.(월)	6.25.(일)	• 백악관참모회의(26일 0시/25일 오전 10시) • 트루먼 대통령에게 보고(26일 오전 1시 20분/25일 오전 11시 20분) • 유엔안보리긴급회의(26일 오전 4시/25일 오후 2시) • 트루먼주재백악관회의(26일 오전 9시 30분/ 25일 오후 7시 30분)
6.27.(화)	6.26.(월)	• 백악관 2차 회의(27일 오전 11시/26일 오후 9시) ※미 해·공군 투입 결정
6.28.(수)	6.27.(화)	• 유엔안보리 2차 회의(28일 오전 5시/27일 오후 3시) ※ 유엔군 파병 결정

그때 회의에 참석했던 전원은 '한국을 원조해야 한다'는 방침을 인정하고 지지했 다. 그러나 방법에 대한 견해는 서로 달랐다. 공군과 해군의 지원이면 충분하다는 의 견이 있었는가 하면, 지상군 투입이 필요하다는 의견도 있었다. 트루먼 대통령은 합

참의장에게 만일의 경우에 대비해 취할 조치를 강구하도록 지시했다.

2) 전쟁 초, 미국의 정책적 입장

공산군의 남침으로 한국정부가 위태로운 지경에 처하게 되었다는 소식이 전해진 후 3일 동안 미국정부는 전쟁을 치르기 위한 중요한 정책적 입장을 다음과 같이 정리했다.

첫째, 한국에서의 공산 침략을 방관하지 않겠다.

둘째, 한국정부를 탄생시킨 유엔을 통해 대처하겠다는 것이다.

그 같은 미국의 정책적 의지는 같은 종류의 공산침략행위를 방치할 경우 또 다른 지역에서의 또 다른 침략행위를 초래할 것이라는 판단에 기인한 것이었다. 또한 한반도의 전쟁이 미·소의 대결로 확대될 수 있다는 점과 한국정부를 탄생시킨 미국과 유엔의 권위에 대한 직접적인 도전을 미국은 결코 용납할 수 없다는 측면에서도 기인한 것이었다.

2. 유엔군의 참전

북한군의 침공을 받게 되자 한국정부는 즉시 이 사실을 유엔한국임시위원단(UNTCOK)과 주한 미국대사관에 통보하면서 유엔과 미국으로 하여금 북한의 남침행위를 즉각 중지시켜 줄 것을 요구했다. 미국도 한반도 사태를 유엔을 통해 해결하려 했다.

1) 유엔군 편성 및 참전 결정

6월 25일(뉴욕시간) 유엔은 안전보장이사회를 소집하고, 미국이 제출한 '북한군의 침략 중지 및 38선 이북으로의 철수'를 요구하는 결의안을 채택했다. 유엔은 그때의 결의안을 통해 강력한 의지를 과시함으로써 침략자들이 순응해 주기를 기대했다. 그러나 침략자들은 유엔안보리의 '경고성' 결의를 무시했으며 침략행위를 중지하지도 않았다. 이어서 유엔 한국임시위원단은 "북한이 유엔의 결의안을 준수할 가능성이 전혀 없으며 조기에 한국정부가 전복될 수 있다"는 비관적인 보고서를 제출했다. 이에 따라 유엔안보리는 "그들의 침략을 격퇴하기 위해 모든 지원을 제공하자"는 내용의 '6·26결의안'을 통과시켰다.

유엔군을 지원해 6 · 25전쟁에 참가한 국가

구 분	국 가
전투부대파병 (16개국)	미국 · 영국 · 오스트레일리아 · 네덜란드 · 캐나다 · 뉴질랜드 · 프랑스 · 필리핀 · 터키 · 타이 · 그리스 · 남아프리카공화국 · 벨기에 · 룩셈부르크 · 콜롬비아 · 에티오피아
의료지원부대 (5개국)	스웨덴 · 인도 · 덴마크 · 노르웨이 · 이탈리아
물자지원 (20개국)	아르헨티나 · 볼리비아 · 브라질 · 칠레 · 코스타리카 · 쿠바 · 에콰도르 · 엘살바도르 · 아이슬란드 · 이스라엘 · 레바논 · 리베리아 · 멕시코 · 나카라구아 · 파키스탄 · 파나마 · 파라과이 · 페루 · 우루과이 · 베네수엘라
계	41개국

그때의 결의안은 미국의 지상군 투입을 법적 또는 명분상으로 합법화하는 역할을 제공했다.

또한 미국 이외에 유엔 회원국과 자유우방이 한국에 필요한 원조를 제공할 수 있는 근거가 되었다. 그 같은 6·26결의에 따라 미국의 육·해·공군이 본격적으로 전쟁에 참가하게 되었다. 미군의 참전에 이어 자유진영 32개국이 유엔의 결의를 지지했으며 7월 중순에는 지지국이 52개국으로 증가했다. 그 후 한국을 돕기 위해 16개국이 전투 부대의 파병을, 5개국이 의료 또는 시설을 지원하겠다는 뜻을 유엔에 통보했다.[13]

2) 유엔군 사령부의 창설

유엔안보리는 유엔 회원국이 한국에 파견하게 될 부대의 지휘체제에 관한 문제를 해결하기 위해 7월 7일, 영국과 프랑스가 공동으로 제안한 유엔군 사령부 설치에 관한 결의안을 가결시켰다. 결의안의 요지는 "유엔군 사령부의 설치 및 사령관의 임명권을 미국에 부여하며, 유엔기 사용을 승인한다"는 것이었다. 그 같은 결의는 유엔이 최초로 무력을 행사할 수 있는 군 지휘기구를 설치했다는 점에서 중요한 의미가 있다.

그때의 결의에 따라 미국은 극동군사령관 맥아더 원수를 초대 유엔군 사령관에 임명했다. 이에 따라 맥아더 원수는 도쿄에서 유엔군 사령부(United Nation Command)를 공식적으로 창설하고, 극동군사령부의 참모진들을 유엔군 사령부 참모로 겸임 발령했다. 결국 미 극동군사령부가 한국 작전 임무를 추가로 부여받아 유엔군 사령부가 된 셈이었다.

---

13) 김행복, 『6 · 25전쟁사』, 군사편찬연구소, 2005, p.36 자료.

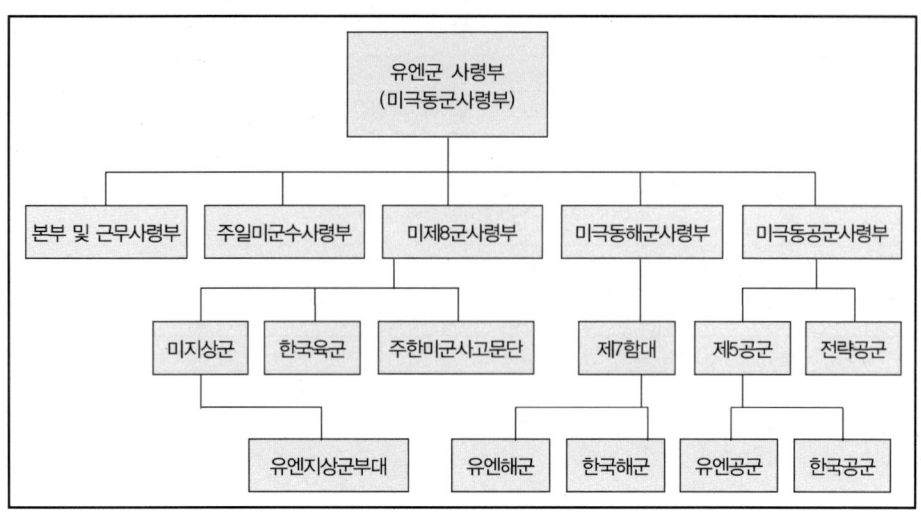

유엔군 사령부의 지휘체제

이에 따라 유엔군 사령관은 미 극동군사령부의 각 구성군 사령관인 미 제8군사령관, 미 극동해군사령관, 미 극동공군사령관을 통해 유엔 육·해·공군을 지휘하는 지휘체제를 수립했다. 이어서 7월 8일, 미 제8군사령관 워커(Walton H. Walker) 중장을 유엔군 지상군사령관으로 임명해 13일부터 지휘권을 행사하도록 조치했다. 그 같은 일련의 과정 끝에 미국은 유엔군 작전의 전권을 위임받고, 유엔군 사령부를 통해 모든 유엔군의 지휘 및 통제를 담당하게 됐다.

제2절 지연전

1. 한강방어선 붕괴 이후 전황의 변화

6월 28일, 서울에 진입한 북한군은 6월 30일부터 본격적으로 한강 도하를 시도했다. 그들은 완파되지 않은 경부선철교를 확보할 목적으로 국군 복장을 한 편의대를 노량진 방면으로 침투시켜 국군을 교란했다. 그리고 한편으로는 마포, 하중리(서강) 나루터에서 대규모 도하공격을 실시했으나, 혼성 수도사단 제8연대가 그들을 격퇴했다. 여의도 정면의 도하작전도 마찬가지였다.

1) 북한군의 한강도하

북한군은 전차의 지원이 없는 상황에서 한강을 도하하는 것은 곤란하다고 판단한 듯, 밤중에 철도 선로반원과 시민들을 강제 동원해 은밀히 교량복구 작업을 시도했다.

그리고 도하작전을 시도한 지 나흘째인 7월 3일 새벽, 부분 복구된 철교를 이용해 전차 4대를 도하시켰다. 이어서 후속병력을 영등포 방면으로 우회시키고, 열차를 이용해 13대의 전차와 병력을 한강 남안으로 진출시킴으로써 노량진과 영등포 일대를 장악하기 시작했다.

영등포 지역은 한강 남안의 교통 중심지로 전체 한강방어선의 고수 여부가 결정되는 곳이었다. 따라서 수도사단 병사들은 북한군의 집요한 공세에도 불구하고 결코 물러서려 하지 않았다. 그러나 7월 3일, 북한군의 전차와 주력부대가 한강 남안에 출현하게 되자 김홍일 소장은 철수명령을 하달했다. 이에 따라 한강방어선의 국군은 또다시 부대별로 분산되어 일부는 안양으로, 일부는 과천으로 철수했다.

2) 한강방어선 붕괴 이후 상황

한강방어선 붕괴 상황을 보고받은 총참모장 정일권 소장은 미군의 지원시간을 얻기 위해 현 전선에서 적의 진출을 최대한 지연시키기로 하고 "영등포-수원 간을 연결하는 지역에서 축차진지에 의한 지연전을 전개하라!"는 작전명령을 하달했다.

이어서 7월 4일에는 시흥지구전투 사령부를 평택으로 철수하도록 명령했다. 따라서 수원에 집결한 각 부대는 평택으로 철수하게 됐다. 한편 그 시기에 미 제24사단의 선두부대가 평택에 도착하였으며, 국군은 7월 4일에 평택-제천-울진을 연하는 선에서 유엔군과 연합전선을 구축할 수 있었다. 그 후 전쟁상황은 국군과 유엔군이 북한군의 전진을 지연시키면서 지원군의 증원을 기다리는 시간과의 싸움 양상으로 전개됐다. 그 과정에서 한강방어선전투를 지휘했던 시흥지구전투사령부는 비록 적의 전차부대에 밀려 한강방어선에서 철수했으나 전투력을 제대로 갖추지 못한 혼성부대로 한강방어선을 지탱하면서 적의 진출을 상당 기간 지연시켰다.

그 결과 유엔 지상군의 전개를 보장함은 물론 국군과 유엔군이 지연작전을 전개할 수 있는 상황을 조성하는 데 크게 기여했다. 나아가 북한군에게 기습을 허용해 국군의 주력이 조기에 붕괴되어 버린 절체절명의 위기를 가까스로 수습할 수 있었다.

2. 국군의 전력 회복 과정

북한군의 기습 남침에 맞선 국군 부대들은 그 후 약 10일간에 걸쳐 적의 남하를 저지하기 위해 총력을 기울였다.

그러나 그동안 부대의 건제가 와해되거나 병력이 분산, 감소되어 전투력 발휘에 큰 어려움이 있었다. 또한 육군본부가 예하사단을 직접 지휘하는 조직체계도 보다 근본적으로 개편할 필요가 있었다.

1) 제1군단 창설과 개편

채병덕 소장에 이어 7월 1일부로 육군 총참모장 겸 육·해·공 3군 총사령관에 임명된 정일권 소장은 적과 전투를 벌이고 있는 위험한 상황이긴 하지만, 전선 후방에서 신속한 재편성 후 전선에 투입하는 방식으로 육군을 개편하기로 결심했다.

이때 그가 수립한 계획의 골격은 군단사령부를 창설하고 혼합 편성되어 있는 사단들을 정리하는 것이었다.

그 같은 계획에 따라 7월 5일부로 평택에서 시흥지구전투사령부를 모체로 하는 제1군단사령부를 창설하고, 그 예하에 혼성 편성된 6개 사단(수도, 제1, 제2, 제3, 제5, 제7사단)을 3개 사단(수도, 제1, 제2사단)으로 재편성했다. 육군본부는 제1차 부대개편에 이어 7월 15일, 경북 상주 함창에서 국군 제2군단을 창설하고 국군 제6·제8사단을 배속함으로써 그때부터 육군은 2개 군단체제를 갖추게 되었다. 이렇게 해서 육군은 2개 군단 5개 사단으로 재편성되어 전쟁 직전의 병력수준으로 전력을 회복할 수 있게 되었다.

제1군단 창설에 따른 개편(1950.7.5.)

부 대		기존 편성 연대	추가편입연대
제1군단	수도사단	제3·8·제18연대	제1·제9연대
	제사단	제11·제12·제13연대	제15·제22연대
	제2사단	제5·제16·제25연대	제20연대
육본직할	제6사단	제2·제7·제19연대	
	제8사단	제10·제21연대	
	제17연대		
	제23연대		
	기갑연대		

이렇게 육군의 편성과 지휘체제는 바뀌었지만 무기를 비롯한 각종 보급품은 매우 부족했다. 어떤 부대는 상당수의 병사들이 개인화기마저 지급받지 못해 수류탄만으로 싸우는 실정이었다.

제2군단 창설에 따른 개편(1950.7.15.)

부 대		편성 연대 또는 부대
제1군단	수도사단	제1 · 제8 · 제18연대
	제1사단	제11 · 제12 · 제13연대
	제2사단	제5 · 제16 · 제25연대
제2군단	제6사단	제2 · 제7 · 제19연대
	제8사단	제10 · 제21연대
육본직할	제3사단	제22 · 제23 · 기갑연대
	독립연대	제17연대
	직할부대	보충대 · 전주훈련소 · 광주훈련소 · 부산훈련소

미군의 참전으로 많은 보급품이 전선으로 수송되고 있기는 했으나, 그때까지 국군에게는 도달하지 못했기 때문이다. 육군의 재편성 및 연합전선 구축과 때를 같이해 해 · 공군도 전력을 보강하고 지상군과의 합동작전 및 유엔 해 · 공군과 연합작전 체제를 갖추어 나갔다.

해군은 실질적으로 6월 27일부터 미 해군과 연합작전에 들어가 동서해안에서 해상작전 및 지상군 지원작전을 전개했다. 이어서 6월 30일부터는 37도선을 경계로 북쪽을 미 해군이 담당하고, 남쪽은 한국 해군이 분담하는 작전체제를 갖추게 되었다.

공군은 F-51 전폭기 10대를 보유하게 됨에 따라 전투비행대대와 정찰비행대로 조직을 개편해 미 공군과 연합작전 및 지상군에 대한 정찰지원으로부터 근접항공지원까지 수행하게 되었다. 이와 같이 국군은 전투를 계속 수행하면서 부대개편을 병행했다.

그 결과 체계적인 작전을 전개할 수 있는 편성과 체제를 갖출 수 있었지만 무기 및 장비의 부족은 여전했다.

다만 낙오됐거나 흩어졌던 병력들도 '싸우겠다'는 의지만큼은 충천했다. 따라서 장병들이 자발적으로 모여들고 사기가 되살아나면서 국군은 위기의 순간을 극복하고 보다 체계적인 지연전을 수행할 수 있었다.

3. 미군의 증원과 한미 연합전선

한국전쟁에 지상군 파병이 필수적이라는 사실을 건의했던 맥아더 원수를 위시한 미군당국은 북한군의 전투력을 정확하게 평가하지 못했다. 부정확하고 불완전한 정보, 북한 전력에 대한 과소평가 등이 겹쳐 한반도의 사태를 바르게 판단하지 못했던 것이다. 따라서 북한군에 대한 대응조치도 적절하지 못했다.

그들은 미군이 나타나기만 하면 한국군은 사기가 오르고 북한군은 금방 후퇴할 것으로 믿고 있었다. 그러나 그들이 예측했던 것보다 북한군의 전투력은 강했고 전진속도는 빨랐다. 그 결과 맥아더 원수가 작전 초기에 구상했던 적 후방 지역 상륙작전은 엄두도 내지 못한 채 가용부대를 지연작전에 투입해 적의 진출을 막기에 급급했다.

1) 미군 증원 병력의 투입

7월 중순에 접어들면서도 북한군의 거침없는 공세가 계속됨에 따라 '소수의 미군 병력으로 한국 사태를 안정시킬 수 있을 것이다'는 맥아더 원수의 판단은 너무나 안이한 것임이 판명되었다. 북한군은 그가 생각했던 것처럼 미약한 부대가 아니었다. 맥아더 원수는 그 점을 시인하지 않을 수 없었다.

맥아더 원수는 이미 방어능력을 상실한 것으로 보이는 국군이 북한군의 진격을 막을 수 없으며, 그들의 전진을 막지 못할 경우 차후에 대규모의 병력을 투입하더라도 어려운 작전을 해야 할 것이며 많은 손실이 초래될 수밖에 없다고 판단했다.

따라서 그는 지원되는 미군을 축차적으로 전선에 투입하는 방식을 적용할 수밖에 없었다. 그는 1개 대대 규모의 스미스부대[14]에 이어 미 제24사단의 제34연대 등 준비되는 대로 가급적 많은 병력을 한국전선에 보내려 했다.

그리고 미군의 화력을 활용해 북한군의 전력을 적극적으로 소모시키면서, 일단 전선을 안정시킨 후 상륙작전으로 북한군의 후방을 차단하려 했다. 그러나 맥아더의 구상은 예상을 초월한 북한군의 공세로 인해 상당 기간 연기될 수밖에 없었다.

---

[14] 스미스부대는 한국전쟁에 미군이 최초 참가한 부대로 소속은 미 제24사단 제21연대 제1대대로 사단내에서 가장 정예부대로서 대대장 이름을 따서 특수임무부대로 편성하였으며 7월1일 항공편으로 부산에 도착 7월5일 오산북방 4km지점의 죽미령에 도착 하였다. 미 제24사단의 편성은 제19, 21, 34연대며, 7월2일~7월4일 부산에 상륙 후 바로 북상하여 제34연대는 평택-안성선에, 제21연대는 대전에, 제19연대는 대구에 각각 배치하여 경부도로축선에서 북한군 남진을 저지하는 것이며 사단장은 딘 소장으로 대전전투에서 패배 후 36일간 실종되었다가 북한군의 포로가 되어 휴전협정 시 석방되었다.

2) 한·미 연합전선의 형성

미 지상군 투입이 결정되고 그 선두부대인 스미스특수임무부대가 부산에 도착한 7월 1일, 육군 총참모장 정일권 소장은 대전에 위치한 미 극동군사령부 전방지휘소에서 처치(John H. Church) 준장과 공동작전에 대한 협의를 가졌다. 그때 양측은 국군의 재정비, 탄약 및 장비의 긴급보충 등에 관해 논의했다.

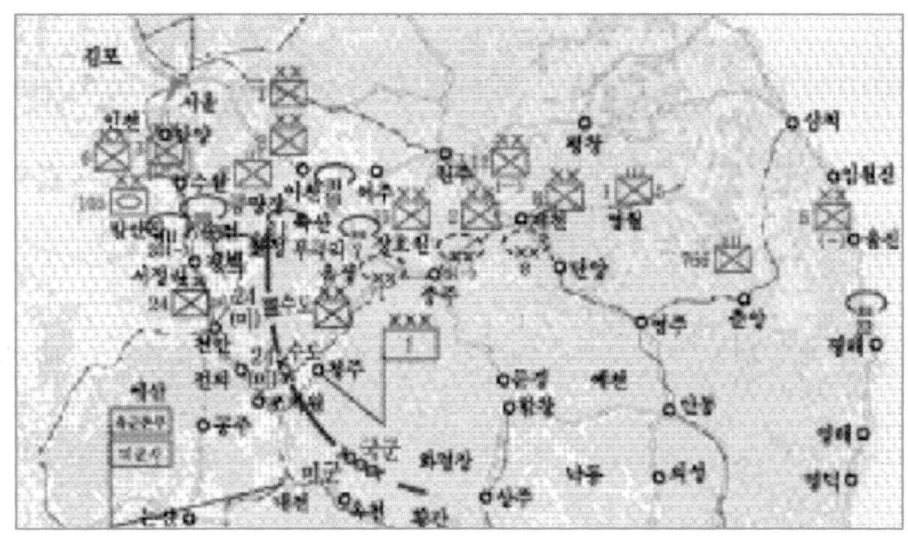

한·미 연합전선의 형성

또한 국군과 미군의 작전 지역 분담, 장차 작전 구상 등 한·미 간 협동 및 연합작전과 관련된 광범위한 의견을 교환하고 합의를 보았다. 그때의 합의에 따라 평택－안성선에 전개한 미 지상군은 경부국도를 중심으로 한 서부전선을 담당하고, 국군은 그 동쪽에서 동해안까지 전선을 담당하게 됐다. 한·미 연합군의 최초 방어선은 남한에서 가장 폭이 좁은 평택－안성－충주－울진선으로 정해졌다.

그 같은 합의는 최초의 한·미 연합전선 체제 구축이라는 하나의 큰 전환점이 되었으며, 그때부터 국군의 단독작전을 미군과 연합작전으로 전환하게 되었다.

또한 국군은 미군이 참전하게 된 기회를 활용해 그동안 각 지구 전투에서 분산된 병력을 수습하고 전투력을 재정비할 수 있는 시간을 얻게 되었다. 한·미 연합작전 수행에 따라 7월 13일, 워커 장군은 대구에 미 제8군사령부를 설치했으며 육군본부도 대구로 이동해 유엔군과 협조체제를 갖추어 나갔다.

이처럼 유엔군이 구성되고 모든 유엔군 부대의 지휘체제가 단일화됨에 따라 7월 14일, 이승만 대통령은 작전지휘 통일과 지휘체제 일원화를 위해 "전쟁상태가 계속되는 동안 한국군의 작전지휘권을 유엔군 사령관에게 위임한다"는 서한을 맥아더 원수에게 보냈다. 그리고 18일, 이승만 대통령의 서한에 대한 답변 형식으로 "이를 수락한다"는 맥아더 원수의 회신을 접수함으로써 한국군과 유엔군은 본격적인 연합작전을 전개할 수 있는 계기를 마련했다. 이와 같이 미군의 증원에 이어 국군과 미군의 연합전선 형성과 함께 국군의 작전지휘권 이양에 따라 모든 작전부대의 지휘체제가 단일화됐다. 그 결과 연합작전의 효율을 증대시키고, 보다 체계적이고 효율적인 작전을 수행할 수 있게 되었다

4. 낙동강선까지 지연전 과정

한강방어선이 무너진 후 국군과 유엔군은 축차적인 지연전으로 지역을 양보하면서 시간을 얻었다. 그때 미군은 경부선을 중심으로 서부전선을 담당하고, 국군은 중부와 동부전선을 담당했다. 그러나 국군과 유엔군은 여전히 전투력의 열세를 만회하지 못했으며, 결국 낙동강선까지 후퇴하게 되었다.

1) 서부전선의 지연전

국군이 한강선에서 물러난 후 다시 수원을 포기하고 남쪽으로 후퇴하는 동안에 스미스특수임무부대를 시작으로 한국에 상륙한 미 제24사단은 경부국도에서 국군과 교대하는 형식으로 그 일대에 투입됨으로써, 그 후 자연스럽게 서부전선을 담당하게 되었다.

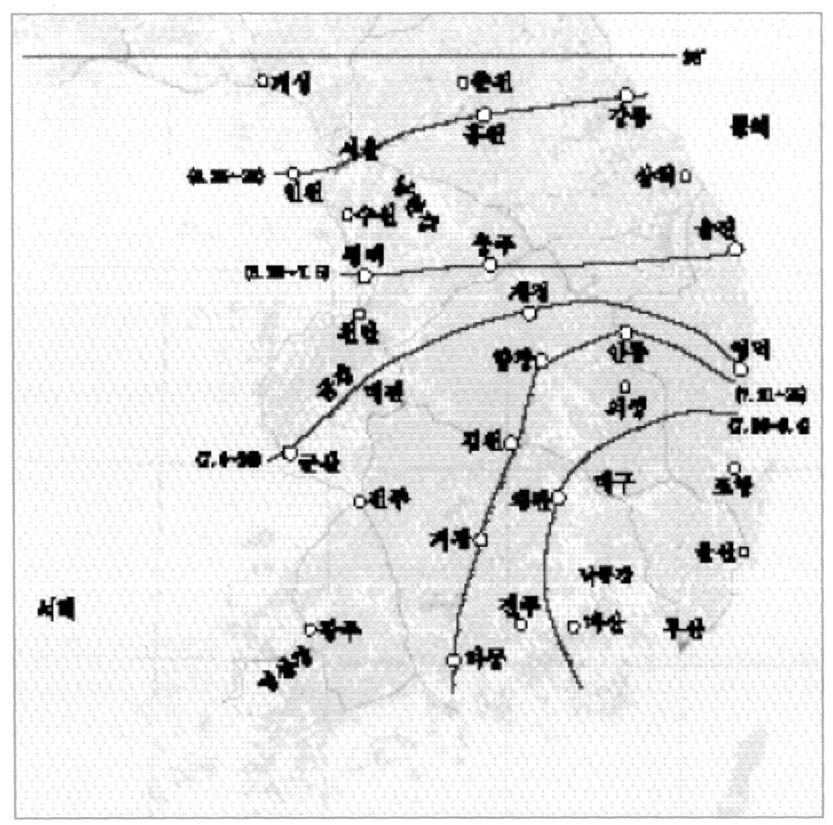

국군 및 유엔군의 지연전 전개과정

　그러나 당시에는 1개 사단이 투입된 미군 역시 북한군에 비해 병력 숫자 면에서 매우 열세한 상태였다. 따라서 그 시점의 작전개념은 어떻게 하든지 적의 전진을 지연시키고 시간을 확보해 최대한 빨리 전투력을 회복 또는 증가시키는 것이었다.

　이를 위해 국군과 유엔군은 우선 축차적으로 몇 개의 방어선을 선정해 새로 투입된 병력을 배치하고 북한군의 진격속도를 둔화시키려 했다. 서부전선을 담당한 미 제24사단은 평택－안성선을 최초의 저지선으로 선정하고 전초부대로 스미스부대를 오산 북방에 배치했다. 그러나 그들은 북한군의 거센 돌풍을 맞아내기엔 역부족이었다. 스미스부대가 붕괴되고 이어서 천안 일대의 미 제24사단 방어진지가 단 하루 만에 붕괴됐다.

　이에 따라 미 제24사단은 금강선을 다음 저지선으로 선정하고 후속부대의 전개시간을 얻기 위해 북한군의 전진을 최대한 지연시키려 했다.

미 제24사단의 계속된 패배로 1개 사단으로 남진저지가 불가능함을 인식하고 추가로 하와이 및 일본에 주둔하고 있는 미 제25사단, 미 제1기병사단[15])까지 후속하여 투입하게 된다. 미 제25사단은 7월10일~7월15일 사이 부산으로 상륙하고, 미 제1기병사단은 7월18일~7월22일 사이 포항으로 상륙한다.

그러나 금강방어선 또한 후방을 차단하는 북한군 게릴라와 정면을 유린하는 전차의 공격으로 쉽게 무너지고 말았다. 금강방어선이 무너지자 미 제24사단은 대전방어를 위한 급조편성에 들어갔으나 대전도 7월 20일 적의 수중에 들어갔다.

대전이 함락되자 7월 19일 워커 장군은 중동부전선에 투입했던 미 제25사단을 화령장−상주 일대로 황급히 전환시켰다. 그리고 상륙작전부대로 운용하려 했던 미 제1기병사단을 영동−김천선에 전개시켜 미 제24사단의 증원부대로 경부국도를 따라 남하하는 북한군을 막게 했다.

2) 중·동부전선의 지연전

7월 5일, 미 제24사단이 작전에 투입된 후부터 국군은 전선의 중·동부 지역을 담당하게 되었다. 그중 수도사단 및 국군 제1, 제2사단은 중부전선의 서부 지역을 담당하고, 국군 제6, 제8사단은 중부전선의 동부 지역을 담당했다. 그리고 동해안은 국군 제3사단이 담당했다.

국군의 작전개념은 서부전선의 미군과 함께 적의 진출속도를 최대한 지연하는 데 중점을 두었다. 만일 중부 지역에서 적의 진격을 저지하지 못할 경우, 가깝게는 대전을 포함한 경부축선의 동측방이 노출될 것이며, 멀게는 부산으로 향하는 또 하나의 공격로를 적에게 허용하게 될 것이기 때문이었다.

한편 유엔 공군의 후방폭격이 증가함에 따라 보급사정이 악화된 북한군은 공중에서 쉽게 탐지되는 양호한 기동로보다 산악 지역을, 주간기동보다 야간침투를 선호하게 되었다. 그 결과 서부전선보다 중동부전선의 작전 비중이 더욱 높아지게 되었으며, 중동부전선을 담당한 국군과 북한군의 충돌 빈도는 더욱 증가하게 됐다.

또한 동해안선에서는 국군 제3사단이 미 해군의 함포사격과 함재기의 지원 폭격하에 북한군 제5사단의 남하를 저지하려 했다. 그러나 적의 공격을 저지하지 못하고 영

---

15) 미 제25사단은 제24,27,35연대로 편성되었으며, 사단장은 킨 소장으로 53세의 역전의 장군이며, 미 제1기병사단은 제5, 7, 8기병연대로 편성되었으며, 사단장은 게이 소장으로 미군부대 중 최초 평양 입성한 부대다.

덕을 빼앗기게 되었다. 이와 같은 치열한 전투 결과 7월 25일에는 영동-상주-함창-예천-안동-영덕 남쪽으로 이어지는 전선이 형성되었다.

• 동락리-무극리 전투 (1950. 7. 4 - 10)

한강선에서 후퇴를 거듭하던 국군은 미군의 참전으로 사기가 올라가 있는 상태에서 서부지역의 1번 도로 축선을 전투력이 우수한 미군에게 맡기고 중부와 동부지역에서 지연전을 실시하고 있었다. 그러나 미군은 최초 한국군이 그랬던 것처럼 전투다운 전투 한 번 못하고 괴멸되고 말았다. 그러나 국군은 1950년 7월 4일부터 10일까지 충주, 단양, 제천, 동해안 일대에서 선전을 펼치고 있었으며 특히 음성지구의 무극리와 동락리에서 북괴군 1개 연대를 괴멸시켜 커다란 전과를 올렸다.

음성은 국토의 중앙에 위치하여 장호원 - 음성 - 괴산, 진천으로 향하는 교통요충지이다. 이곳은 최초 국군 제6사단 제7연대가 지연전을 실시하면서 재편성 중인 국군 제1사단에게 인계하도록 계획된 지역이었다. 그러나 국군 제1사단이 도착하기도 전에 북괴군의 공세가 시작되었고 국군 제6사단 제7연대는 춘천지구전투에서 북괴군 제2군단의 예비였던 북괴군 제15사단을 맞아 용전분투하고 있었다. 연대장 임부택 중령은 연대 예하의 제1대로 하여금 음성에서 무극리 방면을 공격하게 하는 한편, 제2대대를 음성 북쪽의 부용산 일대에 배치한다. 또한 제3대대를 동락리에서 생극방향으로 공격하도록 지시했다. 하지만 생극방향으로 공세를 취하던 제3대대가 북한군의 본대와 마주친 후 대대의 적은 병력이 대규모의 적에 의해 포위되는 것을 우려한 제3대대장은 연대장의 승인 없이 자의적인 판단에 따라서 음성 부근으로 철수한다.

제3대대의 뜻하지 않은 철수로 인해서 생극-동락리-용원리-산양리를 잇는 축선은 방어부대가 없는 열린 축선이 되고 말았다. 7월 7일, 북한군 제15사단 예하 제48연대 소속의 선발대는 주민들로부터 국군이 철수했다는 정보를 입수한 터라 거리낌 없이 보고하면서 본대는 동락리 초등학교 일대에서 야영지를 꾸렸다.

7월 6일경, 음성 북쪽 부용산 일대에 배치되었던 국군 제2대대는 꾸준히 정찰 활동을 하고 있었다. 7월 7일 오후가 되자 동락리 초등학교에 야영지를 꾸리는 대규모의 병력이 확인되었다. 하지만 당시 제2대대장이었던 김종수 소령은 그 대부대가 제3대대일 수도 있었기 때문에 급히 정찰병을 보내 정보를 입수하게 했다. 한편 동락초등학교 김재옥 여교사로부터 동락리 초등학교에 북한군 제15사단 예하의 제48연대와 포병연대 배치상황을 알려 주는 낭보가 접수되었다. 정찰병의 정보와 김재옥 여교사의 제보에 의해 곧 그 대규모 병력이 북한군임을 안 김종수 소령은 북한군을 공격하기로 마음먹는다. 김종수 소령은 대대병력을 중대별로 은밀히 각개 이동을 시키며 동락리 초등학교 일대를 포위한다.

한편 7월 6일 오후, 제7연대장 임부택 중령은 제3대대가 자신의 승인 없이 철수한 사실을 알고 직접 제3대대장을 찾아가 엄하게 질책한 후 "다시 출동하여 공격하라"고 엄명한다. 이에 제3대대는 7월 6일 어두운 밤을 틈타 신덕 저수지 방향으로 이동한다. 7월 7일 오후, 제3대대는 북한군의 선두와 만나게 되었고 제3대대는 곧 공격을 시작하였다.

공교롭게도 이때 제2대대의 공격도 같이 시작되었다. 제3대대가 임의 철수한 것이 결국 북한군 제48연대를 끌어들이는 계기가 되었고, 유기적이지는 못했으나 제2대대와 제3대대가 협조된 작전을 구사하게 된 것이었다. 제2대대와 제3대대의 소총 600여 정이 거의 동시에 불을 뿜었고, 국군의 박격포탄이 북한군 진지를 강타했다. 저녁식사 준비를 하던 북한군은 지휘체계가 무너졌다.

이 기습공격으로 저항은 생각도 못한 채 도주로가 차단된 북한군은 지리멸렬되며 연대병력의 상당수가 사살됐고, 소좌계급의 제48연대 군수참모가 생포되기도 했다. 이 동락리 기습전에서 국군은 적 사살 2,186명, 포로 132명, 장갑차 4대, 트럭 60대, 지프 15대 등 1개 연대 분량의 장비 및 물자를 노획하였다.

동락리 전투 결과를 보고받은 이승만 대통령은 건군이래 최초로 국군 제6사단 제7연대 소속 장병 전원에게 1계급 특진의 영예를 안겨주었다. 한편 이 전투에서 노획된 장비 중 일부를 대전에서 일반국민들에게 전시하여 "국군이 지고 있는 것만은 아니다"는 사실을 널리 알리게 되었고 일부는 유엔에 보내 '소련이 이 전쟁에 개입돼 있다'고 밝혔다 .

하지만 큰 승리의 기쁨도 잠시, 북한군 제48연대의 패잔병들이 동락리 마을에 돌아와 "주민들의 거짓말로 기습을 받았다"며 마을 주민들을 집단 학살하는 만행을 자행했다.

이것이 그 유명한 동락리-무극리 전투로 국군 제6사단이 춘천 전투이래 최대의 전과로서 이날 노획된 포로신문 및 장비를 분석한 결과 소련의 사주를 받아 치밀하게 계획된 남침공격이었으며 이들이 보유한 무기는 소련에서 최근에 제작된 최신형으로서 성능이 대단히 우수한 것이었다.

☞ 동락리전투의 승전을 일구어낸 동락초교 김재옥 여교사 이야기(찾아보기)

3) 서남부 지역의 지연전

7월 20일, 대전을 상실한 미군이 경부국도를 따라 철수하면서부터 경부국도 서쪽의 호남 지역이 무방비 상태가 되었다. 그 시기에 서남부 지역으로 진출한 북한군은 제6사단이었다. 그들은 서해안을 따라 은밀히 남진을 계속해 호남지방을 빠른 속도로 석권했다.

이렇게 호남으로 우회한 적이 진주와 마산을 거쳐 부산으로 침투한다면 심각한 문제가 발생할 것이 명백했다. 그러나 미 제8군은 당장 그들을 막아낼 만한 부대가 없었다. 다행스럽게도 북한군은 호남 지역을 우회하면서 항구를 통해 그들의 병참문제를 해결하기 위해 목포와 여수를 경유했다.

그동안 워커 장군은 상주 남방에서 방어 중이던 미 제25사단을 황급히 마산 정면으로 돌렸다. 그때의 기동은 제2차 세계대전에서도 보지 못했던 가장 신속한 기동이라는 평가를 받을 정도였다. 그렇게 유엔군은 서남부 지역에서 발생한 일촉즉발의 위기를 겨우 수습할 수 있었다.

5. 대전전투 영향

금강을 연해서 구축한 방어선이 무너지자 미 제24사단은 대전방어를 서둘렀다. 대전은 서울과 영호남 지역을 연결하는 도로와 철도가 교차되는 교통의 요충지였다.

그렇지만 미 제24사단장 딘 소장은 대전에서 최후 결전을 시도하려 하지 않았다. 지리적인 조건, 사단의 능력과 전황의 추세를 감안할 때 대전은 결정적인 전투를 벌일 수 있는 곳이 아니라고 보았기 때문이다.

1) 미 제1기병사단의 전개와 대전

"대전에서 적당한 시기에 철수하겠다"는 딘 장군의 계획은 7월 18일 오전, 워커 사령관이 대전을 방문함으로써 변경되었다. 워커 장군은 그날 아침 포항에 상륙하기 시작한 미 제1기병사단이 대전 남쪽에 방어진지를 편성할 때까지 대전을 확보하도록

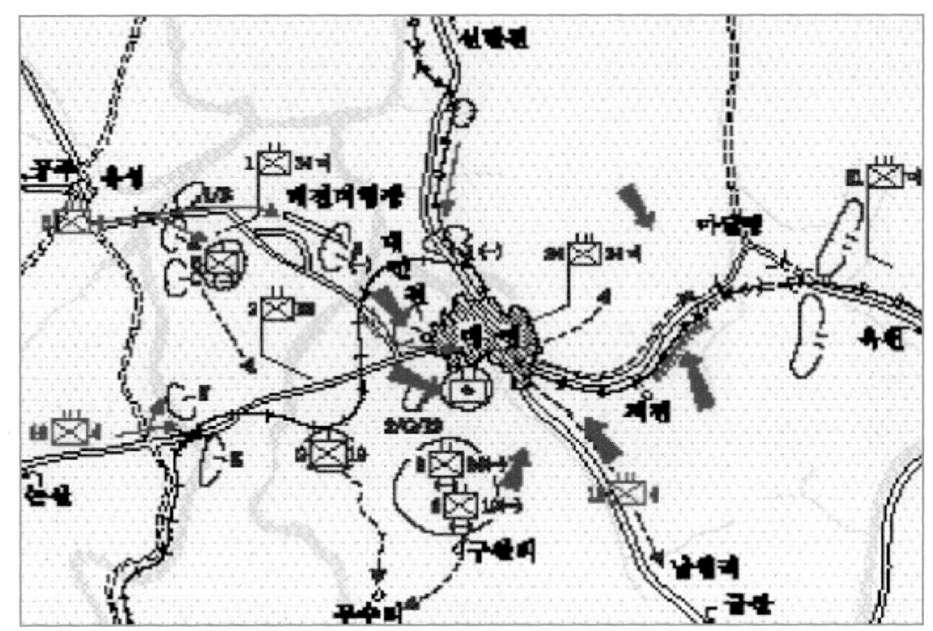

대전전투 상황도

요구했다. 이에 따라 딘 장군은 7월 20일까지는 대전을 지키기로 결심하고 방어계획을 변경했다. 딘 소장은 대전을 방어하기 위해 예하 제34연대를 대전에, 제19연대를 영동에, 제21연대를 대전 동측방 마달령에 배치해 적의 진격을 막도록 했다. 그리고 사단수색중대에게 대전 남쪽 금산에서 적정을 수집하도록 지시했다.

북한군은 7월 20일 새벽 세 방향에서 대전을 공격하기 시작했다. 그날 미 제24사단은 전후방과 좌우측방에서 거의 동시에 적의 공격을 받고, 사단 지휘부와 각 연대 간의 지휘통신이 두절된 채 혼전에 휘말렸다. 그 과정에서 북한군 침투부대가 대전과 옥천 사이, 대전과 금산 사이의 요충지를 차단함에 따라 후방 병참선이 차단된 미 제24사단은 속수무책이었다. 그때부터 각 연대는 인접부대와의 연락이나 협조가 이루어지지 못한 상태에서 적의 포위망에 갇히게 됐다. 사단장은 예하부대의 소재 파악이나 조정 통제능력을 상실했다. 그런 와중에도 사단장은 최초로 보급된 대전차화기인 3.5인치 로켓포반을 직접 지휘하며 적 전차를 파괴했다. 3.5인치 로켓포는 제2차 세계대전 중에 개발되었으나 실전에 배치되지 못하고 있었다.

그 사이 한국전쟁이 발발하자 양산을 서둘러 대전전투에 최초로 등장하면서부터 적 전차 파괴에 큰 효력을 발휘하기 시작했다. 그러나 전세를 전환하기에는 역부족이었다.

대전전투에서 패배한 미 제24사단은 전 병력의 30%와 사단 장비의 65%를 잃었다. 또한 사단장마저 실종되어 사단은 전투수행 능력을 상실하고 말았다. 그리고 실종된 후 36일 동안 산야를 헤매던 딘 소장은 북한군에 포로가 되었다가 휴전 후 귀환했다.

한편 대전을 점령한 북한군은 국군과 유엔군이 조직적인 방어선을 구축하는 것을 방해하면서 대구 지역으로 남하하기 위해 가용한 전투력을 집중 운용할 수 있게 되었다.

대전전투에서 미 제24사단은 북한군의 기도를 제대로 파악하지 못한 채 전후좌우로부터 적의 공격을 받아 혼란의 도가니에 빠지면서 전투력이 붕괴되고 말았다. 그러나 그 같은 최악의 상황에도 불구하고 7월 20일까지 대전을 고수함으로써 미 제1기병사단이 영동에 저지진지를 편성할 수 있는 시간을 확보할 수 있었다.

또한 대전전투를 계기로 미군은 북한군의 전투력을 재평가하여 '북한군의 전투력이 예상보다 강력하다'는 평가를 내리고 새로운 대책을 강구하는 계기가 되기도 했다.

제4장
낙동강 방어선 전투

제1절 낙동강 방어선의 형성과 방어편성

한국전쟁에서 '낙동강 방어선'이란 국토의 90%를 북한군에게 빼앗긴 국군과 유엔군이 부산을 지키기 위해 1950년 8월 초~9월 중순까지 최후의 결전을 벌였던 방어선을 말한다. 한편 낙동강 방어선은 '부산교두보(Pusan Perimeter)' 또는 '워커라인(Walker Line)'이라고 불리기도 했다.

1. 낙동강 방어선의 형성

낙동강 방어선은 남해안의 마산으로부터 북쪽으로 낙동강을 따라 낙동리까지 약 160km에 이르고, 여기서부터 동해안까지 약 80km의 산악지대를 연결하는 선으로 이루어졌다.

지리적으로 방어선의 서측은 낙동강, 북측은 높은 산악 능선들로 이루어져 있어 하천과 횡격실, 고지군은 비교적 방어에 유리한 조건이었다.

또한 부산을 중심으로 방어 지역의 주요 지점을 연결하는 종적 · 횡적 도로망이 발달되어 있어 내선작전 수행에 적합하다는 장점이 있었다.

그동안 38선으로부터 지연전을 실시하며 후퇴한 국군과 유엔군은 개전 이래 최초로 한국군과 미군이 연결된 낙동강 방어선을 더 이상 물러설 수 없는 최후방어선으로 결정하고 그곳에서 약 1개월 반 동안 결사적인 전투를 전개했다.

낙동강 방어선에서 미 제8군사령관 워커 장군의 방어작전개념은 '기동과 역습'이었다. 다시 말하면, 주도권을 갖지 못한 방자의 입장에서 부분적인 돌파는 필연적인 결과로 전제하고 적의 압력이 약한 지점에서 병력을 절약해 기동예비대를 편성하였다.

그리고 발달된 내부 교통망을 이용하여 부분적으로 돌파된 지역에 확보된 예비대를 신속히 투입함으로써 국부적인 전투력 우세를 달성한 역습으로 상실된 전선(전단)을 회복한다는 것이다. 즉 워커 장군은 역습만이 방어작전의 결정적 성공요소로 역습을 위한 예비대 편성과 예비대 투입시간과 장소가 낙동강 방어작전의 관심사항이었다. 그는 이곳에서 미 8군은 낙동강 방어선의 확보뿐만 아니라, 이를 발판으로 활용해 인천상륙작전에 대비한 공격준비 임무를 완수하기 위하여 끊임없는 공세행동으로 북한군을 교란하고 공세로 전환하기 이전에 필요한 모든 조건을 만들어 총반격을 전개하려 했다.

2. 한·미군의 방어편성

낙동강선에서 최후의 결전을 결심한 유엔군 사령부는 부대의 특성을 고려해 작전 책임 지역을 분할했다. 이에 따라 강력한 화력과 기동력을 보유한 미군은 낙동강변 일원의 개활지를 담당하게 했다. 반면 낙동강 상류의 산악지대는 노무자들의 지게로 보급을 받아 가면서 적과 싸우는 국군에게 부여했다.

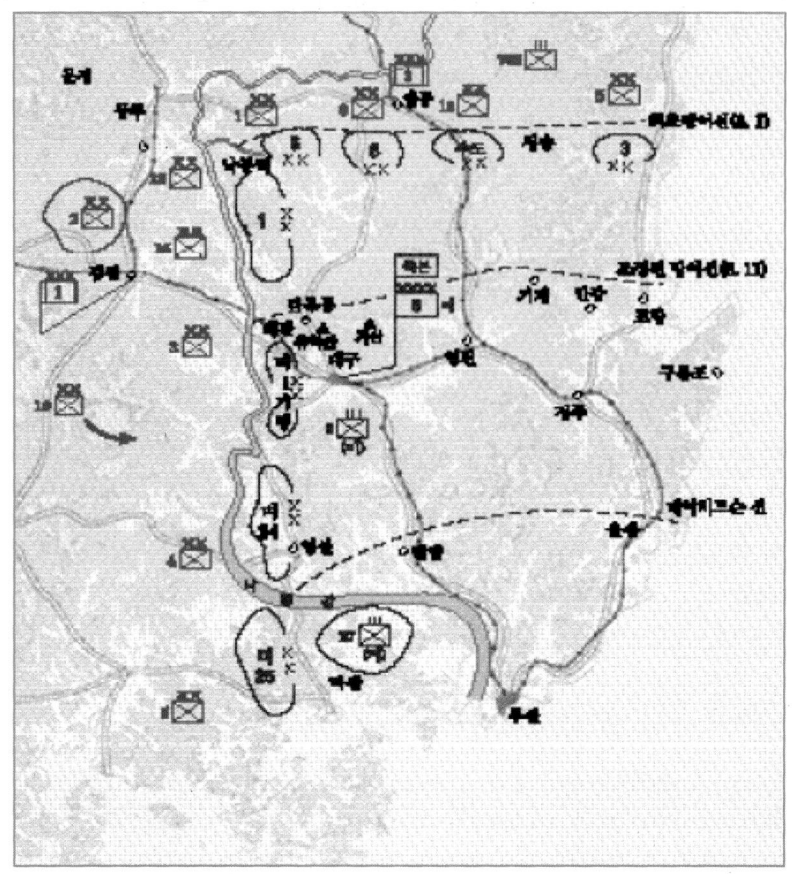

낙동강 방어선 배치 상황도

    그리고 8월 1일에 내려진 철수명령에 따라 각 부대들은 낙동강전선의 지정된 책임 지역으로 이동했다. 이에 따라 국군과 유엔군의 각 부대들은 8월 3일 밤까지 새로운 진지 점령을 대부분 완료했다. 그때부터 낙동강 방어선의 북동쪽을 담당한 국군은 왜관으로부터 동쪽으로 5개 사단(국군 제1, 제6, 제8수도사단 제3사단)을 배치했다. 한편 이 지역의 낙동강은 상류 지역으로 하폭도 넓지 못할 뿐 아니라 계속된 가뭄으로 도강이 용이하였으며, 이 지역을 담당한 한국군 1개 사단의 방어 정면은 평균 약 25~30km가량 되었다.

    방어선의 남서쪽을 담당한 미군은 왜관으로부터 남쪽으로 3개 사단(미 제1기병사단 제24, 제25사단)을 배치했다. 미군 담당 지역은 비교적 양호한 하천 장애물을 이용할 수 있었고 또한 화력과 기동력도 한국군보다 우세하므로 1개 사단이 약 45km의 방어 정면을 담당하였다. 육군본부와 미 제8군사령부는 대구에 위치했다.

한편 북한군은 국군과 유엔군을 추격해 8월 1일에는 대체로 진주 – 김천 – 점촌 – 안동 – 영덕을 연결하는 선까지 진출했다. 북한군 전선사령부는 수안보에서 김천으로 이동시킬 준비를 갖추었으며, 제1군단과 제2군단은 김천과 안동에 각각 사령부를 두고 있었다.

북한군 전선사령관 김책은 낙동강선 외곽에 1개 전차사단으로 증강된 10개 사단을 배치하고, 예비사단인 제10사단을 낙동강전선을 목표로 남하시키고 있었으며, 제7, 제9사단을 서울에 집경시켜 전선투입을 위한 준비를 갖추고 있었다.

제2절 북한군의 8월 공세

1950년 7월 말, 낙동강 지역에 도달한 북한군은 국군과 유엔군에 대한 추격전을 계속하려 했다. 7월 20일 김일성이 수안보까지 내려와 "8월 15일까지는 반드시 부산을 점령하라"고 독촉했던 직후였다. 따라서 북한군 전선사령부는 매우 초조한 상태였다.

1. 8월 초의 전황

7월 말, 국군과 유엔군의 낙동강 방어선을 공격하게 된 북한군의 작전개념은 다음과 같은 4개의 공격축선에서 동시 공격으로 낙동강 방어선을 돌파하고 부산을 점령한다는 것이었다.

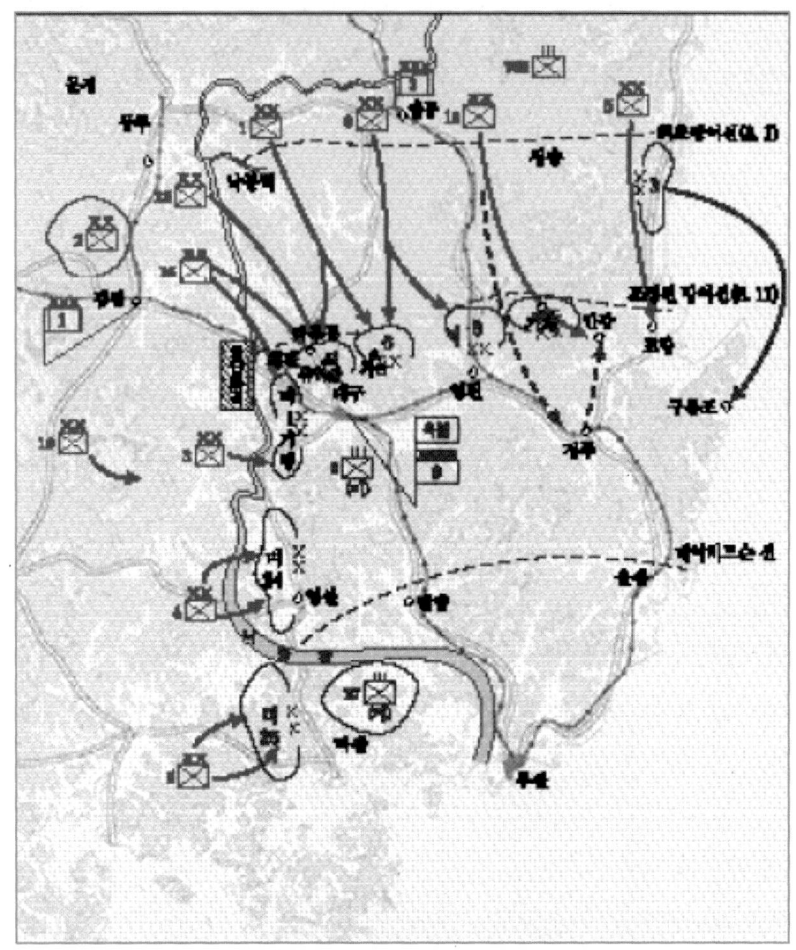

낙동강 방어선 8월의 공방전 상황도

① 경부도로를 따라 대구를 공격

② 동해안 도로를 따라 포항-경주 방향으로 공격

③ 창녕 서쪽의 낙동강 돌출부를 공격해 유엔군의 병참선 차단

④ 남해안을 따라 마산-부산 방향으로 공격

　　당시 북한군의 전투력은 개전 초기에 비해 50~60%로 감소되어 있었다. 병력과 장비의 보충이 여의치 못한데다 유엔군이 제공권을 장악하고 있어 모든 부대의 행동은 큰 제한을 받았다. 그러나 그들은 그때까지 계속해 온 공격기세를 유지하며 여전히 전장의 주도권을 잃지 않고 있었다.

낙동강 방어선으로 철수한 국군과 유엔군은 새로운 진지를 점령하는 한편 뒤따라오고 있는 북한군의 추격을 격퇴하기 위한 준비에 착수했다. 이에 따라 국군과 유엔군은 워커 장군의 '기동과 역습'이 결정요소인 공세적 방어개념에 따라 증원부대의 증원과 보급 수송을 위한 병참선을 확보하고 우세한 포병과 항공기로 적의 사기를 저하시키며 적극적인 역습으로 전세를 전환해 장차 반격을 위한 준비를 갖추는 데 주력했다.

따라서 낙동강 방어선작전에 예비대 운용이 무엇보다 중요시되었으며, 예비대 투입의 시기와 장소 그리고 새로운 예비대의 편성문제를 결정하는 것이 워커 장군의 중요한 일과가 되었다.

2. 대구 북방 왜관 다부동 전투

8월 초 낙동강 방어선을 공격하는 북한군은 가용부대의 절반에 해당하는 5개 사단을 대구 북방에 배치했다. 따라서 8월 공방전의 승패는 대구 북방의 전투결과에 따라 결정될 정도였다고 해도 과언이 아니었다.

반면 그 지역의 아군 방어병력은 총 3개 사단(국군 제1사단 제6사단, 미 제1기병사단)뿐이었으며 그나마 인접 사단들이 서로 연결되지 못한 상태였다. 적의 주접근로를 담당한 국군 제1사단은 낙동리 부근으로 도하하는 적을 몇 차례 격퇴시켰으나 더 이상 버틸 힘이 없었다. 제6사단은 북한군과 공방전을 반복하다가 결국 용기동에서 위천으로 물러났다.

왜관 일대의 미 제1기병사단은 역습을 전개해 낙동강을 도하하려는 적과 일진일퇴의 공방전을 벌이고 있었다.

그 무렵인 8월 11일 육군본부는 국군의 방어선을 303고지(왜관 북쪽)-다부동-군위-보현산을 잇는 선으로 축소 조정했다. 이에 따라 국군 제1사단과 제6사단은 다부동-군위선에서 대구를 방어하게 되었다.

그러한 가운데 미 극동공군사령부는 8월 16일 낙동강변에 '융단폭격'을 단행했다. 대구정면이 위태롭다고 판단한 미 제8군사령부가 낙동강 대안의 적 주력부대를 제압하기 위해 유엔군 사령부에 건의해 실시된 폭격이었다. 융단폭격의 성과는 명백하게 확인되지 않았으나, 북한군 지휘관들에게 대단히 큰 심리적 충격을 준 것으로 판단되었다.

구 분 \ 군 별	유엔군	북한군	비 고
인 원	약 13만 8천 명	약 7만 명	2 : 1
야 포	약 430문	약 300문	1.5 : 1
전 차	약 300대	약 40대	7.5 : 1

그럼에도 불구하고 8월 18일 가산에 침투한 적이 사격한 박격포탄이 대구역에 떨어지자 대구의 위기가 고조되었다. 그 충격으로 정부가 부산으로 이동하고 피난령이 하달되는 등 대구 일대가 혼란에 휩싸이기도 했다.

그 후 미 제1기병사단 정면의 적은 강을 건너오는 동안 많은 손실을 입고 접촉을 단절함으로써 소강상태가 유지되었고, 국군 제6사단 지역에서도 유엔 전폭기의 지원을 받아 이를 격퇴함으로써 적의 대구 공격은 국군 제1사단 방어 지역인 다부동 축선에 집중되었다.

국군 제1사단은 유학산─다부동─가산선에서 북한군 3개 사단의 집요한 공격을 끝까지 저지, 격퇴함으로써 전투를 승리로 이끌었다.

또한 다부동 방어전투를 승리하게 된 배경에는 미 제8군의 적절한 예비대 투입도 큰 기여를 했다. 마침내 8월 20일, 적은 더 이상 다부동전선을 돌파할 수 없다고 판단했음인지 유학산 정면을 공격했던 제15사단을 영천 방면으로 전환했다. 이로써 8월의 다부동 위기는 해소되었다.

3. 낙동강 돌출부 창녕 · 영산 전투

낙동강 방어선에서 대구 서측방 현풍으로부터 남지에 이르는 방어정면은 미 제24사단이 담당했다. 그 일대의 지형은 낙동강이 S 자로 흐르고 있어 여러 곳에 돌출부를 만들고 있으며 그중 창녕과 영산 부근은 보다 큰 반월형의 돌출부가 서쪽으로 형성되어 있어 '낙동강돌출부'라고 했다. 8월 5일 밤 북한군 제4사단 주력은 영산 정면으로 기습적인 도하를 개시했다. 그들은 옷을 벗어 장비와 함께 머리에 이고 강을 건넜으며 일부는 뗏목을 만들어 피복과 장비를 운반했다. 영산을 점령한 적은 계속해 밀양으로 진출하려 했다. 위기를 타개하기 위해 미 제8군은 그곳에 기동예비대를 투입했다.

그러나 적의 저항이 완강해 혈전이 전개되었고, 피아간에 많은 사상자가 발생했다. 8월 15일, 북한군은 그 지역에서 처음으로 전차 4대를 투입해 공격을 감행했다.

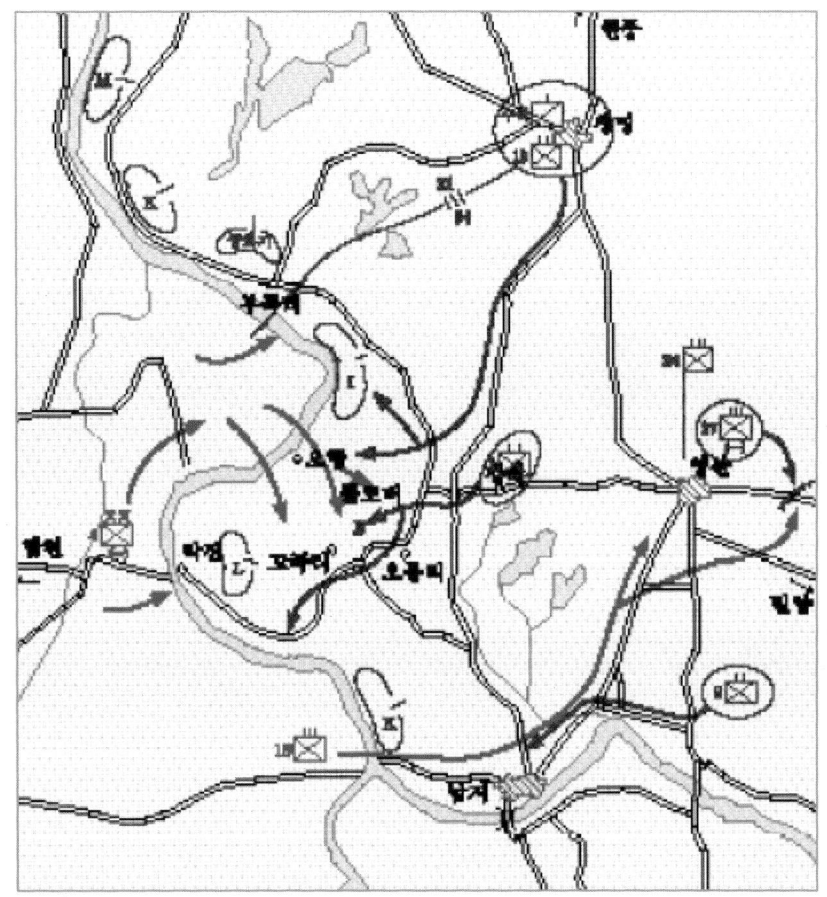

낙동강 돌출부 지역 전투 상황도

이에 따라 미군도 즉시 항공지원을 요청하는 한편, M-26 퍼싱 전차를 투입하고 75㎜ 무반동총과 3.5인치 로켓포를 배치해 적 전차를 파괴했다. 그날의 전투에서 쌍방이 많은 손실을 입었으나, 결국 미 제24사단과 해병대가 적을 격파하고 다음 날 전 지역에서 소탕전을 전개했다. 그때의 전투로 북한군 제4사단은 완전히 궤멸되었고, 패잔병들은 뿔뿔이 낙동강을 건너 후퇴했다. 북한군 제4사단은 그때의 전투에서 입은 피해를 회복하지 못하고 다시는 낙동강전선에 나타나지 못했다.

4. 마산 서부의 반격전

낙동강 돌출부 남쪽 남지에서 마산까지의 낙동강 방어선은 미 제25사단이 담당했다.

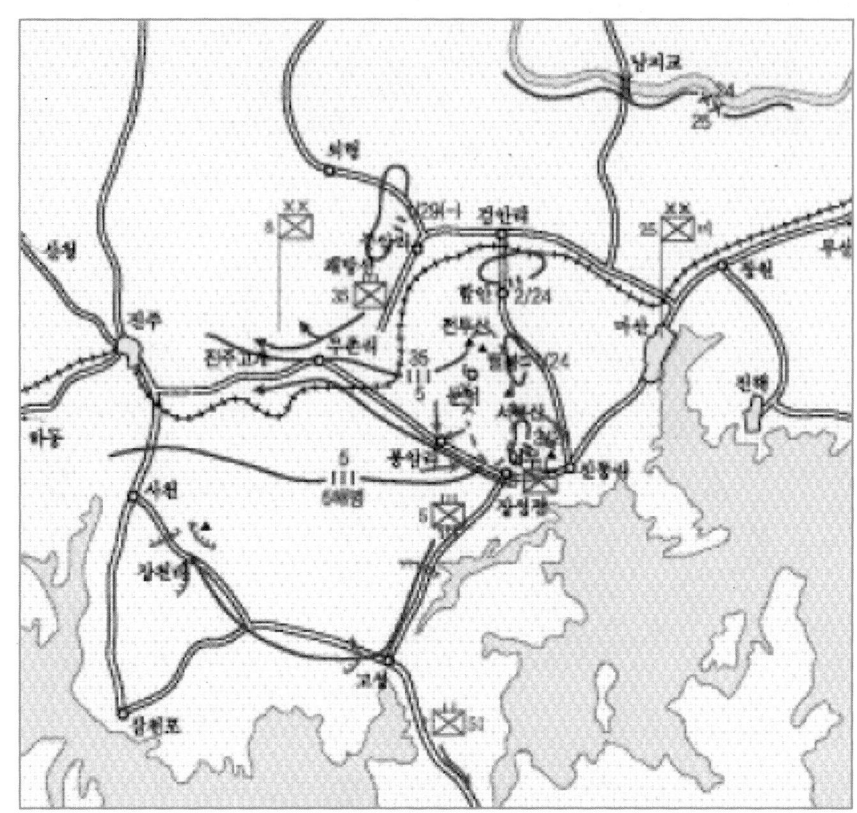

마산 서부 반격작전 상황도

그들과 대치한 북한군 제6사단은 진주로부터 마산을 경유해 부산을 점령할 목적으로 공격을 펼쳤다.

그 선두부대는 이미 마산 서쪽의 중암리와 진동리로 진출했고 일부 부대는 함안 남쪽 서북산까지 침투했다.

이와 같이 서남부전선이 악화되자 미 제8군사령관은 마산—진주 축선에서 역공격을 실시하기로 결심하고, 미 제25사단, 미 제5연대전투단, 국군 민부대, 국군 해병대, 미 제87전차대대로 '킨 특수임무부대'를 편성해 진주 탈환작전을 전개했다.

그때의 작전은 그곳에 집중된 적의 위협을 격파함은 물론 그들의 예비대를 그곳으로 전환하도록 강요해 대구전선에 대한 압력을 완화시키려는 목적이 있었다. 8월 7일 공격을 감행한 킨 특수임무부대는 진주 고개와 사천 지역을 확보해 낙동강으로부터 남강으로 이어지는 방어선을 구축하기 위해 공격을 전개했다.

그러나 그 무렵부터 대구 북쪽에 대한 적의 공격이 강화되고 낙동강 돌출부의 전선

상황이 악화되었으며, 동해안의 국군 제3사단이 장사동에서 포위되는 등 방어선 곳곳에서 피를 말리는 접전이 계속되고 있었다. 이에 따라 예비대의 확보가 시급해진 미 제8군사령부는 7월 16일부로 킨 작전을 중지하고 킨 특수임무부대를 해체했다.

킨 부대는 그동안 '진주 탈환과 대구 정면의 적 유인'이라는 목적은 달성하지 못했으나 적 제6사단에게 치명적인 타격을 입히고 마산의 위기를 극복하는 데는 성공했다. 또한 '킨 특수부대'의 역공격은 계속된 지연작전 중에 최초로 실시된 사단급 공격작전이라는 데 큰 의의가 있었으며, 이러한 공격작전의 경험은 차후작전에 대한 자신감을 갖게 해 주었다.

5. 기계 · 포항 쟁탈전

8월 공세 시 낙동강 방어선의 동쪽 산악지대를 공격했다. 북한군은 제12사단을 청송-안강-경주 방향으로, 제5사단을 포항 방면에 투입시켜 부산으로 진출하려 했다. 그 결과 5일부터 시작된 북한군의 공격으로 국군 수도사단과 제3사단이 철수하자 북한군 제12사단은 거의 아무런 저항을 받지 않은 채 기계를 점령하고 포항으로 접근할 수 있게 되었다. 워커 장군은 적의 남진을 저지할 것과 영일비행장을 반드시 확보하라는 명령을 내리고, 브래들리 특수임무부대'를 편성해 비행장을 방어하도록 조치했다.

육군본부도 '민부대(閔部隊)'를 포항지구에 출동시켜 미군과 함께 적을 격퇴하도록 하는 한편 포항지구 전투사령부를 급히 편성해 기계로 출동하도록 했다.

그 무렵 후방이 차단된 채 장사동 일대에서 교전을 계속하고 있던 국군 제3사단은 육군본부의 지시에 따라 독석리 해안에서 해군 LST에 승선해 구룡포로 철수하는 해상철수작전을 성공적으로 전개했다. 한편 민부대는 포항을 탈환해 제3사단에 인계했고 기계의 적은 아군의 반격을 받아 막대한 손실을 입은 후 비학산 일대로 철수했다.

그러나 16일에는 적의 재차 공격으로 기계가 침탈되고, 포항에서 제3사단의 주저항선이 다시 붕괴되었다. 보고를 받은 워커 장군은 '잭슨특수임무부대'를 편성해 포항지역에 투입했다.

이와 같이 8월 초부터 낙동강선에서 공격을 감행한 북한군은 전투력이 열세로 전환되는 등 상황이 불리했음에도 불구하고 오직 승리만을 위해 혹독하고 무자비한 독전을 자행했다. 그 결과 북한군은 한때 영산을 점령하고 기계와 포항까지 진출할 수 있었다.

그 같은 위기를 극복하기 위해 미 제8군사령관은 예비대를 이동시켜 돌파구에 투입된 북한군을 격퇴하는 역습을 실시했다. 그리고 반복된 역습에 따라 드디어 8월 20일, 북한군의 공격이 멈춰졌다.

8월 한 달 동안 낙동강 방어선에서 계속된 치열한 전투로 북한군은 7만여 명의 병력과 많은 장비를 잃게 되어 더 이상 공격을 계속할 수 없는 지경에 이르게 되었다. 반면 국군은 유엔군의 증원과 함께 추가 징집 등을 통해 예전의 전력을 거의 회복하고 있었다. 그 과정에서 재일교포 학도의용군 등 학도병의 지원은 총력전 태세를 구축하는 데 크게 기여했다.

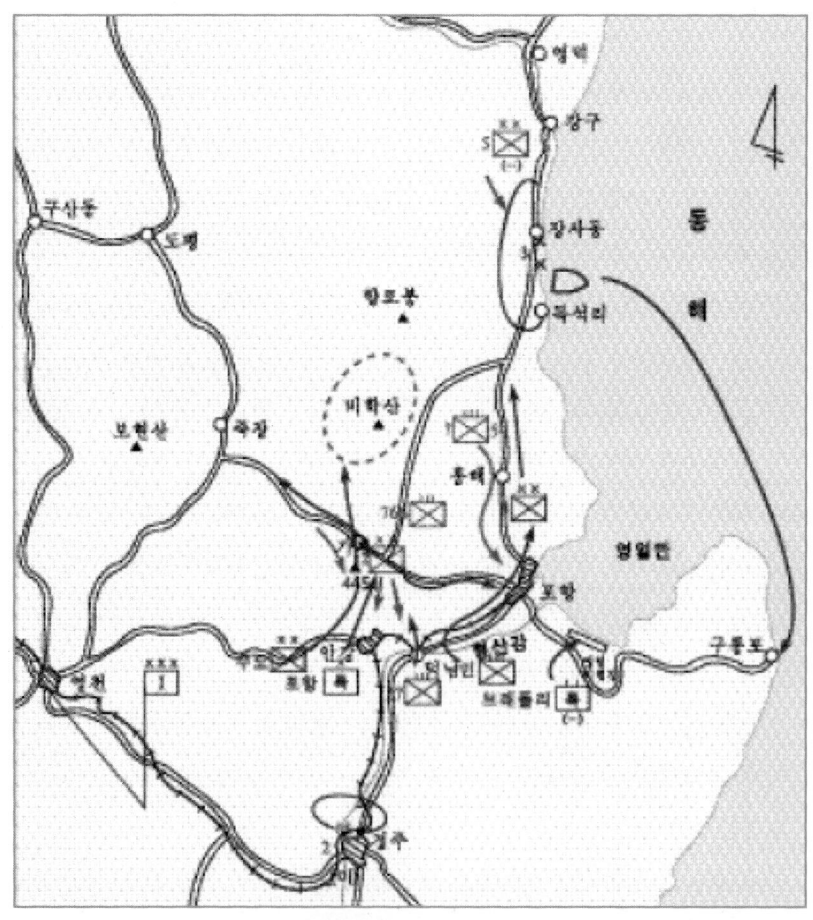

기계 · 포항지역 전투 상황도

제3절 북한군의 9월 공세

8월 한 달 동안 낙동강전선에서 공방전을 치른 국군과 유엔군 사령부는 그동안의 전투 양상과 북한의 후방지원 능력 등을 감안할 때, 그들의 전력이 한계점에 이르렀다고 판단했다. 따라서 국군과 유엔군은 반격작전으로 전환할 태세를 갖추기 시작했다.

8월, 공세에 실패한 북한군은 최종 목표인 부산을 공격하기 위하여 9월 공세를 계획하지만 공세를 계획하기에는 많은 제한사항이 있었다.

첫째, 방어선을 돌파하기 위해서 충분한 화력과 기동력이 필요했으나, 전투력이 부족하고 충격력의 핵심인 전차도 미 공군의 네이팜탄이나 3.5인치 로켓포에 의해 그 위력을 상실한 시점에 더욱 어려웠다.

둘째, 유엔군의 제공권 장악으로 주간기동에 제한과 대병력을 집중하면 융단폭격을 받을 위험이 컸다.

셋째, 식량을 현지에서 조달하는 것과 장거리의 보급품 수송의 병참능력 제한으로 병력 집중을 불가능하게 하고 있었다.

넷째, 기동력과 화력이 절대적으로 우세한 유엔군이 예비대를 투입하여 역습을 실시함으로써 돌파구 확대를 저지시킬 수 없었다. 그러나 그 같은 낙관적인 판단과 달리 북한군은 또다시 새로운 공세를 전개했다. 이른바 '북한군의 9월 공세'였다.

1. 대구 부근 다부동과 신령전투

9월 공세를 시작한 북한군은 대구 정면에 제2군단의 3개 사단을 집중 투입했다. 미 제1기병사단은 북한군의 집요한 공격으로 고전했다. 그로 인해 대구는 비상사태에 놓이게 되었다. 반면 북한군 제1사단과 팔공산 쟁탈전을 벌인 국군 제1사단의 전세는 점점 유리해지고 있었다. 또한 제1사단 우측방의 국군 제6사단은 신녕 일대의 험한 지형을 이용해 북한군 제8사단의 공격을 저지하고 그들에게 치명적인 타격을 가했다.

9월 11일이 지나면서 북한군의 공세는 둔화되기 시작했다. 그때를 맞추어 국군 제1사단은 미 제1기병사단과 협조해 적에게 큰 타격을 주며 9월 14일에는 대구 북쪽 약 10㎞ 지점인 가산 산성의 가장자리까지 진출했다. 그 후 북한군의 공세는 끝났으며, 대구 점령을 위한 북한군의 공세는 완전히 사라지게 되었다.

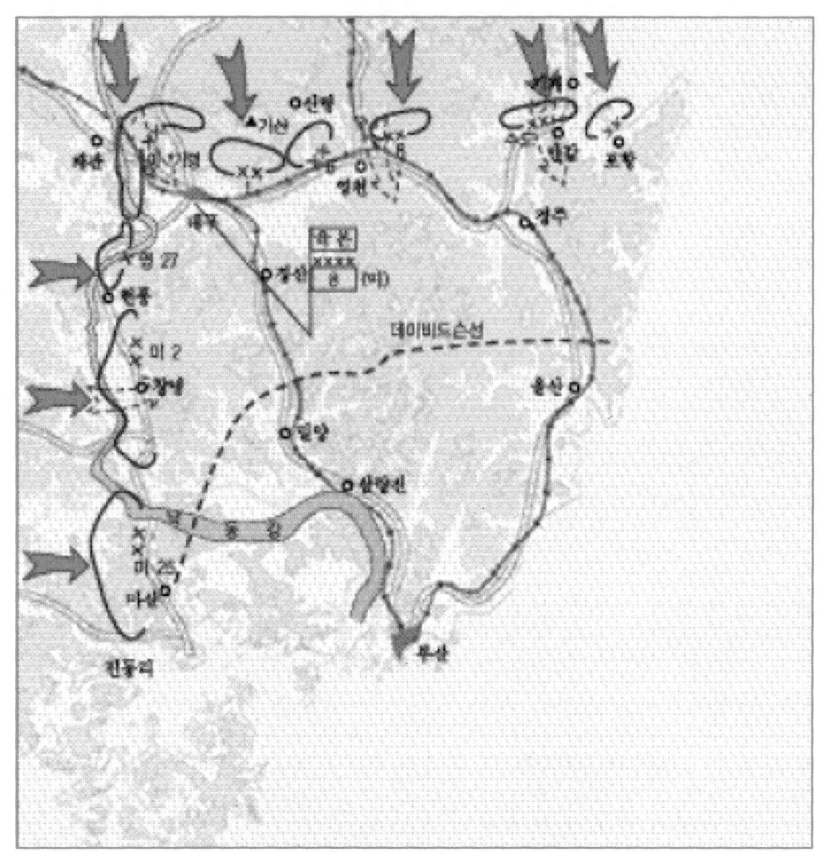

낙동강 방어선 9월의 공방전 상황도

2. 창녕 · 영산 · 함안 · 마산 전투

북한군의 9월 공세에 따라 서남부 지역에서도 위기가 초래되었다. 서남부 지역이 돌파되어 밀양이 적의 수중에 들어갈 경우 경부 도로와 철로가 차단되고 대구전선의 유지도 불가능하게 될 것이다. 그 같은 판단에 따라 워커 장군은 그곳에 집중적인 공중공격을 요청하고 현지 방어부대의 전투 의지를 고양하는 한편, 그가 운용할 수 있는 최대한의 예비대를 투입해 서남부 지역을 안정시키려 했다. 북한군은 그들이 제공권을 확보하지 못하고 있다는 사실을 감안해 철저하고도 치밀한 공격을 준비했다.

즉 남강을 가로지르는 세 개의 '수중가도(水中假道)'를 건설했다. 그리고 유엔 공군기가 주간 폭격으로 이를 파괴하면 북한군은 야간작업으로 즉각 복구했다. 또 야간과 여명공격을 실시해 날이 밝을 즈음에는 미군과 100~150m 정도 근접한 상태를 유지함으로써 유엔군 전폭기의 공중공격을 회피하면서 계속적인 추격을 감행하는 양면의 효과를 노렸다. 그들은 그 같은 작전으로 상당한 효과를 보았다. 마산 지역을 방어하고 있던 미 제25사단도 치열한 전투를 강요당하고 있었다. 함안 지역의 제24연대도 전선을 유지하지 못하고 후퇴하려 했다. 워커 장군은 예비대인 미 제27연대를 마산 지역에, 미 제1해병여단을 창녕, 영산 지역에 투입해 위기를 타개하려 애썼다. 9월 초, 2주일간에 전개된 북한군의 공세는 너무나 치열해 그때의 손실은 한국전쟁 전 기간을 통해 단위시간 동안에 발생한 손실 중 최고를 기록할 정도였다. 한편 아군이 고전하는 만큼 북한군의 상황도 어려웠다. 드디어 9월 초순이 지나면서 북한군의 기세가 약화되기 시작했다. 반면 위기를 넘긴 유엔군은 전선을 정비하고 반격태세를 갖추기 시작했다.

3. 영천전투

9월 공세 시 영천 북쪽에서 공격을 시작한 북한군 제15사단은 국군의 보현산 방어선과 기룡산 방어선을 돌파한 후 국군 제8사단 방어선의 중앙을 뚫고 영천에 진입했다. 북한군의 영천 점령에 따라 그들이 서쪽으로 향할 경우 대구의 후방이 차단될 것이며 남쪽으로 향할 경우 경주가 위급했다. 따라서 북한군의 예봉이 어디로 향하든지 국군에게는 치명적인 타격이 될 상황이었다. 대구에 있던 육군본부와 미 제8군사령부가 부산으로 이동한 것도 그 같은 위험 때문이었다. 그때 영천에 진입했던 북한군이 남쪽의 경주를 향했다. 따라서 대구 위기는 한숨 돌릴 수 있었다. 그러나 그들이 경주를 거쳐 부산으로 향한다면 국군과 유엔군은 최후의 발판마저 잃게 될 것이었다. 그야말로 존망의 위기가 아닐 수 없었다. 그때 다행히도 금호강 남안으로 물러선 국군 제8사단이 적의 돌파구 확대를 저지하는 역할을 수행했다.

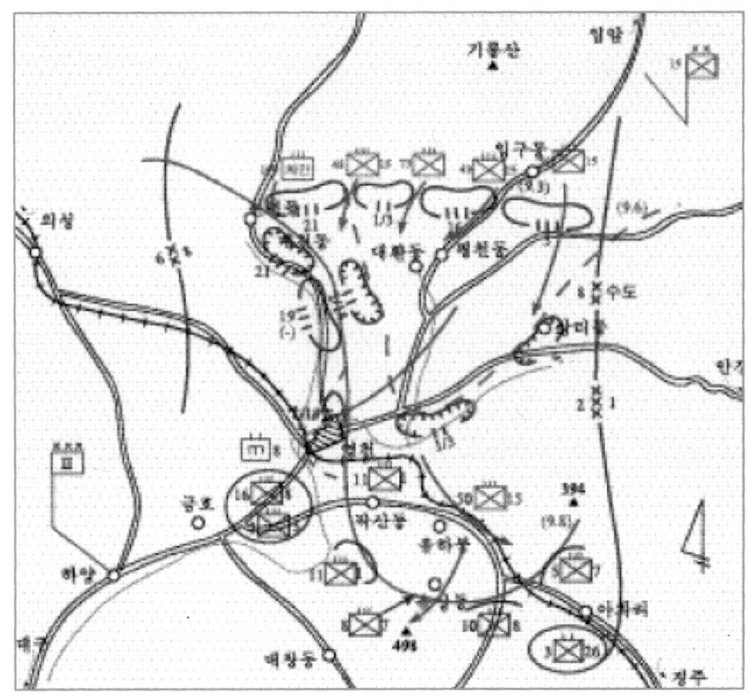

영천전투 상황도

여기에 국군 제7사단 제5연대와 제1사단 및 제6사단에서 증원된 2개 연대, 그리고 형산강 방어선에 배치되었다가 원대 복귀한 제10연대가 합세해 적의 측방을 위협하면서 반격작전을 전개했다. 적의 공격력은 급속히 약화되었고, 아군은 3일 동안의 교전 끝에 영천을 탈환하고 그 여세를 몰아 영천 동북방으로 진출했다. 그때의 전투로 북한군 제15사단은 치명적인 타격을 입고 전선에서 물러서게 되었다. 북한군 지휘부는 그때의 영천전투에 크게 기대를 걸었던 것으로 보인다. 1950년 12월 4일 북한 별오리에서 열린 노동당 중앙위원회 제3차 대회에서 김일성은 전쟁의 패인을 분석하면서 "우리가 영천을 점령했을 때 승리할 수 있었고 영천을 상실함으로써 패배했다"라고 언급했다는 사실은 그 점을 잘 말해 주고 있다.

4. 안강 · 포항 전투

안강 지역에는 8월 공세 시 비학산으로 후퇴했던 북한군 제12사단이 제766부대의 패잔병을 흡수해 재편성을 마친 뒤 그들의 9월 공세에 가담해 또다시 공격을 감행했다. 적의 강력한 공격기세를 저지할 수 없었던 수도사단은 안강 방어선에서 철수해 경주 방면으로 후퇴했다. 그 후 경주 방향으로 남하하려는 북한군과 이를 저지하려는 아군 간에 치열한 전투가 전개되었다. 특히 안강－경주 국도의 서측방 중간 지점에 위치한 곤제봉에서 격전이 벌어졌으나 아군은 끝까지 고지를 지켜 냈다. 한편 포항 북쪽에서 북한군 제5사단의 공격을 받아 해상으로 철수한 국군 제3사단이 형산강을 따라 방어선을 구축하고 있었다. 그런데 제8사단 제10연대가 영천이 위태롭다는 소식을 듣고 교대 병력이 도착하기도 전에 본대로 복귀함으로써 방어 지역에 공백이 발생하게 되었고, 그 지역으로 북한군이 침투함으로써 형산강 방어선이 무너지게 되었다.

포항의 위기를 타개하기 위해 9월 11일, '처치특수임무부대'가 그곳으로 급파되었다. 그들은 운제산 일대까지 남하한 북한군과 접전을 벌여 그들을 소탕했으며, 여기서 패한 북한군은 북으로 퇴각했다. 그 같은 9월 공세에서 볼 수 있듯이 전투는 어느 한쪽 편만 힘들고 고달픈 것이 아니었다. 낙동강 방어선에서 북한군의 9월 공세에 직면한 국군과 유엔군은 온갖 고난을 극복하고 마지막까지 최선을 다했다. 그 결과 국군과 유엔군은 인천상륙작전과 함께 작전의 주도권을 장악하면서 공세 이전의 발판을 마련하게 되었다.

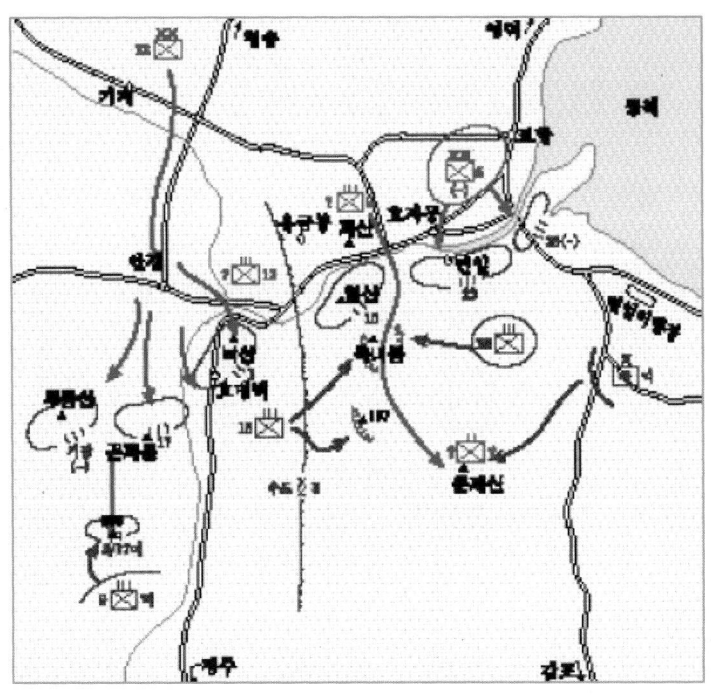

안강·포항 전투 상황도

제5장
유엔군의 인천상륙과 반격작전

제1절 인천상륙작전

1. 인천상륙작전 수행

유엔군 사령관 맥아더 원수가 '상륙작전으로 북한군의 후방을 차단해 전세를 역전시킨다'는 구상을 수립한 것은 이미 6월 29일 한강방어선을 시찰할 때였다고 한다. 그는 "당시 한국군의 절망적인 상황을 타개할 수 있는 유일한 방법은 미 지상군을 투입하여 적의 남진을 저지하면서, 인천으로 상륙작전을 실시하여 북한군을 남북 양쪽에서 공격함으로써 포위 섬멸하는 방법밖에 없다"고 판단하였다.

그의 전략적 구상은 "현재 북한군의 진격속도를 고려할 때 부산 주변에 완전한 교두보를 확보할 시간적 여유가 없다. 그러나 효과적인 부대 운용으로 북한군의 남하를 일시적으로 저지하는 것은 가능하다. 미군의 해·공군은 절대적으로 우세하므로 제공권과 제해권을 장악하고 북한 배후의 요충지인 인천에 상륙하여 북한군을 앞뒤에서 협공할 수 있다. 그렇게 되면 일거에 북한군을 격멸하고 한국을 공산주의 침략으로부터 해방시킬 수 있다"는 것이었다.

1) 인천상륙작전계획 수립

맥아더 장군의 구상에 따라 최초로 수립된 상륙작전계획이 7월 4일 '블루하트작전(Operation Blue Hearts)'이었다. 그것은 미 제24사단으로 북한군의 남진을 저지하면서

7월 22일 미 제1기병사단을 인천에 상륙시켜 북한군의 병참선을 차단하고 지대 내 북한군을 격멸한다는 내용이었다.

그러나 북한군의 진출속도가 예상외로 빨라지자 미 제24사단만으로는 북한군의 진출을 저지하기가 불가능해졌으므로 그는 최초의 계획을 7월 10일 취소하고 미 제1기병 사단을 영동 지역에 7월 19일 투입할 수밖에 없었다. 블루하트작전이 취소된 후 맥아더 원수는 참모진에게 원래의 개념을 발전시켜 보다 큰 규모의 '크로마이트작전(Operation Chromite)계획'을 수립하도록 7월 23일 지시했다. 이에 따라 '작전기획단'은 계획을 구상하는 과정에서 3개소의 상륙지점을 검토했다.

즉 서해안의 인천(100-B계획)과 군산(100-C계획), 동해안의 주문진(100-D계획)이었다. 그 과정에서 맥아더 원수는 인천을 상륙지점으로 하는 100-B계획을 채택하고 합동참모본부에 보고했다. 그리고 호남 지역에서 마산방향으로 우회 기동한 북한군 제6사단에 대해 상륙부대로 지정한 미 제2사단과 해병 제1여단을 낙동강전선에 투입함으로써 상륙작전 부대편성을 변경했다. 그런데 미 합동참모본부는 상륙지점에 대해 맥아더 원수와 견해를 달리했다. 인천이 상륙지점으로서 적절치 못하다는 것이었다. 이에 따라 8월 23일, 도쿄 극동군사령부 회의실에서 미 육군참모총장 콜린스(Lawton J. Collins) 대장과 해군참모총장 셔먼(Forrest P. Sherman) 제독 등 합참 요원과 맥아더 및 유엔군 사령부 참모들이 상륙 지점에 대해 열띤 토론을 벌였다. 그때 합참 요원들은 맥아더를 설득하며 군산으로 상륙할 것을 권유했다. 그러나 맥아더는 결국 자신의 주장을 관철했다. 마침내 합참이 유엔군 사령부의 계획을 승인함에 따라 맥아더 원수는 8월 30일 인천상륙작전 명령을 하달하고, 이어서 상륙작전일자를 9월 15일로 확정했다.

2) 상륙작전을 위한 부대 편성 및 기동

상륙작전의 기본계획을 확정한 맥아더 원수는 즉각 상륙부대의 편성에 착수했다. 그는 상륙부대로 미 제10군단을 창설해 그의 참모장인 알몬드(Edward M. Almond) 소장을 군단장에 임명하고 극동군 사령부에서 차출한 참모장교들로 군단사령부를 편성했다. 군단예하에 편성된 주요 부대는 미 제1해병사단, 미 제7보병사단, 국군 제1해병연대, 국군 제17보병연대였다. 그리고 지원부대로 미 제2특수공병여단 등이 포함되었다. 그와 같이 편성된 상륙군 병력은 총 7만여 명이었다. 상륙작전을 위해 미 제7사단

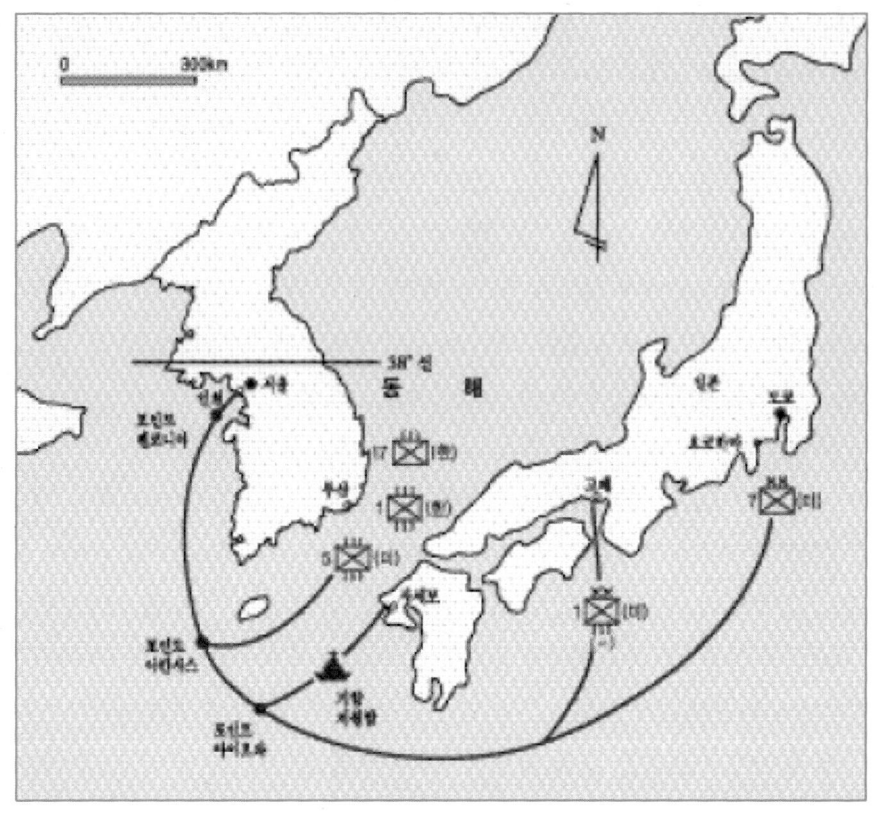

제7기동합대의 인천 항진

은 일본 요코하마(橫濱)에서, 미 제1해병사단은 고베(神戶)에서, 수송선단과 화력지원
함대 및 지휘함 등은 사세보에서 각각 9월 초에 출항했다. 국군 제17연대, 제1해병연
대와 미 제5해병연대 등은 부산에서 인천으로 출발했다. 드디어 상륙 하루 전인 9월 14
일 이들 부대들은 서해 중부 해상의 약정된 집결지인 덕적도 근해에 집결 완료했다.

3) 상륙작전 실시

상륙작전이 개시되기 전 유엔 해군은 8월 초부터 서해안을 봉쇄하는 한편 인천상
륙일자가 다가오자 미 제7합동기동부대는 9월 초에 부산, 일본의 사세보, 고베, 요코
하마에서 상륙군 적재를 시작하여 9월 11일부터 인천항으로 출항하였다. 미 제5공군
은 9월 5일부터 13일에 걸쳐 인천 주변 북한군의 방어선과 교통시설 등에 맹폭을 가
했다. 또한 공군은 경인지구를 고립시키기 위해 인천을 중심으로 반경 50㎞ 이내의
도로와 교량, 터널과 주차장 등에 집중적인 폭격을 가했다.

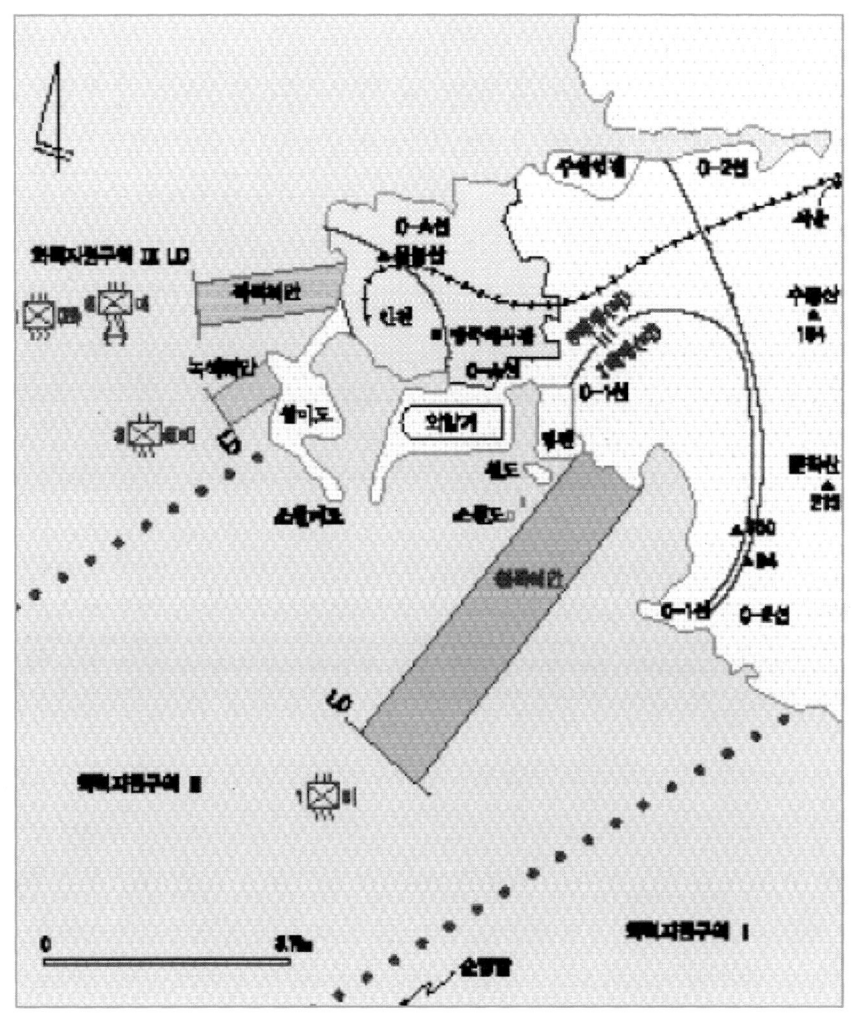

인천상륙작전

　상륙작전일이 다가오자 인천의 관문인 월미도를 제압할 필요에 따라 9월 4일부터
해병의 자체 항공기와 항공모함에서 발진한 함재기들이 출격해 집중적인 포격을 가했
다. 또한 13일부터는 북한군의 반격 능력을 분쇄하기 위한 각종 함포사격이 실시됐다.
　드디어 9월 15일, 역사적인 인천상륙작전이 시작되었다. 상륙작전은 2단계로 전개
되었다. 제1단계는 월미도 점령이었고, 제2단계는 인천 해두보 확보였다. 제1단계 작
전에서는 05:00시 항공모함에서 출격한 해군기가 목표를 강타하고 순양함과 구축함
들이 함포사격을 집중하는 동안 미 제5해병연대 제3대대가 06:33에 월미도에 상륙하
였으며, 08:00에 확보하고 섬 전반에 걸친 소탕작전은 정오경에 완료하였다.

월미도 상륙작전 시 미 해병의 총 피해는 부상자 17명뿐이었다. 그곳의 북한군은 이미 집중적인 포격과 폭격에 의해 제압된 상태였으므로 상륙부대는 큰 저항을 받지 않았다. 반면 미 제5해병연대 제3대대는 북한군 사살 108명을 확인하였고, 포로도 136명을 생포하였으며, 그 밖에도 150여 명이 참호 속에 매몰된 것으로 추정하였다.

제2단계 작전은 당일 오후에 시작되어 다음 날 새벽에 끝났는데, 미 제5해병연대와 미 제1해병연대가 투입되어 9월 16일 아침 07:30에 상호 연결을 이룸으로써 인천의 방어선을 더욱 강화시켰고, 이들 양개 부대는 해두보를 확보하기 위해서 동쪽으로 계속 진출했다.

그들은 곧 인천 시가지 작전을 전개했으며, 그동안 시가지 상공을 공중 관측기가 교대로 정찰했다. 또한 해병 항공기가 시내를 폭격하고, 해군기는 인천 부근을 중심으로 차단공격을 감행했다. 동시에 함포는 전술적으로 중요한 모든 목표를 사격했다.

인천 시가지를 장악한 상륙부대들은 시가지 소탕작전에 돌입했다. 그 과정에서 국군 해병 제1연대가 분담하여 소탕작전을 전개했다. 전반적으로 공격부대들은 적은 피해로 큰 전과를 거두는 성공적인 작전을 수행했으며, 곧이어 서울탈환작전을 착수했다.

'성공확률 5천 대 1'이라 예견되었던 인천상륙작전의 성공으로 전쟁의 전반적인 흐름은 완전히 바뀌었다. 즉 그때까지 수세에 급급했던 국군과 유엔군이 일시에 공세로 전환할 수 있게 되었던 것이다. 그 결과 상륙작전 없이 낙동강 방어선에서 반격작전으로 적을 축출할 경우 발생할 것으로 예상되었던 10만 명 정도의 병력 피해와 국민의 희생 및 남한 전 지역의 유형·무형의 피해도 회피할 수 있었다. 또한 그만한 시간도 절약하게 되었다. 맥아더 원수는 개인적인 명성이 더욱 높아져 군신(軍神)의 반열에 오르게 됐다.

2. 서울탈환작전

인천상륙작전으로 교두보를 확보하는 데 성공한 미 제10군단은 9월 18일부터 서울을 향한 진격을 시작했다. 이를 위해 미 제1해병사단(국군 제1해병연대 배속)은 서울의 서쪽에서 시가지를 향해 공격하도록 하여 김포공항을 탈취, 확보하고, 미 제7보병사단(국군 독립 제17연대 배속)은 서울의 남쪽에서 북한군의 증원 차단과 함께 그들의 그 퇴로를 차단하면서 낙동강전선을 돌파해 북상하는 미 제8군과 연결하도록 했다.

1) 북한군의 서울 방어작전

국군과 유엔군의 서울공격이 시작되자 북한군은 제9사단과 제18사단 등 2만여 명의 병력을 동원해 서울을 방어하려 했다. 그들은 서울의 시가지 교차로마다 장애물을 설치해 시가전을 전개할 준비를 갖추면서, 연희고지와 안산을 고수해 아군의 서울 진입을 저지하려 했다. 이에 따라 서울 서측방과 남측방에서 격렬한 전투가 전개되었다. 미제10군단은 행주와 마포, 신사리에서 한강을 도하한 후 연희고지와 망우리, 구의동 일대의 북한군 저지진지를 공격해 9월 26일까지 서울 시가지의 절반 정도를 점령했다.

다음 날인 27일에는 공격부대가 삼각지와 남대문, 회현동 일대의 잔적을 격멸하고 중앙청에 태극기를 게양했다.

이어서 9월 28일, 공격부대들은 북한군을 서울 시내에서 쓸어 내듯 소탕하며 의정부 방면으로 공격을 계속했다. 그날로 북한군의 저항은 끝났으며 수도 서울은 인천상륙 후 2주일, 북한군에게 침탈당한 지 3개월 만에 완전히 수복되었다.

2) 서울 수복행사와 그 의의

9월 28일에 실시한 소탕작전으로 이날 낮부터 서울은 한국군과 미군에 의해 완전히 확보되었으며 서울시청은 시정을 재개할 수 있었다. 그 이튿날인 9월 29일 정오, 중앙청에서는 감격의 수도탈환식이 거행되었다. 이 행사를 통해 맥아더 원수는 수도 서울을 이승만 대통령에게 인계했으며, 대통령은 맥아더 원수에게 태극무공훈장을 수여했다.

전쟁에서 적의 침공으로 상실했던 수도를 되찾는다는 일은 어느 한 전투의 승리 또는 어느 한 지역의 회복과는 다른 특별한 의의가 있는 일이다. 북한군 남침 3일 만에 그들에게 빼앗겼던 수도 서울의 탈환은 그만큼 우리 국민에게 감격적인 사건일 수밖에 없었다.

또 그동안 적의 치하에서 신음하던 서울 시민들이 다시 찾게 된 자유는 더욱 가치 있는 것이었다. 아울러 대부분의 국민들이 이번 기회에 분단된 조국이 통일된 정부를 수립할 수 있을 것이라는 기대를 갖게 하기에 충분했다. 한편 국군과 유엔군이 서울을 수복한 시점에 퇴로를 차단당한 낙동강전선의 북한군은 산악지대의 소로를 통해 북쪽으로 퇴각하고 있었다. 그때 패잔병이 되어 38선을 넘어간 북한군 병력은 10여만 명 중 2만~3만으로 추정되었다. 국군과 유엔군은 이들을 추격하며 다음 단계의 반격작전으로 전환했다.

제2절 반격작전

1. 낙동강선에서 38선까지의 반격작전

유엔군 사령부가 인천상륙작전을 시도했던 목적은 궁극적으로 북한군을 협공해 궤멸시키는 데 있었다. 이를 위해 유엔군 사령부의 상륙작전계획과 맞추어 미 제8군사령부가 반격작전계획을 수립해 유엔군 사령부의 승인을 받은 시기는 9월 6일이었다. 이와 같이 미 제8군은 북한군의 9월 공세로 낙동강 방어선 전투에 여념이 없는 가운데도 반격작전을 위한 준비는 차근차근 갖추고 있었다.

1) 반격작전계획

낙동강선에서 전개하는 반격작전의 개념은 미 제8군이 현 접촉선을 공격개시선으로 주공을 대구-대전-수원 축선에 두고 공격하는 것이었다. 작전 시기는 인천상륙작전 하루 뒤인 9월 16일에 공격을 시작하는 것이었으며, 이어서 지대 내의 북한군을 격멸하는 동시에 인천으로 상륙한 미 제10군단과 신속히 연결한다는 것이었다.

● 미 제8군의 정보판단

미 제8군의 정보판단에 의하면 전반적인 북한군의 전투력은 유엔군보다 우세하며, 아직도 북한군은 공격능력을 보유하고 있는 것으로 판단하여 인천상륙작전의 성공 소식이 낙동강전선으로 전파될 때까지는 일정한 시간이 소요되기 때문에 북한군의 기도는 현재 배치와 현 전투력으로 공격을 계속할 것이라고 예상하였으며, 또한 북한군이 인천 지역으로 부대를 증원한다면 전환 가용한 부대는 경부축선에 위치한 북한군 제3사단, 제13사단과 제105전차사단 등이 될 것으로 예상하였다.

그렇다면 당시 실제 북한군의 전투력은 붕괴 직전의 상태로 지난 낙동강 방어선작전 시간에 알아본 바와 같이, 1950년 9월 1일, 즉 9월 공세 개시 이전에 이미 북한군의 전투력은 개전 초기 20여만 명이었던 것에 비해 50% 이하로 낮아져 유엔군의 절반 수준이었고 기타 화력과 공군 및 해군전력은 비교가 안 될 정도로 열세한 상태였으며 사단의 병력수준은 5,000명으로 개전 초기에 비해 50~60% 수준이었으며, 그나마 70%는 남한 지역에서 강제 징용된 의용군이었고 심각한 식량 부족과 사기 저하 문제를 동시에 겪고 있었다.

그렇다면 왜 이런 잘못된 정보판단이 나왔을까, 그것은 그동안 계속된 북한군의 공세로 인한 수세적인 심리의 영향으로 적이 상대적으로 강하게 느껴졌기 때문에 이런 그릇된 판단이 나왔던 것이다.

그럼 미 제8군이 이러한 정보판단을 기초로 반격작전계획을 수립함에 있어서 제한사항으로는 첫째, 반격작전에 필요한 병력이 부족했다. 방어가 아닌 공격작전을 수행해야 하는 미 제8군의 입장에서는 추가적인 병력증원이 필요하다고 생각했지만, 현실은 추가적인 병력의 증원은 고사하고 오히려 미 해병 제1여단, 한국군 제17연대와 해병 제1연대를 낙동강 방어선에서 차출하여 인천상륙작전에 전용한 상태였으므로 결국 이러한 제한사항을 극복하기 위해 미 제8군은 주공사단의 전투력을 보강하기 위해서 방어부대에서 차출하여 주공사단에 배속시켜 전투력을 보강하였다.

둘째는 항공지원 능력이 저하되었다. 지금까지 미 제8군은 미 해병대의 항공대로부터 근접항공지원을 받아 왔으나 이 부대가 인천상륙작전에 전용되어 항공지원이 곤란하여 이를 극복하기 위해 미 극동사령부는 오키나와에 있던 미 제20공군을 규슈로 이동시켜서 미 제8군을 지원하도록 했지만, 장거리비행으로 인해 양적으로나 질적으로나 지원능력이 저하될 수밖에 없었다.

셋째는 군수지원능력의 부족으로서 탄약의 경우 미 제8군은 지금까지 일본에 비축해 두었던 탄약을 사용해 왔으나 북한군의 8, 9월 공세로 상당량을 사용하여 탄약이 부족한 상태였다. 특히 이러한 탄약의 부족은 많은 부분을 화력에 의존하는 미군의 특성상 매우 심각한 어려움으로써 결국 포병의 경우 1일 문당 사용량을 25~50발로 제한하는 등 탄약사용량을 통제하게 되었다.

넷째는 도하자재가 부족하였다. 당시 미 제8군이 보유하고 있던 도하자재라고는 낙동강에 2개 도보교를 가설할 정도밖에 없었으며 당시 극동군 사령부가 갖고 있던 자재는 인천상륙작전을 실시한 미 제10군단이 한강을 도하할 때 사용해야 하기 때문에 미 제8군에 지원해 줄 도하자재가 없었던 것이다.

결국 미 제8군은 이것을 극복하기 위해 도하자재를 주공 지역에 집중 운용할 수밖에 없었다.

다섯째는 지휘체계를 개선할 필요성이 있었다. 당시 미 제8군은 4개의 미군 사단과 한국군을 직접 지휘하고 있었으므로 전선의 변동이 극심할 것으로 예상되는 반격작전에서 이러한 지휘체계는 너무나 과중한 부담이었다. 미 제8군은 이러한 제한사항을 극복하기 위해서 미 제1군단과 미 제9군단을 창설하여 각각 2개 사단씩을 지휘하도록 하였다.

● **작전계획**

미 제8군의 공격개시 시기는 인천상륙작전과 밀접한 연계성을 갖고 있었다. 미 제8군의 임무인 낙동강 방어선에서 북한군의 고착견제와 미 제10군단과의 연결을 고려시 당연히 상륙작전 개시 전에 반격작전을 시작하는 것이 적절한 상황이었다.

그리고 맥아더 장군도 상륙작전 개시 직전이나 늦어도 상륙작전 당일에는 반격작전을 개시할 것을 요구하였으나 반격작전 시 주공부대로 운용될 미 제24사단의 현재 상태가 문제였다. 미 제24사단은 9월 4일부터 경주 지역에 역습을 위해서 투입된 상태였기 때문에 이동과 공격준비에 최소한 10일 이상이 소요될 것으로 예상하고 따라서 미 제8군은 이와 같은 요소들을 종합적으로 고려하여 반격개시시간을 인천상륙작전 다음 날인 9월 16일, 09:00시로 결정하였으며, 이와 같이 공격개시 시기를 결정한 미 제8군은 다음과 같이 주공축선을 결정하였다.

미 제8군은 최초 4개의 방안을 검토하였다.

- 첫 번째 방안은 대구-대전-수원에 이르는 '경부축선'을
- 두 번째 방안은 마산-전주-대전-수원에 이르는 '호남축선'을
- 세 번째 방안은 대구-충주-수원에 이르는 '중앙축선'을 고려하였으며,
- 네 번째 방안은 이와 같은 세 개의 축선 중에서 몇 개의 축선을 동시에 운용하는 것이었다.

종적으로 첫 번째 방안인 대구-대전-수원에 이르는 경부축선을 주공축선으로 채택하였는데, 그 이유는 경부축선을 공격함으로써 최단거리 접근로일 뿐만 아니라 기갑부대운용 및 군수지원이 용이하고, 호남 지역의 북한군 제1군단 퇴로를 차단할 수 있으며, 궁극적으로 북한군이 경인 지역으로 전용되는 것을 방지할 수 있기 때문이었다. 먼저 주공을 미 제1군단으로 결정하고 그 예하에 미 24사단(경주), 미 제1기병사단(다부동), 그리고 다부동 전투에서 원활한 연합작전을 수행했던 한국군 제1사단(팔공산)을 편성하였으며, 주공사단의 전투력 보강을 위해서 미 제24사단에 영연방 제27여

단을 미 제1기병사단에 미 제5연대 전투단과 제6전차대대를 각각 배속시켰다.

그리고 최종적으로 반격작전의 특성을 고려하여 보다 공격적이고 적극적인 성격의 밀번 장군을 미 제1군단장으로 임명하기 위해 미 제1군단장과 미 제9군단장을 상호 교체시켰다.

작전개념으로 "미 제8군은 현 접촉선을 공격개시선으로 하여 9월 16일 09:00시에 공세로 전환, 공격축선상의 북한군을 격멸하고 신속히 상륙작전부대인 미 제10군단과 연결한다"는 것이었으며, 주공인 미 제1군단은 대구-대전-수원방향으로 공격하여 경부축선상의 북한군을 격멸하고, 미 제10군단과 연결하여 북한군 제1군단의 퇴로를 차단하고자 하였다. 이를 위하여 미 제1기병사단은 미 제24사단의 초월을 지원한 후 후방 병참선을 방호하는 임무를 수행하고, 미 제24사단은 미 제1기병사단의 엄호하에 낙동강을 도하하여 대전방향으로 공격하도록 하였다.

또한 조공 군단들은 정면의 북한군을 격파하면서 미 제9군단은 금강 방향으로 한국군 제2군단은 원주 방향으로 한국군 제1군단은 동해안 도로를 따라 진출하도록 하였다.

2) 반격작전 경과

한국군과 유엔군은 계획대로 9월 16일, 09:00시를 기하여 반격작전을 개시하였으나 악천후로 인한 공군지원의 제한과 인천상륙작전 사실을 인지하지 못한 북한군의 완강한 저항으로 17일까지 별다른 성과를 달성하지 못하였다. 그러나 9월 18일부터는 양호한 기상으로 공군지원이 재개됨에 따라 B-29 폭격기 42대로 주공방향인 왜관 서측에 융단폭격을 실시하여 미 24사단은 낙동강 지류인 금호강을 도하하기 시작하였으며, 미 제2사단 38연대도 영산정면에서 낙동강을 도하하기 시작하였다. 그리고 9월 19일~9월 20일 사이에는 미 제1기병사단이 금무봉을 포함한 왜관 일대를 탈환하였다.

반격 엿새째인 9월 21일에는 다부동 지역에서 미 제1기병사단과 한국군 제1사단이 북한군 제3사단을 협격하여 와해시켰고, 미 제25사단은 진주고개까지 진출하는 등 본격적인 전과확대 및 추격작전을 위한 여건이 조성되기 시작되어 미 제8군은 9월 22일 추격명령을 하달하면서 반격작전계획을 일부 수정하여 보다 신속한 진출을 위해 미 제1기병사단과 미 제24사단이 병진 공격하도록 조치하였다. 그 결과 9월 26일에 미 제1기병사단의 선두부대인 Lynch 특수임무부대가 오산북방에서 미 제10군단 예하 제

7사단 제31연대와 연결할 수 있었다.

또한 9월 28일에는 미 제24사단이 대전을 탈환하였고, 미 제10군단이 서울을 수복하였고 미 제1군단 예하 한국군 제1사단은 고랑포 지역까지 미 제9군단은 금강 일대까지 진출하였다.

한국군 제2군단은 원주－제천방향으로 한국군 제1군단은 양구, 강릉방향으로 진출하여 9월 30일까지 대부분의 부대들이 38도선까지 진출하고 있었다.

당시 북한군의 기도는 서울을 확보한 상태에서 금강－소백산맥 방어선을 형성하는 것이었으며, 따라서 이것이 가능하기 위해서는 호남 지역에 있는 북한군 제1군단이 축차적으로 금강방어선 일대로 철수할 때까지 북한군 방어선의 중심축인 왜관 지역을 확보하는 것이 필수조건이었다.

그러나 미 제1기병사단이 9월 21일부터 이 왜관 지역을 돌파하여 종심으로 진출하자 북한군은 축차적인 방어선 형성을 포기하고 결국 9월 23일 총퇴각 명령을 하달하였다. 이러한 북한군의 붕괴현상을 당시 일본기자는 아사이 신문을 통해 운산무소(雲散霧消)와 같다고 표현을 하였다. 즉 "구름이 흩어지고 안개가 사라지는 것"과 같이 북한군의 전투력이 소멸되었다는 표현이다.

그 결과 9월 공세 이후 북한군은 약 98,000여 명의 전체 병력 중 38도선 이북으로 철수한 병력은 이 중 약 2만 5천에서 3만여 명으로 30%에 불과하였고 대부분의 병력이 포로 12,777명(이 중 9월 16일~30일: 9,294명), 게릴라 약 1만에서 2만여 명, 사상자 약 1만여 명이 되었으며, 남한 지역에서 강제 징용된 4만에서 4만 3천여 명의 병력이 철수과정에서 부대를 이탈하여 고향으로 돌아갔다.

결과적으로 북한군의 이러한 와해현상은 상륙작전에 의한 퇴로차단과 효과적인 반격작전에도 그 원인이 있겠으나, 작전한계점을 초과한 북한군의 무리한 8, 9월 공세가 보다 근본적인 원인이 되었다고 할 수 있으며, 다음 두 가지 사항을 강조하고자 한다. 첫째, 적과 관련하여 작전한계점에 도달하기 전에 이를 예방하는 것이 얼마나 중요한 것인지와 작전한계점에 도달한 상태에서 무리한 공세행동을 계속할 경우 초래되는 결과가 어떤 것인지 알아야 한다.

두 번째, 아군과 관련한 주도권 장악의 중요성으로서 당시 미 8군은 반격작전계획을 수립하면서 실제로 북한군의 전투력에 비해 2배 이상의 우세한 전투력을 확보하고 있었음에도 불구하고 오히려 북한군의 전투력이 우세하고 또한 북한군은 계속해서 공격을 할 것으로 판단하였다. 그 결과 인천상륙작전과 동시에 반격을 개시했는데도 1주일가량 별 진전이 없자 결국 맥아더 장군은 군산상륙작전을 추가적으로 검토하기까지 하였다.

이러한 사례를 통해서 전장에서의 주도권은 행동의 자유를 보장해 줄 뿐 아니라 건전한 판단을 하는 데도 많은 영향을 미친다는 사실을 알아야 한다.

제3절 북진작전

1. 38선 돌파와 북진작전

인천상륙작전과 서울탈환 그리고 낙동강 방어선에서 반격작전으로 국군과 유엔군은 9월 말까지 38선 남쪽의 북한군을 격멸하고 사실상 전쟁 이전의 상태를 회복했다. 그 과정에서 국군과 유엔군이 38선으로 접근함에 따라 38선 돌파 여부가 최대의 관심사항으로 부각되기 시작했다.

1) 38선 돌파 논쟁

38선 돌파문제는 1950년 8월 30일 애치슨 미 국무부장관의 발언이 있은 후부터 본격적으로 거론되었으며, 그때부터 북진에 대한 찬반 논쟁이 일어났다. 38선 돌파 논쟁의 핵심은 "국군과 유엔군의 북진을 허용해 패주하는 북한군을 격멸하게 할 것인가?" 또한 "북한군 격멸 후 통일문제를 어떻게 처리할 것인가?"에 있었다.

북진을 찬성하는 측은 전쟁범죄자를 처벌하고 유엔의 목적인 한국의 통일을 달성하기 위해 북진해야 한다고 주장했다. 아울러 만일 추격을 중지하게 되면 북한군이 군사력을 재정비해 재침할 가능성을 남겨 두어 유엔군이 계속해서 한국에 주둔할 수밖에 없다는 점을 강조했다.

이에 대해 북진을 반대하는 측은 38선을 넘게 되면 소련 및 중국의 개입을 초래하게 되며, 필연적으로 전쟁이 확대되고 장기화되어 제3차 세계대전을 유발할 위험이 있다고 주장했다. 한편, 한국의 이승만 대통령은 일찍이 트루먼 미국 대통령에게 "이 전쟁의 궁극적인 목적은 국토통일이어야만 한다"는 내용의 전문을 보냈다. 그는 전문을 통해 이번 기회에 침략자를 격멸해 통일을 달성해야 하며, 한국 국민에게는 그렇게 할 권리가 있다는 그의 신념을 피력했다. 미국은 이승만 대통령의 전문에 대해 공식적인 반응을 나타내지 않았다. 그러나 유엔군 사령부는 9월 29일 모든 부대에 진격을 멈추도록 명령했다. 이에 대해 이승만 대통령은 "유엔군 사령부가 어떻게 결정하든지 한국군은 진격을 멈추지 않을 것이다"고 선언했다. 그리고 국군이 38선에서 정지하고 있을 때, 정일권 총 사령관에게 38선을 돌파해 북진할 것을 지시했다.

그렇지만 국군의 작전지휘권이 유엔군 사령관에게 이양된 상태로서 정일권 총사령관은 워커 장군에게 동해안 전선의 국군이 전술적인 상황하에서 38선 바로 북쪽의 고지를 점령할 필요가 있음을 역설해 동의를 얻었다. 그 결과 국군의 선두부대 제3사단이 10월 1일, 최초로 38선을 돌파할 수 있었다.

2) 미국의 북진 결정과 유엔의 한국통일 결의

미국은 유엔 안전보장이사회의 결의에 따라 무력침략으로부터 한국을 방어하고 국제평화와 지역 안전을 회복하기 위해 유엔군을 지휘할 권한을 위임받고 있었다. 이에 따라 미국은 유엔군 사령관을 임명했으나, 유엔으로부터 작전 한계에 대한 지침을 받지는 않았다. 낙동강전선의 전황이 점차로 유리하게 전개되어 가고 인천상륙작전계획이 수립된 가운데 전세를 역전시킬 전망이 보이기 시작하자, 앞으로의 작전을 어떻게 전개할 것인가에 대한 논의가 미국 행정부와 합동참모본부 및 유엔군 사령부를 중심으로 활기를 띠게 되었다.

그때쯤인 9월 1일, 미국의 국가안전 보장회의가 전쟁지도에 관한 각 부처의 견해를 종합했다. 그 결과, 한반도에서 미국이 소련보다 유리한 입장을 확보할 수 있는 기회가 있을 때 이를 최대로 활용해야 한다는 점에 의견 일치를 보았다. 이에 따라 안보회의는 유엔군의 작전목표를 북한의 군사력을 무력화시키는 데 두기로 합의하고, 유엔 안보리의 결의가 곧 유엔군의 38선 돌파를 허용하는 법적 근거가 된다는 입장을 취했다. 그러한 가운데, 영국을 비롯한 8개국은 한반도의 인위적인 분단을 해소하고 유엔의 권능을 확립한다는 기조 위에 미국이 작성한 결의안을 유엔총회에 상정했다.

그리고 결의안은 10월 7일, 유엔총회에서 압도적인 찬성으로 가결되었다.

3) 북진작전계획과 작전

북진작전계획을 수립함에 있어 미국이 38도선 돌파 여부를 결정하면서 가장 관심을 가졌던 중공과 소련의 개입 여부에 대해 전쟁에 가입하지 않을 것이라는 가정을 설정하였고, 북한군은 현재 거의 괴멸된 상태이기 때문에 동계 이전에 전쟁이 종결될 것이라고 가정하였다.

이러한 가정을 기초로 수립된 맥아더 장군의 북진작전계획과 8군사령관 워커 장군의 북진작전복안에 대해서 알아보면, 먼저 맥아더 장군의 북진작전계획은 미 8군이 38도선을 돌파한 다음에 미 1군단은 평양으로, 한국군 2군단은 중부 산악지대로, 한국군 1군단은 동해안 축선을 따라 진출하도록 하였으며, 그리고 미 제10군단은 원산에 상륙한 후 이 중 일부인 미 제7사단이 평양으로 공격하여 미 제8군과 연결함으로써 적의 통로를 차단하고 지대 내 북한군을 격멸하도록 하였다. 또한 미 해병 제1사단은 한중국경선으로 진출하되 북진한계선인 정주－군우리－흥남을 연하는 선까지 진출하면 이후부터의 작전은 중공과 소련을 자극하지 않기 위해 한국군 단독으로 작전을 실시하는 것이었다. 참고적으로 이 계획은 1894년 청일전쟁 시 일본군 기동계획과 유사하다고 할 수 있다.

미 제8군사령관인 워커 장군은 인천으로 상륙한 경인 지역의 미 제10군단을 미 제8군의 지휘하에 두고 38도선을 돌파하여 평양으로 공격하는 것으로 이때 미 제1군단은 미 제10군단을 후속하다가 평양에서 원산방향으로 진격하여 한국군 제1군단과 연결한 후 동북지방으로 계속 진출한다는 계획으로 이 계획은 1592년 임진왜란 당시 일본의 기동계획과 유사하다고 할 수 있다.

이러한 워커 장군의 북진작전복안에 대해 미 제8군사령부뿐만 아니라 유엔군 사령부의 주요 참모들도 대체로 동의하고 있었지만 어느 누구도 감히 맥아더 장군에게 건의하거나 보고한 적이 없었기 때문에 결국 유엔군 사령관 맥아더 원수는 북진계획을 미 합참에 제출했다. 그리고 9월 29일, 트루먼 대통령의 승인을 받았으며 10월 2일, '작전명령 제2호'로 유엔군 예하 전 부대에 하달했다.

북진작전 명령의 골격은 미 제8군을 주공, 미 제10군단을 조공으로 북진하며, 정주－군우리－영원－함흥－흥남을 잇는 선(일명 '맥아더 라인')까지 진출한 후 그 선 이북 지역에 대한 작전은 한국군이 전담한다는 것이었다.

한편, 북진작전 명령의 특징은 유엔군의 작전 지역을 낭림산맥을 기준으로 동서로 양분하고, 동부 지역에 투입될 미 제10군단을 미 제8군에 배속하지 않고 유엔군 사령부가 직접 통제해 원산으로 상륙케 한다는 것이었다.

10월 1일 정오, 맥아더 원수는 북한군 총사령관에게 항복을 요구하는 성명을 방송했다.

그러나 북한의 응답은 없었다. 10월 9일, 맥아더 원수는 유엔 안전보장이사회의 새로운 결의안에 근거해 다시 한 번 북한의 항복을 요구하는 성명을 발표했다. 북한의 김일성은 두 번째의 제안에도 응답하지 않았다.

그 같은 사태를 예상하고 있던 맥아더 원수는 북진계획을 실행에 옮겼다. 그 결과 10월 9일, 전면적인 북진작전이 시작됐다. 그 같은 38선 돌파와 북진은 국군과 유엔군에게 대단히 고무적인 일이었다. 특히 한국인의 입장에서 볼 때 민족의 염원인 조국 통일의 기대를 갖기에 충분했다.

2. 평양 및 원산 탈환작전

38선을 돌파한 한국군 제1군단 예하 제3사단은 유엔군 사령부의 묵시적인 승인하에 10월 1일 북한군 제5사단 패잔병을 물리치고 최초로 38도선을 돌파하였으며, 북진이 결정된 이후 북한의 수도 평양을 목표로 하는 진격작전이 큰 관심사로 떠올랐다. 여기에는 미 제1군단(미 제1기병사단, 미 제24사단, 국군 제1사단)과 국군 제2군단(제6, 제8사단) 등이 참가했다. 그 결과 평양탈환전은 평양 선두 입성을 위해 국군과 유엔군, 그리고 각 군단 및 사단이 치열한 경쟁을 벌이는 양상으로 전개되었다.

1) 평양 입성

미 제8군의 주공으로 평양탈환 임무를 부여받은 미 제1군단장 밀번 소장은 미 제1기병사단을 주공, 미 제24사단을 조공으로 하고 국군 제1사단으로 하여금 후방작전 임무를 수행하도록 하는 북진계획을 하달했다.

국군과 제1사단의 전투력, 특히 미미한 기동력을 고려한 계획이었다. 그렇지만 명령을 수령한 제1사단장 백선엽 준장은 밀번 소장에게 적의 수도를 탈환할 수 있는 기회를 달라고 강력히 요청했다. 밀번 장군은 제1사단장의 요청을 받아들여 미 제24사단과 위치를 맞바꾸어 국군 제1사단을 조공으로 평양 공격에 가담할 수 있게 했다.

국군 제1사단은 평양 공격의 조공부대로 선정되기는 했지만 미 제1기병사단보다 이

틀이나 늦은 10월 11일에야 38선을 돌파했다. 뿐만 아니라 제1사단은 미군 사단에 비해 기동력과 화력이 훨씬 미약했다. 따라서 그들의 진격속도는 지지부진하기만 했다.

군단장에게 간청해 기존 작전계획을 변경하면서까지 평양탈환을 장담했던 제1사단장은 고심하지 않을 수 없었다. 그 문제를 타개하기 위한 궁리 끝에 사단을 지원하는 미군 포병 사령관에게 조언을 구했다. 그리고 포병 사령관의 조언에 따라 전차를 지원받게 된 국군 제1사단은 포병, 공병, 항공과 함께 협동작전이 가능한 '패튼식 전법'을 구사하게 되었다.

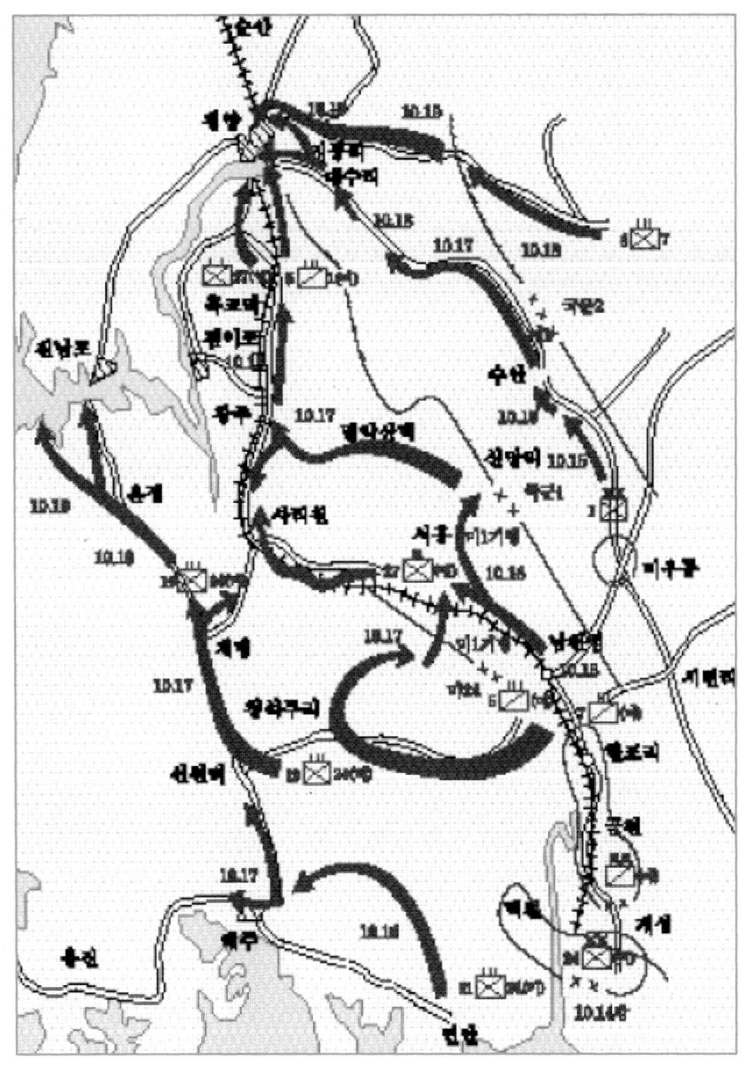

평양 진격작전 상황도

그로 인해 사단의 기동력이 강화되었고 진격의 속도가 붙었다. 그렇게 해서 중·서부의 험한 산길을 따라 진격하는 국군 제1사단이 경의국도를 따라 진격하는 미 제1기병사단보다 한발 앞서 평양에 접근하게 되었다.

한편 그 시점에는 미 제1군단뿐만 아니라 이승만 대통령의 특별명령에 따라 국군 제2군단의 주력까지도 평양에 근접해 있는 상황이었다. 상원과 율리에서 서북방으로 진격해 평양을 동남쪽과 동북쪽에서 공격하려는 국군 제1사단과 황주를 점령한 후 북진해 평양을 남쪽에서 공격하려는 미 제1기병사단, 율리에서 국군 제1사단 제15연대를 바짝 뒤쫓고 있는 국군 제7사단 제8연대, 평양의 동북방 양덕과 성천, 강동으로 진격방향을 잡은 국군 제6, 제8사단 등이 직·간접적으로 평양 공격에 합류한 것이었다.

드디어 10월 19일, 국군 제1사단이 평양에 최초로 입성했고, 곧 미 제1기병사단이 합류했다. 한편, 육본명령에 따라 평양탈환전에 참여했던 국군의 제7사단도 거의 동시에 평양에 입성했다. 그 후 평양 시내의 잔적을 소탕하는 작전이 전개되어 소탕작전이 완료된 10월 30일, 이승만 대통령이 참석한 가운데 평양 시청에서 성대한 평양 입성 환영식을 거행했다.

또한 한국군 제2군단은 중동부 산악지대로 계속 진출하고 있었으며 상황이 이렇게 되자 맥아더 장군은 10월 19일 계획을 변경하여 기존 북진한계선을 철폐하고 선천-풍산-성진을 연하는 신(新)맥아더라인으로 북진한계선을 추진하였다.

그 후 한국군과 유엔군이 청천강 일대까지 진출하자 맥아더 장군은 10월 24일에 한중국경선으로 총추격 명령을 하달하여 10월 26일에 국군 제6사단 7연대가 초산까지 진출하였으나 10월 25일부터 시작된 중공군의 1차 공세로 인하여 미 제8군은 11월 1일부로 청천강선으로 철수할 수밖에 없었다.

2) 국군과 유엔군의 원산탈환작전

유엔군 사령부는 북한의 작전지대를 낭림산맥을 기준으로 2개 지역으로 구분하고, 서측을미 제8군사령부에, 동측을 미 제10군단에 부여했다. 이에 따라 동측산악지대를 담당하게 된 미 제10군단은 원산으로 상륙하게 되었다. 그러나 원산상륙작전은 맥아더 원수의 최대 실책으로 기록되게 되었다.

(1) 국군 제1군단의 원산 탈환작전

동부전선의 국군 제1군단은 10월 1일, 38선을 돌파해 북진을 시작한 이후 북한군 패잔병들을 소탕하면서 하루 평균 26㎞라는 놀라운 속도로 진격을 계속했다.

당시 국군의 보급 사정은 대단히 좋지 못해 군화가 제대로 보급되지 않았음에도 장병들은 맨발에 헝겊을 감은 채 앞다투어 진격하는 집념을 보였다.

10월 9일, 신고산을 점령한 국군 수도사단은 남행열차에 적재된 북한군의 각종 소총 8천여 정과 전차 4대를 비롯한 많은 무기와 의약품 등을 노획했다.

원산에서는 북한군 제12사단을 주축으로 한 경비여단과 육전대 등 2만 명에 가까운 패잔병 집단이 국군의 진격을 저지하려 했으나, 이미 기세가 꺾인 상태여서 큰 힘을 발휘하지 못했다. 그 결과 10월 10일, 국군 제1군단은 마침내 동해안 최대의 군사 요충지인 원산을 탈환했다.

국군 제1군단이 원산을 확보함으로써 동북지방으로 빠져나가려던 북한군의 퇴로를 봉쇄하게 되었으며, 동해의 많은 항구와 연결된 영흥만을 장악하게 되었다.

아울러 평원선(평양－원산)이나 원라선(원산－라진)으로 이어지는 전과 확대가 가능하게 되었다. 이어서 원산을 점령한 국군 제1군단은 진격을 계속해 17일에는 함흥과 흥남까지 진격했다.

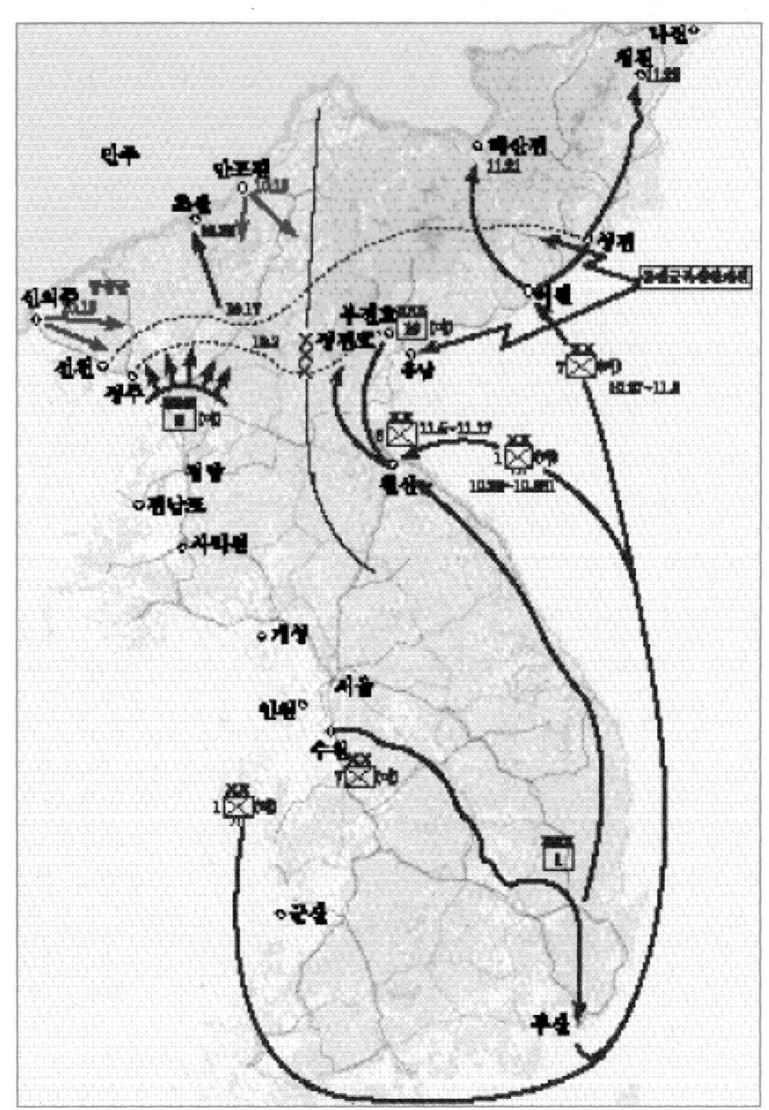

북진작전 및 원산상륙작전 상황도

(2) 미 제10군단의 원산상륙작전

맥아더 원수는 원산에서 또 다른 '인천'을 연출하고, 평원선을 연결함으로써 중·동부 전선에서 퇴각하는 북한군 주력의 퇴로를 차단해 그들을 섬멸하겠다는 구상 아래 원산상륙작전을 계획했다.

당초 원산상륙작전계획의 모순이 지적되긴 했으나, 원산상륙은 맥아더 원수의 원대한 구상 아래 계획대로 진행되었다. 맥아더 원수의 명령에 따라 미 제10군단은 경인 지역을 미 제1군단에게 인계하고 미 제7함대는 청진 이남의 해안을 봉쇄해 미 제10군단의 원산상륙을 지원할 태세를 갖추어 나갔다. 인천에서 원산으로 향할 인원 및 장비의 승선과 적재에 많은 시간이 소요되어 미 제8군의 북진작전까지 지장을 주었지만 10월 16일, 마침내 상륙함정의 출항이 시작되었다.

원산상륙에 참가할 미 제7사단은 철도와 차량을 이용해 부산으로 이동했으며 10월 17일, 부산에서 승선 및 적재를 완료했다. 원산에 상륙할 부대들이 항해 중이던 10월 10일, 국군 제1군단이 원산을 점령함으로써 원산상륙은 행정적인 상륙으로 변질되었다.

그러나 그것도 결코 쉽지 않았다. 북한군이 원산 앞바다에 고성능 기뢰를 부설했기 때문이다. 기뢰 부설에 대해 정확한 정보를 갖지 못했던 유엔군은 함정 3척이 원산 앞바다에서 크게 파손되자 대대적인 기뢰 제거 작업에 착수했다.

따라서 10월 19일, 원산 해역에 도착해 대기하고 있던 미 제1해병사단은 지뢰 제거 작업이 완료된 후인 10월 26일부터 상륙을 시작해 28일에 완료했다. 미 제7사단은 원산상륙을 취소하고 방향을 돌려 10월 29일부터 11월 9일까지 함경남도 이원에 상륙해 새로운 명령에 따라 11월 21일 혜산진까지 진출했다.

1950년 11월 말경 전반적인 전선은, 중공군의 1차 공세 이후 서부전선은 청천강선을 점령한 반면 동부전선은 거의 한중 국경까지 진출하고 있었다.

이에 따라 유엔군은 중공군의 투입규모를 6만 명 이하로 판단하고 크리스마스 이전에 전쟁을 종결시키기 위해서 크리스마스 공세를 계획하였으나 크리스마스 공세는 11월 25일 중공군 2차 공세와 충돌하여 결국 한국군과 유엔군은 12월 15일에는 38도선 일대까지 철수하여 급편방어진지를 점령할 수밖에 없었다.

북진작전은 실패로 돌아가고 전쟁은 다시 방어 국면으로 접어들게 되었다.

이러한 북진작전의 계획과 경과의 문제점은 다음과 같다.

첫째, 보급지원 측면으로 당시 북진작전 간 병참선은 철도종착지인 영등포 이후부터 트럭으로 수송하는 것이었다. 그나마 이러한 체계가 갖추어진 것도 낙동강의 왜관 철교와 경부철도의 주요 교량 보수가 끝난 10월 10일 이후였다. 따라서 북진작전의 시작은 이러한 최소한의 병참선이 구축된 10월 10일 이후에나 가능했던 것이다.

둘째, 인천항을 이용한 미 제8군의 보급품 하역은 10월 16일 이후에나 가능하였는데 왜냐하면 원산상륙작전을 위한 미 제10군단의 선적이 10월 5일부터 10월 16일까지 진행되었기 때문이다.

셋째, 전선이 점차 북상함에 따라 미 제8군의 보급은 더 어려웠는데, 예를 들면 미 제8군 전체의 연료재고가 1일분에 미치지 못하는 경우도 있었다. 특히 전차부대는 다음 날의 연료를 매번 걱정하면서 작전할 수밖에 없었다.

이러한 문제점을 해소하기 위한 노력으로 첫째는 평양과 신안주 비행장을 확보하여 활용하기도 하였으나 항공기 적재능력의 제한으로 근본적인 해결책이 되지 못했다.

둘째는 후방에 위치한 미 제9군단의 차량 및 운전병을 차출하여 전방부대 보급지원에 투입하고, 미 제8군 차량 76%를 24시간 가동하였으나 또 다른 문제인 차량 정비소요 증가와 이에 따른 수리부속의 부족이라는 새로운 문제점이 초래되었다.

셋째는 평양의 외항인 진남포항을 고려하였으나 기뢰 제거에 필요한 소해정들이 모두 원산항에 투입되었기 때문에 이루어질 수 없었다. 이렇듯 원산상륙작전은 여러 가지 측면에서 미 제8군의 보급상황을 더욱 악화시켰으며, 그 결과 미 제8군은 북진 작전기간 내내 보급지원문제에 시달려야 했고 이것은 결국 미 제8군의 진출속도를 지연시키는 주된 원인 중의 하나였다.

다음으로 보급지원을 제외한 북진작전의 기타 문제점은

첫째, 미 제8군과 미 제10군단의 분리운용 및 동서연결 백지화로서, 당시 맥아더 장군은 낭림산맥으로 인하여 불가피했다고 하지만 단일전구 내에 두 명의 지휘관이 존재함으로써 원활한 상호 지원 및 협조가 불가능하였다. 또한 맥아더 장군은 10월 24일 국경선으로 총추격명령을 하달함으로써 미 제8군과 미 제10군단을 하나로 이으려는 최초의 계획을 백지화하고 말았다. 결국 이러한 조치는 중공군 2차 공세 시 미 제8군과 미 제10군단의 간격을 통해 대규모 중공군이 침투할 수 있는 여건이 형성되었던 것이다.

둘째, 미 제10군단의 유병화 및 전기 상실로서, 한국군 제1군단이 10월 1일 38도선을 돌파하고, 10월 10일 원산을 조기에 점령한 뒤 미 제10군단은 10월 26일에서야 행정적으로 상륙함으로써 가장 중요한 시기인 10월 한 달 동안 유휴 병력이 되었던 것이다. 또한 미 제10군단의 원산상륙작전 준비로 인해 미 제8군은 북진작전 초기 10일 간 38도선상에서 머뭇거려야 했고 북진작전기간 내내 보급지원문제로 진출이 지연되었으며, 이로 인해 북한군의 상당수가 청천강 이북으로 빠져나갈 수 있었다. 우리는 여기서 전장에서 전기는 반드시 포착되어야 하고, 일단 전기를 포착하게 되면 왕성한 결단력과 실행력으로 이를 활용해야 한다는 교훈을 이해할 수 있다.

셋째, 북한군의 격멸에 실패했다는 것으로써, 북진작전이 개시되었을 때 적을 격멸하는 것보다는 일부 지역목표 탈취에 혈안이 되었다는 점이다. 단적인 예로 미 제1군단과 국군 제2군단은 서부전선 및 중부전선에서 공격하면서 평양탈환이란 지역목표에만 집착한 나머지 치열한 진출속도 경쟁을 벌였을 뿐 적 부대 격멸을 위한 상호 협조된 공격 또는 부대 간의 공격방향 등에 대해서는 모두 망각하였던 것이다. 그 결과 중공군 2차 공세 시 북한군이 제2전선을 형성함으로써 유엔군은 조직적인 방어작전을 전개하는 데 많은 어려움을 겪었던 것이다.

제1절 중공군의 개입[16]

1. 중공군이 압록강을 건너게 된 배경

국군과 유엔군이 압록강과 두만강 선을 향해 파죽지세로 진격을 계속하게 되자, 한반도의 통일은 현실로 다가온 듯했다. 그러나 예상외로 중국이 개입함으로써 전쟁의 방향은 완전히 뒤바뀌게 되었다. 공세를 펼치던 국군과 유엔군은 급속히 철수하게 되었고, 통일의 꿈은 다시 한 번 좌절을 겪게 되었다.

1) 중공군의 한국전쟁 개입 동기

한국전쟁이 발발한 직후 '전쟁에 소련과 중국이 어느 정도 관련되어 있으며, 앞으로 어떤 태도를 취할 것인가' 하는 문제를 확인하는 것은 미 정책결정자들에게 매우 중요한 과제였다.

소련의 전쟁 개입은 미국과 직접적인 대결을 초래하게 된다는 측면에서 그 가능성이 낮다고 평가된 반면 중국의 개입 가능성과 그들에 대한 우려는 사라지지 않고 있었기 때문이다. 당시 중국은 전세가 북한군에게 유리하게 전개될 때는 별 반응을 보이지 않았다.

---

16) 김행복, 『6 · 25전쟁사』, 군사편찬연구소, 2005, p.106.

그러나 유엔군의 인천상륙작전으로 북한군이 붕괴되고 국군과 유엔군이 반격으로 38선을 향해 진격해 가자 공공연히 전쟁 개입의사를 나타내기 시작했다.

그런데도 유엔군 측은 중국의 개입 가능성을 높게 보지 않았다. 아울러 여러 가지 이유를 들어 "중국은 결국 전쟁에 개입하지 않을 것이다"고 판단했다. 그러나 유엔군의 판단과 달리 실제로 중국은 이미 전쟁에 개입하고 있었을 뿐만 아니라 병력 규모도 예상외로 컸다.

중국이 한국전쟁에 개입하게 된 동기는 무엇인가?

그 점에 대해 당사국인 중국이 표명한 내용은 다음과 같다. 즉 북한의 군사원조 요청을 받아들인 것이며, 만일 북한이 미국에 의해 점령된다면 적대국가와 국경을 마주하게 되어 국내 및 국제적으로 자신들에게 불리한 일이 많이 발생하게 될 것이라는 점이었다.

또한 중국이 소련으로부터 경제 및 군사력 건설에 필요한 원조를 획득하며, 정치적·사회적인 면에서 국가의 안정을 이루기 위함이었다고 한다. 아울러 북한 공산정권을 지원함으로써 동남아의 공산주의 활동에 영향을 주어 정치적 주도권을 장악하기 위해서라는 점도 제기되고 있다. 중공군이 개입하게 된 직간접 요인은 다음과 같다.

● 직접적인 요인

첫째는 미국에 대한 중공의 적개심으로 이는 양국 간 이데올로기 차이뿐 아니라, 미국의 장제스 정부에 대한 지원 때문이었고, 둘째는 한국전쟁 발발 이후 수차례의 계속된 중공의 대미경고를 무시한 데 있었으며, 셋째는 1949년 3월 18일 조·중 상호방위협정 체결이 한국전쟁에 개입하게 된 직접적인 요인이 되었다.

● 간접적인 요인

첫째는 대한반도에 대한 인식을 순치보거의 관계로 보아 왔기 때문이었으며, 둘째는 중공정권의 기본정책으로 볼 때 중공의 정권안정문제와 대만, 티베트 지방의 실지회복, 그리고 국제사회에서의 지위 향상 등 차원에서 국가적인 당면문제 해결이 시급하였다. 따라서 중공군을 파병하여 이러한 정책의 목표가 일거에 달성 가능하고, 파병의 대가로 1차 경제개발에 소요되는 재원을 소련으로부터 획득 가능하다는 판단으로 한국전쟁에 개입하게 되었다.

2) 중공군의 작전목표 및 개입 과정

중공군의 작전목표는 '한반도로부터 외국군을 축출'하는 것으로서, 중공은 이것을 유엔 가입을 위한 정치적 목표와 연계시키려 하였으며 이를 위해 작전을 3단계로 설정하였다.

제1단계는 유엔군의 한중 국경선 진출을 저지하고, 제2단계는 총반격작전으로 평원－원산선까지 진출하여 38도선 이북을 회복하며, 제3단계는 38도선 이남으로 침공하여 서울을 재점령하고, 유엔군을 한반도에서 축출한 다음 차후작전을 준비하는 것이었다. 중국이 한반도의 전쟁에 보다 깊은 관심을 갖게 된 시기는 미 지상군의 전선 투입이 이루어지고 있던 1950년 7월 초였던 것으로 알려져 있다. 그때 중국은 자체 판단과 소련의 권고에 따라 동북(東北) 지역의 안전과, 필요시 북한을 지원할 수 있는 대비태세를 갖추기 위해 '동북변방군(東北邊防軍)'을 조직했다. 그리고 유엔군의 인천

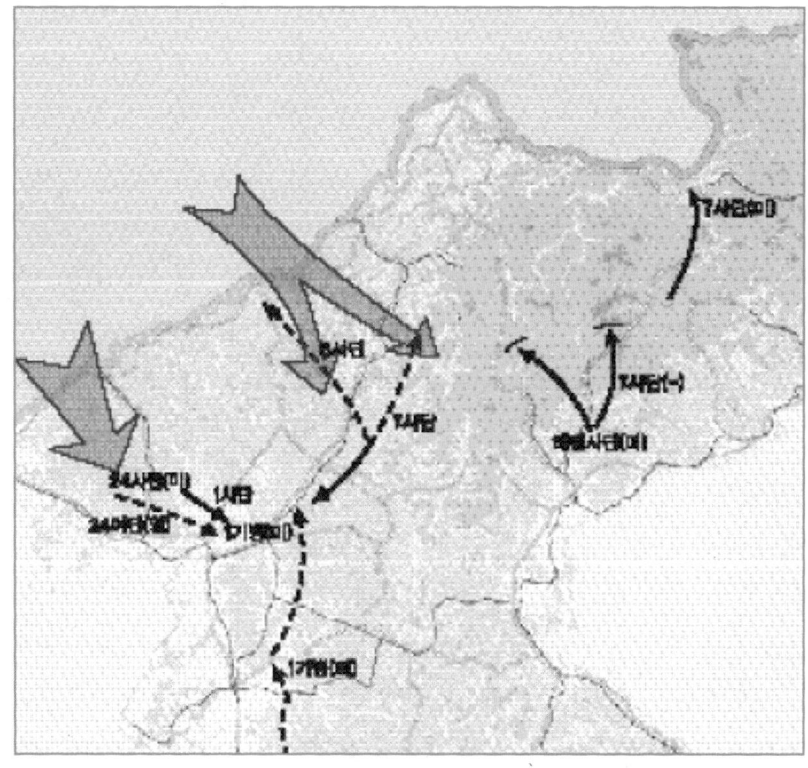

중공군의 침입

상륙작전으로 전세가 역전된 후인 10일 1일, 소련과 북한으로부터 공식적인 지원요청을 접수했다. 이에 따라 마오쩌둥은 명분을 내세워 그동안 출전태세를 갖추어 온 동북변방군을 '인민지원군(人民志願軍)'으로 개편(개칭)하고 출병 명령을 하달함과 동시에 그 사실을 스탈린과 김일성에게 통보했다.

그 후 지원군에 대한 소련의 공군 지원이 이루어지지 않아 두 차례 출병이 유보되었으나, 10월 19일, 제4야전군 예하 제13병단의 6개 군 18개 사단(약 18만 명)이, 11월 초순에는 제3야전군 예하 제9병단 3개 군 12개 사단(약 12만 명)이 각각 압록강을 도하함으로써 본격적으로 참전하게 되었다.

한국에 침입한 중공군은 주로 ① 단둥(丹東)−신의주, ② 청성진−삭주, ③ 지안(輯安)−만포진, ④ 임강−중강진 등 동북 지역(만주)으로부터 북한 지역에 이르는 4개의 경로를 이용해 압록강을 건넜다. 중공군의 편제는 사−군−병단−야전군으로 되어 있었는데, 한국군의 편제와 비교하면 다음과 같다.

중공군과 한국군의 편제 비교

한국군	사 단	군 단	야전군	집단군
중공군	사	군	병단	야전군

중공군의 보병사단(사)은 한국군과 비슷한 전형적인 삼각편제로서 병력은 통상 7천 명 정도였다. 그러나 '항미원조지원군'[17]이란 이름으로 투입된 사단들은 1만~1만 1천 명 선으로 증강되었다. 그들은 제공권을 확보하지 못한 상태에서 일단 한반도에 발을 들여놓은 후에는 양호한 도로를 피하고 험준한 산악지대를 따라 집결지로 이동했다. 그리고 매일 오후 7시부터 다음 날 새벽 3시경까지 야간에 행군하고 도착 지점에서는 참호를 파고 휴식을 취했다. 그 같은 은밀한 야간행동 때문에 유엔 공군은 그들을 발견할 수 없었다.

2. 미국의 중공군 개입 예측

미국은 한국전쟁에 개입하면서부터 북한의 우방국인 소련과 중국의 정치·군사적

---

10) 중국인민지원군(中國人民志願軍)이 6 · 25전쟁에 개입 시 지원군 명칭.

인 반응을 면밀히 주시했다. 특히 38선을 돌파해 북진하기로 결정하면서부터는 중·소의 전쟁 개입 징후를 포착하기 위해 보다 많은 관심을 집중했다.

특히 소련의 지원 아래 중국이 개입할 가능성을 판단하기 위해 많은 노력을 경주했다. 그러나 전반적인 분위기는 경이적인 인천상륙작전의 성공 분위기에 젖어 '중국의 개입 가능성은 거의 없다'는 것이었다.

1) 중공군 개입 가능성에 대한 예측과 판단

유엔군 사령부가 북한에 투입될 가능성이 있는 중공군에 대한 정보를 입수하는 것은 무척 힘들었다. 병력과 물자의 이동상황이나 보급 등에서 나타난 점으로 보아 중국이 개입하려 한다는 것을 추정할 수 있었으나 정확한 판단을 내릴 수는 없었다.

한반도의 사태와 관련해 중국 측의 대미 경고가 격화되기 시작한 것은 유엔군이 38선에 접근하고 있던 9월 말경이었다.

그러나 전세가 호전되어 감에 따라 고조되어 가는 낙관적인 분위기 속에서 미국의 정책당국은 정치적·군사적 취약성이 널리 알려진 중국 측의 경고와 군사개입 가능성을 단순한 위협 정도로 간주했다. 트루먼 대통령을 비롯한 미국의 정책 수립가들이 맥아더 원수와 더불어 중국의 개입 의도와 능력을 경시하는 가운데 북한의 조기 점령을 낙관했다는 사실은 10월 15일에 있었던 '웨이크 섬(Wake Island) 회담'에서도 역력히 드러났다.

그날의 회담에서 맥아더 원수는 설령 중공군의 일부가 압록강을 넘어 침입하더라도 그들은 공군의 지원이 매우 빈약하므로 평양까지 도달하는 사이에 유엔군에 의해 큰 타격을 받게 될 것이라고 장담하면서, 전쟁 조기 종식과 더불어 미군의 조기 철수가 가능함을 확언했다. 트루먼 대통령 역시 맥아더 원수의 낙관적인 언급 내용에 대해 별다른 의문을 제기하지 않았다.

2) 중공군 개입 사실 오판의 원인

중공군이 실제로 북한에 진입한 시기는 10월 중순이었으며 그들이 아군에 의해 전장에서 발견된 시기는 그로부터 10월 말이었다. 그러나 중공군이 발견된 후에도 유엔군 사령부는 중국이 전쟁에 개입했다는 사실을 인정하지 않았다.

이처럼 미국이나 유엔군 사령부 측이 중국의 개입을 제대로 예측하지 못하고, 판단하지 못했던 요인은 무엇일까? 그것은 크게 정치적 요인과 군사적인 요인으로 분석할 수 있다. 정치적 요인은 중국이 국가 이익을 우선해 미국 및 유엔과 전면대결이라는 모험을 시도하지 않을 것이라는 점이었다.

또한 군사적으로도 중국의 군사력이 빈약했다. 소련이 미국을 의식해 중국에 해·공군 지원을 해 주지 않을 것이 분명했다. 따라서 공군의 지원이 없는 중공군은 유엔군에 의해 큰 타격을 받을 것이라는 점이 지적됐다.

3. 중공군의 정체

중국은 한국전쟁에 중공군을 투입하면서 그들을 '인민지원군'이라는 이름으로 불렀다. 그 이유는 명칭이 뜻하는 바와 같이 한반도에 파견된 군대는 중국 정부가 미국 또는 유엔 회원국과 전쟁을 위해 정식으로 파견한 군대가 아니라 인민들이 스스로 지원해 조직된 군대라는 것이다.

1) 인민지원군의 실체

중국이 '인민지원군'으로 불렀던 군대는 사실상 중국의 정규군, 즉 '인민해방군'의 일부였다. 한국에 투입된 중공군은 동북변방군이 주축이었으며 참전경험이 많은 정규군인들로 구성되었던 것이다. 그들의 지휘부도 마오쩌둥의 명령에 의해 총사령관에 펑더화이(彭德懷), 부사령관에 등화(鄧華), 홍쉬에쯔(洪學智), 한시엔추(韓先楚), 참모장에 세방(解方)이 임명되는 등 중공군을 대표하는 인물들이었다. 그럼에도 불구하고 그들을 중국이 보내는 '지원군(支援軍)'이라 하지 않고 인민이 지원해 이루어진 '지원군(志願軍)'이라고 한 것은 중국 인민이 조선 인민을 돕는 민간 차원의 군대라고 겉모양을 포장하려 했기 때문이다.

다시 말해 그때의 참전이 '미국과 유엔에 대한 선전포고'를 의미하는 것이 아니라고 상대방을 속이기 위한 위장 술책이었던 것이다. 그 같은 명칭은 한동안 유엔군 측을 혼란스럽게 했고, 중공군의 실체를 파악하기 어렵게 하는 하나의 요인으로 작용했다.

2) 중공군의 전략 전술

중공군은 국내에서 국부군(蔣介石: 정부군)과 국공내전을 수행하면서 그들의 전력은 되도록 온전하게 보존하면서 국부군의 전력을 최대한 소모시키기 위해 '거보적(巨步的) 전진 후퇴'를 반복하는 '운동전(運動戰: 기동전)' 전략을 적용했다.

그러나 중공군 지휘부는 기동공간이 좁은 한반도에서는 그러한 전쟁 수행 방법이 적합하지 않음을 인식했다. 이에 따라 '분리와 소멸'이라는 개념하에 '진지전(지역방어)과 운동전(기동전)'을 배합한 작전을 수행한다는 방침을 세운 중공군은 상황에 따라 역습, 기습, 매복으로 적의 '유생역량(병력)을 소멸하는 전술'을 구사했다.

중공군은 그 같은 기본개념에 입각해 먼저 한국군의 방어 지역을 돌파 및 포위·소멸한 후 미군의 측방을 노출시켜 그 퇴로를 차단 포위함으로써 소멸시키는 '분리와 소멸'이라는 개념을 기본으로 작전을 수행하려 했다.

그 같은 전술에 의해 중공군은 방어에 유리하고 유엔군이 공격하기 어려운 산악지형에 진지를 구축하고, 은밀하게 숨어 적이 통과하기를 기다렸다가 유엔군의 측방과 후방을 포위 공격했다. 또한 그들은 피리와 꽹과리를 불며 협소한 정면에 압도적인 병력을 투입해 밀집대형으로 전진하는 이른바 '인해전술(人海戰術)'과 유엔군의 집중화력과 공중공격을 피해 야간공격을 감행함으로써 화력의 열세를 극복하고 최대의 전과를 거두려 했다. 그리고 그 같은 중공군의 전략 전술은 초기 전투에서 큰 성과를 거두었다.

제2절 중공군의 1·2차 공세

1. 유엔군 압록강과 두만강 진격작전

1950년 10월 하순에 이르면서 국군과 유엔군은 머지않아 전쟁이 승리로 끝날 것이라는 분위기에 도취되어 있었다. 뿐만 아니라 전쟁 종결을 예상한 미군 수뇌부는 한국전에 더 이상의 부대를 투입하지 않도록 하고, 투입된 부대를 차출해 다른 지역으로 보낼 계획까지 검토하고 있었다.

1) 유엔군의 '추수감사절 공세'와 중공군의 제1차 공세
1950년 10월 중순, 작전 주도권을 완전히 장악한 국군과 유엔군은 추수감사절(11월

23일)까지는 전쟁을 종료시킬 수 있을 것으로 판단했다. 그리고 멀지 않은 거리에 있는 압록강과 두만강을 향해 총공격을 감행하기로 결정하면서 '추수감사절 공세'를 계획했다. 이에 따라 맥아더 원수는 "전 병력을 투입해 최대한의 속도로 압록강과 두만강선까지 진격하라!"는 새로운 명령을 하달했다.

그것은 그가 설정했던 유엔군부대의 북진한계선을 철폐하는 조치였다. 그 결과 북진작전 중인 각급 부대들은 국적에 관계없이 압록강과 두만강을 향해 총진격을 서두르게 되었다. '추수감사절 공세'계획에 따라 10월 24일, 국군과 유엔군은 총공격을 감행해 서부전선에서 청천강을 도하해 압록강을 향하고, 동부전선에서 함흥과 흥남을 점령한 다음 장진호와 청진 방향으로 진격했다. 국군과 유엔군이 총공세를 시작함에 따라 중공군은 다음 날인 10월 25일부터 전쟁에 투입된 이후 처음으로 공세작전을 감행했다.

그때 그들은 압록강을 도하한 6개 군 중에서 5개 군을 서부전선 적유령산맥 남단에 전개시켜 운산－회천 방향으로 공격하게 했다.

그리고 동부전선에서는 1개 군을 장진호 북쪽에 전개시켜 국군 및 유엔군의 전진을 저지케 했다. 접전이 전개될 무렵 국군의 선봉부대인 제6사단 제7연대는 그 진출

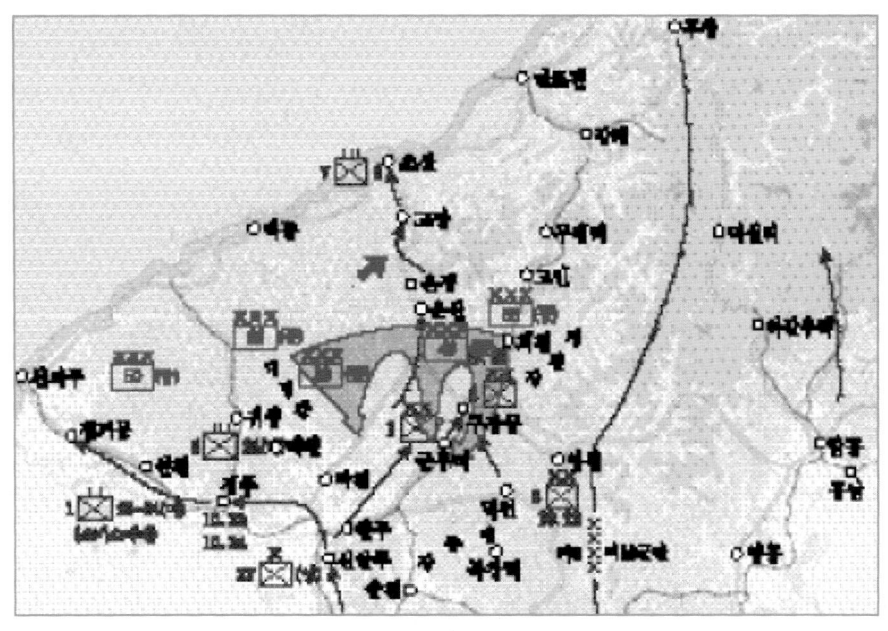

추수감사절 공세 계획과 중공군의 1차 공세 상황도

로가 중공군의 공격 경로와 엇갈렸던 관계로 26일 압록강변의 초산에 도달했다.

또한 서해안 축선상에서 미 제24사단과 영연방 제27여단이 11월 1일에 신의주 남서쪽 33㎞ 지점의 정거동까지 진격했다. 그렇지만 그 밖의 지역에서 공격하던 부대들은 강력한 중공군의 저항에 부딪혀 붕괴되거나 그들의 포위망에 고립되었다.

이로 인해 국군 제2군단의 전선이 붕괴되었고, 미 제1군단의 사정도 비슷했다. 이른바 중공군의 제1차 공세였다. 이로써 추수감사절 공세는 예상하지 못한 중공군의 기습공격으로 좌절되었다.

결론적으로 중공군 1차 공세 결과를 중공군의 입장에서 본다면 한국군과 유엔군의 국경선 진출을 저지한다는 1단계 작전목표를 달성하고, 후속증원부대의 전개시간을 획득함으로써 차후 대규모 공세를 준비할 수 있는 충분한 여건을 마련했다고 할 수 있다.

한편, 유엔군의 입장에서 본다면 중공군은 개입하지 않을 것이라는 가정하에 전쟁의 종결을 눈앞에 두고 한중 국경선으로 진출하다가 불의의 기습을 받았다고 할 수 있다.

따라서 유엔군 입장에서는 전반적인 상황을 다시 한 번 점검하고, 차후방책을 검토할 수밖에 없었으며, 당시 중공군 1차 공세 이후 미 제8군의 정보판단은 중공군은 수풍발전소를 방호할 목적으로 6만 명 이하가 투입된 것으로 판단하였으며, 중공군은 차후 북한군을 제한된 범위 내에서 지원하거나 또는 유엔군을 한중 국경선에서 철수시키기 위한 무력시위를 할 것으로 판단하였다. 이러한 판단을 기초로 차후 중공군의 대대적인 공세는 없을 것이라고 잠정적으로 결론을 내렸으며, 따라서 미 제9군단의 추가적인 전방전개와 동부전선에서의 양호한 진출을 고려할 때, 단 한 번의 대규모 공세로 크리스마스 이전에 전쟁종결이 가능할 것이라고 판단하였다. 이렇게 해서 수립된 공세가 바로 크리스마스 공세다.

2) 유엔군의 '크리스마스 공세'와 중공군의 제2차 공세

중공군의 제1차 공세에 의해 철수한 미 제8군이 청천강 남쪽에 방어선을 형성하고 있던 11월 7일경, 강을 사이에 두고 대치했던 중공군이 갑자기 자취를 감추어 버렸다. 이에 따라 전선은 소강상태가 조성되었다. 유엔군 측에서는 그 같은 상황을 어떻게 판단해야 할지 갈피를 잡지 못하고 있었다. 중공군의 동정을 파악할 수 없게 된 미 제8군은 공중정찰과 위력수색 등을 강화하면서 영변과 박천을 탈환했다.

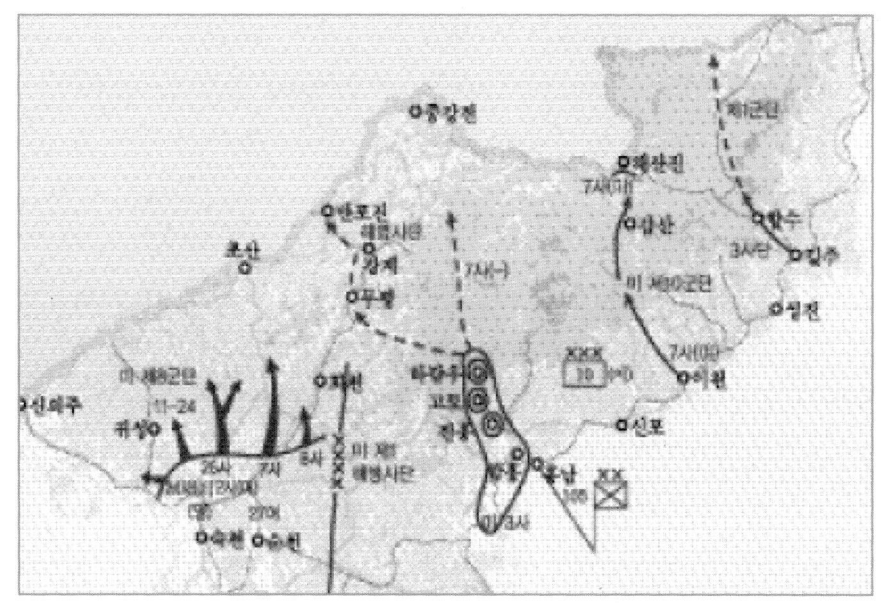

크리스마스 공세 계획

이어서 유엔군 사령부는 소강상태가 지속되는 시기를 이용해 서부전선과 동부전선에 각각 1개 군단을 투입했다.

그때쯤 중공군의 개입 사실을 인정한 맥아더 원수는 그들의 조직적인 공격이 시작되기 전에 전쟁을 종결짓기 위한 공세를 계획했다. 그는 "이번 작전이 전쟁의 최종 공세가 될 것이며, 10일 이내에 전쟁을 끝내고 크리스마스까지는 집으로 돌아갈 수 있을 것이다"고 말했다.

그런 목적으로 국군과 유엔군은 11월 24일 '크리스마스 공세'를 단행했다. 그때 중공군은 제13병단이 적유령산맥 남쪽 일대에서, 제9병단이 장진호 및 개마고원 일대에서 전투대형을 갖추고 국군 및 유엔군을 기다리고 있었다. 그리고 유엔군이 크리스마스 공세를 시작한 바로 그 다음 날인 25일, 그들의 두 번째 공세를 시작했다. 중공군의 제2차 공세도 제1차 공세와 같이 유엔군에게 기습적이었다.

유엔군 측에서는 크리스마스 공세를 취할 때까지도 중공군의 병력은 의용군으로 구성된 단지 몇 개 사단에 불과하며, 중국이 주력을 투입해 전쟁에 개입하지는 않을 것으로 판단하고 있었다. 그러나 실제로는 조직적 지휘체제를 갖춘 중공군 30개 사단 30만여 명이 투입되어 있었던 것이다.

이에 따라 국군과 유엔군은 도처에서 출현한 중공군과 격돌하게 되었다. 중공군은 미 제8군의 우측방으로 주공을 지향시켜 청천강 이남으로 진출했다. 동부전선에서는 장진호 일대에서 미 제1해병사단을 포위했다. 눈 덮인 산골짜기에서 중공군은 엄청난 힘으로 밀어닥쳤다. 군우리에서 미 제2사단이 괴멸되었으며, 장진호에서 미 제1해병사단이 포위되어 버렸다. 전혀 예상치 못한 사태에 직면한 유엔군 사령부는 속수무책이었다. 이에 따라 국군과 유엔군은 마치 눈사태를 만난 것처럼 정신을 차리지 못한 채 공세를 중단하고 후퇴하지 않을 수 없었다.

결론적으로 중공군 2차 공세결과를 중공군 측 입장에서 본다면, 38도선까지 진출한다는 2단계 작전목표를 완벽하게 달성하였으나 보급지원의 제한으로 유엔군에 대한 추격작전은 38도선 일대에서 멈출 수밖에 없었고, 특히 장진호 전투에서 심대한 전투력 손실을 당한 9병단은 2~3개월의 정비 및 휴식을 필요로 하는 등 문제점이 노출되기 시작하였다.

한편 유엔군의 입장에서 본다면, 유엔군의 크리스마스 공세는 중공군의 2차 공세에 직면하여 2주 동안에 무려 250㎞나 철수한 결과 38도선 일대에서 새로운 전선을 가까스로 형성하였고, 중공군 1, 2차 공세의 심리적 충격으로, 결국 한반도를 포기하고 일본으로 철수해야 할지도 모른다는 불안감이 조성되기 시작한 상태가 되었다.

2. 유엔군의 정책과 전략

중공군의 참전으로 전세는 역전되어 쫓기는 자와 쫓는 자가 뒤바뀌게 되었다. 미 제8군은 청천강 남쪽으로 후퇴했고, 동부 지역의 미 제10군단에도 철수명령이 하달되었다. 중공군의 개입으로 국군과 유엔군의 북진작전은 끝내 통일의 염원을 달성하지 못한 채 새로운 방향으로 전환하지 않으면 안 되었다.

1) 유엔군 사령부의 조치

중공군의 두 차례 공세를 호되게 경험했던 유엔군 사령부는 대대적인 중공군의 참전을 확실히 인정했다. 유엔군 사령부는 국군과 유엔군 앞에 나타난 적은 북한군이 아니라 약 30만 명에 이르는 중공군이라는 사실을 발표했다.

맥아더 원수는 "우리는 전적으로 '새로운 전쟁'에 돌입하고 있다"는 표현으로 긴박한 사태를 설명했다. 이어서 그는 당분간 공세로부터 방어태세로 전환해 현지 상황이 요구하는 대로 적절히 대응하겠다는 내용을 합참에 보고했다.

2) 워싱턴의 조치

정책과 전략을 모색하지 않을 수 없었다. 맥아더 원수는 만주의 폭격과 중국의 해안 봉쇄는 물론 타이완의 장제스(蔣介石) 군대를 투입시켜 줄 것을 강력히 요청했다. 그러나 워싱턴의 정책결정자들은 맥아더 원수의 요청을 수락하지 않았다.

중공군의 개입으로 전쟁의 새로운 국면이 전개되고 있던 11월 30일 트루먼 미국 대통령은 성명을 통해 '원자폭탄 사용 가능성'을 언급했다. 그 사실이 알려지자, 미국의 우방국으로 전쟁에 참가한 영국이 즉각적인 반응을 보였다. 홍콩을 식민지로 보유하고 있는 영국은 자국의 입장에서 어떤 식으로라도 중국과 일정한 관계를 유지할 필요가 있었다. 따라서 영국은 미국이 자신들과 사전 협의 없이 원자폭탄 사용을 적극적으로 검토해 왔다는 사실에 매우 당황했던 것이다.

한편, 전쟁수행에 관한 정책과 전략의 재정립을 위한 열띤 논의가 계속되었다. 그 때부터 '한반도 어딘가에서 방어선을 유지해 전쟁의 확산을 방지하면서 명예롭게 종식시키는 방향'이 제기되었다. 그리고 그 같은 개념은 트루먼 대통령과 애틀리 영국 수상의 회담에서도 재확인되었다.

이로써 한반도 전쟁은 타협이나 보상이 아닌 '군사적 응징'에 바탕을 둔 정책과 전략으로부터 '정치적 협상'에 의한 '휴전'을 통해 전쟁을 마무리하는 방향으로 전환되었다.

3. 청천강 철수작전

중공군의 공세로 국군 및 유엔군이 위급한 국면에 처했던 11월 28일, 도쿄에서 유엔군 사령부의 지휘관과 참모들이 합석한 긴급 작전회의가 개최되었다. 그 자리에서 맥아더 원수는 미 제8군사령관에게 중공군의 포위를 저지하는 데 필요한 만큼 철수하는 것을 허락했다. 또 미 제10군단장에게는 동부전선의 국군과 미군을 함흥과 흥남 일대로 철수시키도록 명령했다.

1) 청천강 남쪽으로 철수

전선으로 돌아온 워커 사령관은 청천강 남쪽에 새로운 방어선을 구축하기로 결심하고 전 부대에 철수명령을 내렸다. 명령을 받은 미 제8군 예하부대들은 급히 청천강 남쪽으로 철수했고, 이어서 12월 1일에는 숙천-순천을 잇는 선에 방어선을 구축했다.

국군과 유엔군이 청천강 일대에서 중공군과 맞서 격전을 벌이고 있을 때 덕천 지역의 국군 제7사단 전선이 돌파되자 터키 여단이 군우리 북쪽에 투입되었다. 군우리 북쪽에서 터키 여단은 중국 제38군과 조우해 3분의 1의 병력 손실을 입었다. 그러나 그들은 청천강 이북의 아군 주력이 철수하는 데 필요한 시간을 확보하는 데 크게 기여했다.

2) 군우리전투와 평양 철수

한편, 미 제8군의 최종 엄호부대로 군우리에 남아 있던 미 제2사단은 마지막 제대로 철수하다가 중공군 제42군의 집중공격을 받았다. 그들은 적정을 정확히 파악하지 못한 채 '태형의 계곡'(군우리-순천 간의 협곡)을 통과하다가 그곳을 먼저 점령하고 있던 중공군의 협공을 받게 되었던 것이다. 그때의 전투에서 미 제2사단은 참전 이후 최대의 손실을 입었다.

그 후 미 제8군은 청천강 교두보를 연한 방어선을 포기하고 12월 3일, 평양 북쪽 20km 지점의 순안-성천선으로 철수해 평양방어선을 형성했다. 그러나 그곳에서도 중공군의 맹렬한 추격을 받아 다음 날 평양에서 철수하지 않으면 안 되었다.

그 시점에서 유엔군 사령관은 전투력의 와해를 초래하게 될 파국을 면하는 길은 오로지 전면적인 철수밖에 없다는 판단하에 38선까지 철수하려 하는 미 제8군사령관의 건의를 승인했다. 이로써 전쟁은 또다시 38선에서 대치하는 전쟁 이전 상태로 환원되었다.

4. 장진호 철수작전

도쿄에서 긴급작전회의에 참석하고 한국전선으로 돌아온 미 제10군단장 알몬드 장군은 전황이 더욱 악화된 사실을 확인하고, 동부전선에서 국경선을 향해 전진하고 있는 미 제10군단과 국군 제1군단에게 철수명령을 하달했다.

1) 미 제1해병사단의 포위망 탈출

당시 장진호의 서쪽을 따라 공격하던 미 제1해병사단은 서부전선의 미 제8군과 연결, 압록강까지 진출해 전쟁을 종결짓겠다는 일념으로 11월 27일, 유담리까지 진격했다. 그러나 압도적으로 우세한 중공군이 맹렬한 반격을 감행함으로써 미 제1해병사단은 퇴로가 차단될 위기에 처했다.

그 후 미 제1해병사단은 중공군 3개 사단과 갑자기 밀어닥친 혹한 그리고 험악한 지형을 극복하면서, 한편으로는 적과 싸우고 한편으로는 외길로 뻗은 철수로를 개척하는 고된 역정을 겪게 되었다. 그 같은 악전고투를 거듭하던 해병사단의 예하 연대들은 12월 초순 하갈우리까지 철수함으로써 사단 전체가 집결할 수 있었다.

그곳에서 장진호 동쪽 통로를 따라 북상하던 미 제7사단 제31연대가 철수대열에 합류했다. 하갈우리에 집결한 미 제1해병사단과 미 제7사단 제31연대는 남쪽의 고토리로 이어지는 계곡을 돌파하지 않으면 안 되었다.

그때 해병사단장의 고민은 그곳에 집결한 1만여 명의 병력과 1,500여 명의 피난민, 그리고 1천여 대의 차량을 비롯한 각종 전투장비의 철수문제였다. 그나마 다행인 것은 철수 중 급속히 증가한 부상자를 하갈우리에 건설된 간이 활주로를 이용해 수송기편으로 후송할 수 있었던 것이다.

그때 유엔군 사령부의 수송 참모 터너 준장이 해병사단장 스미스 소장을 방문해 모든 장비를 버리고 병력만 수송기로 철수시킬 것을 제안했다. 그러나 스미스 소장은 "해병 역사상 그 같은 치욕은 없었다"며 터너 준장의 제안을 일언지하에 거절했다. 사단장의 굳은 결심에 따라 12월 6일, 사단 주력은 하갈우리로부터 철수를 시작했다.

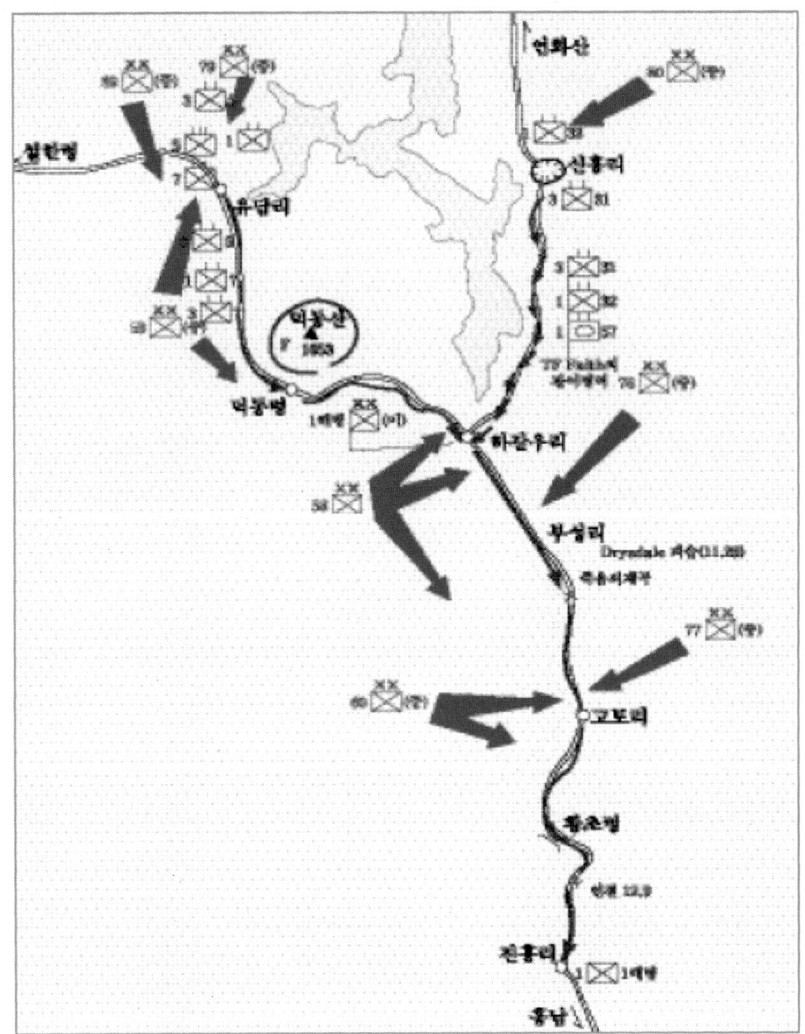

장진호 철수작전 상황도

　중공군은 미군이 통과할 계곡의 도로 양쪽 산악에 병력을 배치해 협공했다. 그곳에
서 미 제1해병사단은 악전고투를 거듭하며 돌파구를 열었다.

　'죽음의 계곡'이라 이름 붙여진 험난한 통로를 극복하면서 혹심한 추위와 2~3중으
로 형성된 중공군의 포위망을 돌파함으로써 미 제1해병사단의 길고 지루했던 철수작
전은 2주일 만에 그 막을 내리게 되었다.

　그때의 작전에서 미 제1해병사단이 중공군의 진출을 2주일간이나 지연시킴으로써
함경북도 지방으로 진격했던 국군과 유엔군 부대들이 흥남으로 집결할 수 있는 시간

을 얻게 되었으며, 곧이어 시작된 흥남 철수작전이 가능하게 되었다.

5. 흥남 철수작전

　　장진호 지역의 국군과 유엔군이 위급한 상황에 처했을 때 원산에 있던 미 제3사단이 그들을 지원하기 위해 북상했다. 그 때문에 원산의 경비가 약화되어 원산과 그 남쪽 지역이 적에게 피탈되고 말았다. 그로 인해 퇴로가 차단된 미 제10군단과 국군 제1군단은 해상으로 철수할 수밖에 없었다.

1) 흥남교두보

　　1950년 12월 11일 미 제1해병사단의 장진호 철수작전이 일단락되자 미 제10군단장은 미 제3사단과 미 제7사단 그리고 국군 제1군단을 함흥 일대에 배치해 교두보를 구축했다. 그리고 단계적 철수가 이루어지도록 3개의 작전 통제선을 설정했다. 당시 제

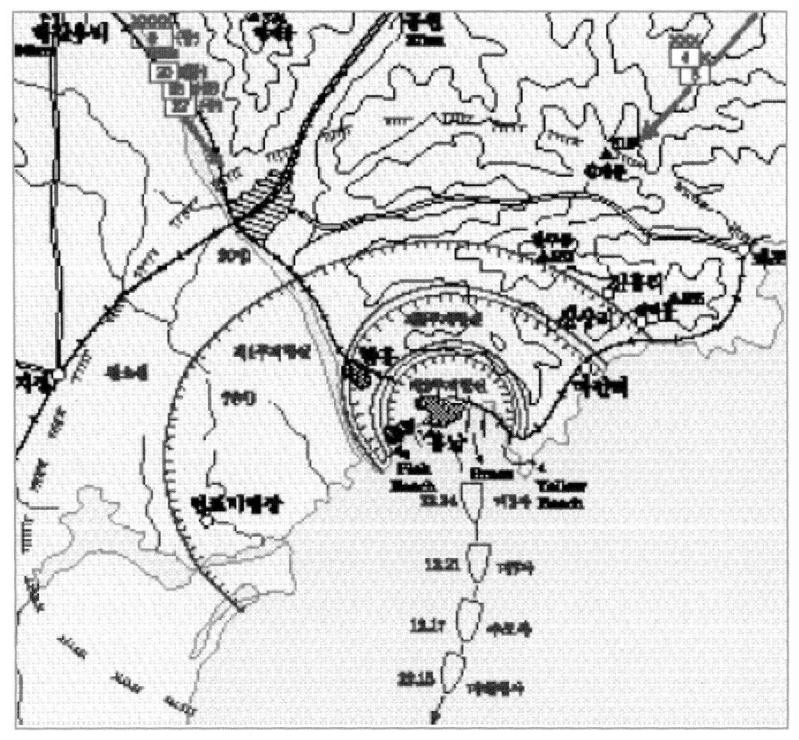

흥남 철수작전계획

10군단이 철수시켜야 할 물동량은 병력 105,000명, 차량 18,422대, 각종 전투물자 35,000톤이었다.

그 같은 대규모의 물동량을 해상으로 이동시키기 위해 미 해군은 125척의 수송선을 동원했으나 그것도 부족한 형편이었다. 흥남에서 가장 먼저 철수한 부대는 국군 제3사단이었으며, 두 번째로 미 제1해병사단의 병력과 장비가 15일까지 선적되어 각각 부산으로 출항했다. 아군의 철수작전이 계속되는 동안 공산군은 맹렬한 공격을 실시했다.

국군과 유엔군은 적을 초기에 제압하지 않으면 교두보 확보가 어렵다는 판단 아래 항공폭격·함포사격 등 가용한 모든 화력을 동원해 그들을 제압했다.

미 제1해병사단 다음으로 미 제7사단과 미 제10군단 사령부가 승선했다. 12월 20일, 부대들이 승선을 완료하자 미 제3사단이 제3통제선으로 철수했다. 그때 흥남 외곽의 방호임무는 미 해군이 맡아 화력으로 공산군의 전진을 봉쇄했다.

12월 24일 오후 2시, 미 제3사단을 중심으로 한 마지막 육상부대가 승선을 완료했다. 그때 200톤의 탄약과 얼어붙어 있는 폭약, 500개의 포탄 그리고 200여 드럼의 유류는 후송하지 못한 채 항만 폭파 시 함께 폭파했다. 흥남 철수작전은 여러 가지 기록을 남긴 것으로도 유명하다. 10만 명이 넘는 병력과 17,500대의 각종 차량, 35만 톤의 물자를 함정으로 완전하게 철수시켰다는 사실이다. 그 과정에서 한국군 지휘관들의 강력한 주장으로 남행을 결심한 피난민 91,000(일부 자료 98,000)명까지 동행했다.

이와 함께 항공기를 이용해 병력 3,600명과 차량 196대, 1,300톤의 물자를 철수시켰다. 흥남 철수작전은 대규모적인 육·해·공 합동작전이었기 때문에 가능했다. 그 같은 흥남 철수작전의 성공으로 국군과 유엔군은 상당한 전투력을 보존해 다음 단계의 작전을 수행할 수 있었다.

제3절 중공군의 3차 공세와 1·4 후퇴

1950년 11월 말, 중공군은 기습적인 2차 공세를 감행해 압록강과 두만강을 향해 진격 중이던 국군과 유엔군을 격파했다. 예상치 못했던 중공군의 대공세에 충격을 받은 유엔군 사령부가 전군을 38선 남쪽으로 철수시키자 그들은 손쉽게 평양을 점령한 후 12월 중순에는 38선까지 남하했다.

중공군의 개입은 없을 것이라며 자신만만했던 유엔군 사령부는 미 제2사단이 청천강 남쪽의 군우리 지역에서 철수하던 중 붕괴되고, 미 제1해병사단이 장진호 일대에서 급격한 사태악화에 충격을 받아 평양까지도 미련 없이 포기해 버렸다. 또한 그들은 38선으로 철수한 이후에도 중공군에 대한 충격으로 갈피를 잡지 못한 채 중공군이 38선에서 멈춰 주기만을 고대(苦待)하고 있었다.

자유 진영국가들의 입장에서 볼 때 1949년 10월에 건국된 마오쩌둥(毛澤東) 정부는 해결해야 할 많은 문제가 국내외에 산적해 있었다. 따라서 후방지원이 보장되지 못한 중공군의 능력은 한계에 봉착할 것으로 판단하고 있었다. 그러나 그 같은 자유진영 국가들의 기대는 곧이어 시작된 중공군의 3차 공세로 인해 무참히 무너지고 말았다.

1. 중공군의 새로운 공세를 위한 준비(배경)

3차 공세의 배경에는 12월 중순, 38선 일대에서 유엔군과 대치하게 된 중공군과 북한군은 열악한 보급과 계속된 작전으로 부대정비와 휴식이 절실한 입장이었다. 따라서 중공군 사령관 펑더화이(彭德懷)는 38선 일대에서 2~3개월간 부대 휴식을 통한 춘계공세 준비와 정비한 후 38선을 돌파해 서울을 점령하기로 했다.

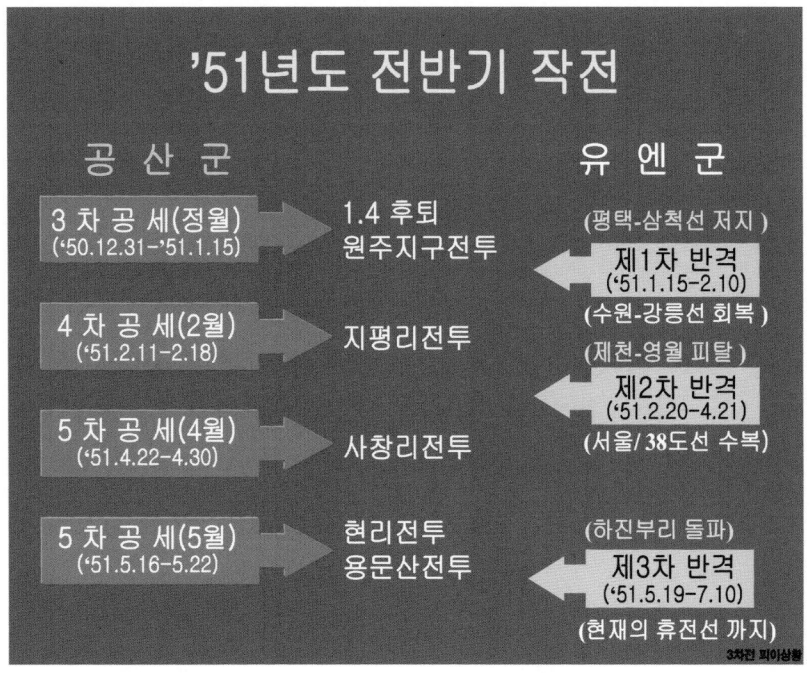

그러나 마오쩌둥의 생각은 달랐다. 그는 "2~3개월간의 부대정비가 필요하다"는 펑(彭)의 건의를 인정하면서도 자유진영 국가들이 기대했던 것처럼 "중공군이 정지할 경우, 38선이 고착화될 수 있다"는 정치적 문제와 북한과 소련의 압력에 우선시했다. 따라서 마오(毛)는 펑(彭)에게 부대정비 기간은 서울을 점령한 후에 부여할 것이라며 즉각적인 공세로 서울을 점령할 것을 명령했다. 마오(毛)의 1, 2차 공세의 전과를 확대하여 유엔군들 간의 약화된 결속력을 이용하라는 지침에 따라 펑(彭)은 즉각 공세준비에 착수하면서 작전은 서부전선에 주공을 지향하고 유엔군 1~2개 사단을 결정적으로 포위 섬멸하여 서울을 점령함으로써 전쟁의 주도권을 장악한 후 차후 작전 준비의 작전개념하에 12월 31일을 공격개시일로 선정했다. 한편 38선 남쪽으로 황급히 후퇴했던 유엔군 각급 부대는 책임 지역을 할당받아 전열을 정비하고 있었지만 중공군의 공세에 대한 대비책은 엄두도 내지 못하고 있었다.

대부분의 지휘관들 역시 "중공군이 공격해 올 경우 후퇴하는 방법밖에는 없다"는 식으로 패배주의에 빠져 있었다.

그때 설상가상으로 미 제8군사령관 워커(Walton H. Walker) 중장이 의정부에서 자동차사고로 순직했으며, 그 후임으로 리지웨이(Matthew B. Ridgway) 중장이 부임했다.

따라서 리지웨이 장군은 '축차진지상에서 방어작전의 반복'이라는 새로운 작전개념을 발표하였다. 즉 38도선으로부터 부산까지 300㎞ 이상의 종심에 수개의 축차진지를 준비하여 축차진지 돌파 위험 시 차후진지로 철수, 준비된 진지에서 방어작전을 실시함으로써 피해를 최소화한다는 것이었다. 반면에 중공군에 화력으로 최대한의 전투력 소모를 강요함으로써 결국 전투피해와 보급의 한계로 작전한계점에 도달하는 즉시 지체 없이 반격작전을 실시한다는 것이었다.

2. 서부 지역의 중공군 공세

1950년의 마지막 날인 12월 31일은 일요일이었다. 유난히도 춥고 어둠이 일찍 찾아든 17시경, 서부전선에 배치된 중공군과 북한군은 짧은 공격준비 사격과 함께 압도적으로 우세한 병력을 투입해 일제히 공격을 감행했다. 그때부터 20만 명에 가까운 대병력이 투입된 서부전선의 계곡과 능선은 중공군으로 뒤덮이게 됐다.

중공군들은 문산 우측의 국군 제1사단과 동두천의 국군 제6사단 등 한국군 부대를

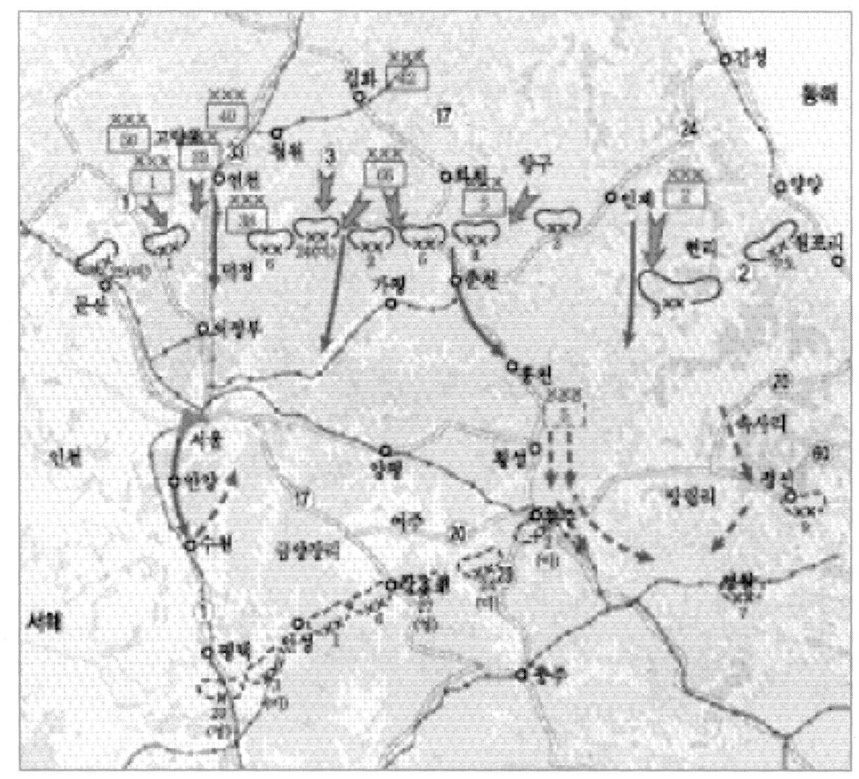

중공군의 3차 공세 상황도

집중 공격했다.

국군 제1·6사단은 준비된 진지에서 용전분투했으나 시간이 갈수록 거세지는 중공군 인해전술(人海戰術)을 감당할 수 없었다. 해가 바뀐 1951년 1월 1일 오전, 미 제8군 사령관 리지웨이 중장이 전투현장을 확인했다. 그때 국군 제1·6사단 지역에는 커다란 돌파구가 만들어져 있었고, 중동부 전선의 국군 제3군단도 집중적인 공격을 받고 있었다.

따라서 그는 국군과 유엔군이 현 위치에서 더 이상 지체할 경우 주력이 중공군에게 포위될 가능성이 큰 것으로 판단했다. 위기를 실감한 군사령관은 전 부대를 한강－양평－홍천을 연하는 선으로 철수하게 했으며, 이어서 1월 3일 오후에는 한강선에서 평택－안성을 연하는 선으로 철수하게 했다. 군사령관의 명령에 따라 1월 4일 오전까지 한강 이북의 모든 부대들이 한강에 설치된 임시교량을 이용하여 질서 있게 철수했다.

국군과 유엔군은 1951년 1월 4일, 끊어진 한강교 옆에 임시 가설된 부교를 이용해 철수했다.

이것이 1·4 후퇴로서 그때 많은 민간인들도 피난길에 나섰다. 그리고 13시경에는 마지막 엄호부대가 철수하면서 임시교량을 폭파했다. 유엔군이 서울에서 철수하자 그 뒤를 따라 중공군이 서울을 점령했으며, 15시경부터 서울시청 등 주요 건물에는 인공기(人共旗)가 펄럭이기 시작했다.

군사령관이 한강선 방어를 포기하고 조기에 철수를 명령한 것은 한강이 두꺼운 얼음으로 뒤덮여 있어 중공군의 도하를 막는 데 도움이 되지 못했기 때문이다.

서울에서 철수한 국군과 유엔군은 수원과 오산을 지나 단숨에 37도선까지 후퇴했으며 1월 6일, 평택-안성을 연결하는 방어선을 점령했다. 그러나 예상과 달리 중공군은 보이지 않았다. 유엔군은 도깨비에게 희롱당한 것 같은 기분이었다. 그러나 위기는 엉뚱하게도 중부전선에서 계속되고 있었다.

3. 북한군의 공세와 원주쟁탈전

서부전선의 부대들이 중공군에 밀려 평택-안성까지 후퇴하는 동안, 2개 군단 규모의 중공군이 가평-춘천 지역에서 북한군과 함께 공격에 가담했지만 중공군의 공세는 1월 8일을 전후해 전 전선에서 일제히 멈추었다. 그들의 3차 공세 목표가 서울을 점령하는 것이었기 때문이다. 반면 홍천-원주 일대에서는 12월 중순, 대규모의 북한군이 태백산맥의 험준한 지형을 따라 아군 후방으로 침투해 기존의 유격대와 합류했다. 그들이 중공군 3차 공세와 함께 공격을 시작한 북한군 2개 군단과 함께 전후방 동시 공격을 감행했다.

따라서 북한군은 비교적 손쉽게 원주-평창과 영월-단양 일대까지 진출했다. 만약 북한군이 공세를 계속해 충주-대전방향으로 진출한다면 유엔군 주력의 후방이 차단될 우려가 있었다. 그 결과 갑자기 원주가 핵심적인 승부처로 부각됐다. 물론 서울을 빼앗긴 서부 지역도 위기였다. 그러나 "서울은 빼앗긴 것이 아니라 내주었다"라는 표현이 적절했다. 또한 평택-안성까지 철수한 서부의 유엔군 주력은 일단 중공군과 접촉을 단절하고 부대를 수습할 수 있었다. 그러나 원주의 북한군 2개 군단은 중공군이 공세를 멈춘 후에도 원주를 점령한 후 남진(南進)을 계속하고 있는 것이다. 반면 다행인 것은 북한군과 달리 중공군이 공격을 멈춘 것이다. 따라서 북한군의 전력은 한계가 있었다.

그 사이에 전투력을 회복한 미 제2사단이 역습을 감행했다. 그 결과 1월 11일, 미 제2사단이 격렬한 공방전 끝에 북한군에게 빼앗겼던 원주를 회복함으로써 북한군은 막대한 피해를 입은 채 철수할 수밖에 없었다.

그 같은 미 제2사단의 원주 전투는 미 제8군 전체의 위기를 수습하고, 차기반격을 위한 발판을 확보할 수 있게 했다. 특히 미 제2사단은 군우리 전투에서 중공군에게 당한 패배의 앙금을 말끔히 털어 버리고, 예전의 전력을 회복하게 됐다. 따라서 중공군의 3차 공세가 종료되는 시점인 1월 15일의 최종 진출선은 평택-원주-단양-삼척을 연하는 선이 되었다. 이러한 상황에서 리지웨이 장군은 중공군의 공격기세가 한계에 달하자 1월 15일부터 지체 없이 1차 반격작전을 개시하였다. 유엔군의 작전개념은 계속적인 적과의 접촉을 유지한 가운데 사전 준비된 축차진지에서 방어작전의 반복으로 중공군의 전투력 소모를 강요하는 것이었다.

그런데 당시 유엔군은 평택-안성선으로 철수하는 과정에서 중공군과의 계속적인 접촉유지에 실패하였으며, 이에 리지웨이 장군은 1월 15일 접촉유지를 위한 위력수색 작전을 실시하였다. 이것이 바로 미 제1군단과 미 제9군단의 울프하운드 작전이었으며, 그 결과 경미한 적의 저항을 극복하고 수원-여주선까지 진출하였다. 이 당시 중공군은 소수의 경계부대만 한강 이남에 배치하고 주력은 38도선 일대로 철수하여 춘계공세를 위한 정비 및 휴식을 취하고 있었다.

그리고 유엔군은 중공군의 상용전술인 침투 및 우회를 거부하기 위해 5개의 통제선을 설정하여 모든 공격부대는 이 통제선을 통과할 때 군단장의 승인을 얻도록 함으로써 적을 우회하지 않고 차근차근 섬멸하도록 하였다. 그 결과 1차 반격작전이 종료될 2월 10일경 전선은 남한강-횡성-강릉을 연하는 선까지 진출하였다.

4. 중공군 3차 공세의 결과와 교훈

중공군은 3차 공세 시 마오쩌둥의 '서울점령'지침에 따라 작전목표를 유엔군 주력 격멸보다는 서울이라는 지역목표에 지향했다. 그 결과 중공군은 서울점령 목표는 달성하였으나 보급제한으로 추격 작전의 한계에 도달, 정비가 필요하였다. 한편 유엔군의 입장에서 보면 비록 수도 서울을 다시 침탈당하기는 했지만 1차 반격작전을 통해서 중공군에 대해 어느 정도의 자신감을 회복했을 뿐만 아니라 최소한 한반도를 포기하고 일본으로 철수해야 할지도 모른다는 불안감으로부터는 벗어날 수 있었다. 국군과 유엔군 역시 서울에서 조기에 철수함으로써 주력(主力)을 보존해 후일 반격작전으로 중공군을 당황하게 했다.

그때 만약 중공군이 "유엔군 주력을 격멸한다"는 목표를 수립하고, 후속부대를 증원해 서울을 점령한 후 계속 공격하거나 북한군과 함께 주력을 원주-충주-대전 방향에 투입했다면 수습하기 어려운 상황이 되었을 가능성이 컸다. 그러나 중공군은 후속부대가 도착하기도 전에 서둘러 3차 공세를 감행함으로써, 공세 지속력을 갖지 못했다. 또한 공세에 참가한 병력들은 서울점령을 최대의 목표로 생각하고 있었기 때문에 원주의 호기를 활용하지 못했다. 한편 그때까지도 유엔군 사령부는 중공군에 대한 대비책을 강구하지 못하고 있었다. 따라서 당시의 유엔군은 중공군이 공세를 계속했다면 기약 없는 후퇴를 거듭할 수밖에 없는 입장이었다. 후일 밝혀진 사실이지만 그 시기에는 미국정부에서조차 "중공군이 공세를 멈추지 않는다면 한반도를 포기할 수밖에 없다"는 주장이 심각하게 제기되고 있었으며, 제주도에 임시정부를 수립하는 문제까지도 검토되고 있었다. 따라서 중공군의 3차 공세가 감행되던 시기는 우리나라의 운명이 경각에 달려 있었으며, 한국전쟁 이후 최대의 위기를 겪고 있었던 셈이었다.

제7장
유엔군의 반격과 중공군 공세

제1절 유엔군의 1차 반격

1. 유엔군의 반격준비

워커 장군 후임으로 새롭게 미 제8군사령관이 된 매튜 리지웨이(Matthew Ridgway) 중장은 1950년 1월 10일을 전후해 전선이 안정되자 중공군의 의도를 놓고 고민을 거듭했다. 현재 국군과 미군은 평택-안성-삼척을 연하는 37도선을 점령하여 전열을 재정비하고 있었지만 중공군은 더 이상 미군을 추격해 오지 않았다.

중공군이 또다시 전선에서 사라지자 리지웨이 미 제8군사령관은 위력수색 작전을 실시해 중공군의 배치 지역과 규모를 파악하는 것이 급선무라고 생각했다. 마침 리지웨이 8군사령관의 상관이었던 미 극동군사령관 맥아더 원수와 미 합참, 국무부는 한국을 포기할지를 놓고 격론을 거듭하고 있는 상황이었다.

환하게 웃고 있는 미 합참의장 브래들리 장군과 매튜 리지웨이(오른쪽) 장군(리지웨이 장군 오른쪽 가슴에 달린 수류탄은 그의 강인한 군인정신을 상징하는 트레이드마크였다.)

▶ 울프하운드 작전

리지웨이 미 제8군사령관은 위력수색을 통해 중공군이 어디까지 남하했는지, 중공군이 더 남침을 계속할 것인지 아니면 방어전으로 전환할 것인지를 우선 파악할 셈이었다. 리지웨이 미 제8군사령관의 지시에 따라 미 제8군사령부 예하의 미 제1군단장 밀번 소장은 1950년 1월 15일 미 제25사단 제27연대를 차출해 북상시켰다. 제27연대의 별칭이 울프하운드였으므로 위력수색작전의 명칭은 울프하운드 작전(Operation Wolfhound)으로 정해졌다.

중공군의 배치 지점, 병력 규모, 향후 적의 작전 기도를 파악하는 것이 작전의 목적이었으므로 제27연대는 조심스럽게 국도를 따라 북상했다. 하지만 존 미카엘리스 대령이 지휘하는 제27연대는 평택까지 중공군의 그림자도 찾을 수 없었다. 미군이 철수하면서 설치해 놓은 장애물도 그대로 남아 있었다.

제27연대가 수원까지 올라가자 중공군이 기관총 사격을 가해 왔지만 경계병력 수준이었을 뿐, 방어의 강도는 강하지 않았다. 미 제8군사령부 예하의 미 제9군단도 1개 연대를 차출해 북상시켰지만 상황은 비슷했다. 이천 부근쯤 가서야 중공군이 식별됐을 뿐 그 사이에는 병력이 없었다.

언제 다시 중공군의 공세가 재개될지는 알 수 없지만 이번 위력수색작전으로 연말부터 시작된 중공군의 신정 공세가 끝났다는 점은 분명해졌다. 한국을 포기할 것인지를 놓고 격론을 거듭하던 미군 입장에서 일단 좀 더 여유 있게 상황을 판단할 수 있는 시간을 벌게 된 셈이다.

한편, 1950년 11월 25일 중공군 2차 공세 이후 계속 후퇴만 거듭하던 유엔군과 국군 입장에서 이번 작전의 의미는 남달랐다. 11월 말 이후 처음으로 방어나 후퇴가 아니라 공격을 했고, 남쪽으로만 계속 향하던 부대 이동방향을 50여 일 만에 다시 북쪽으로 바꾼 계기였기 때문이다. 한마디로 심리적으로 위축되고 사기가 떨어졌던 전체 유엔군이 다시 한 번 희망의 불씨를 되살릴 수 있는 작전이었다.

1) 유엔군의 1차 반격

국군과 유엔군은 1951년 1월 15일부터 시작된 울프하운드 작전으로 "중공군이 수원－이천을 연하는 선 북쪽에 배치되어 있다"는 사실과 "중공군의 화력 및 보급이 매우 열악한 상태에 있다"는 사실을 확인할 수 있었다. 작전명칭은 울프하운드보다 더욱 강력하고 신속하게 실시한다는 의미로 선더볼트(Thunderbolt) 작전, 즉 번개작전이라고 명명하였다.

▶ 선더볼트 작전

중공군의 배치와 움직임을 읽을 수 있게 된 리지웨이 미 제8군사령관은 한 단계 더 진전된 작전을 바로 준비했다. 선더볼트 작전으로 명명된 이 작전은 적이 과연 어디쯤에 주저항선을 설정해 놓고 있는지 파악하는 것이 작전의 1차 목표였다.

미 제1군단 소속의 미 제25사단과 터키여단, 미 제9군단 소속의 제1기병사단으로 한강을 향해 북진해 나간 것으로 선더볼트 작전도 본격적인 공세작전이라기보다 전투정찰의 성격이 강했지만 위력수색 수준이었던 울프하운드 작전보다는 투입 부대 규모가 컸다.

1월 25일 작전 개시 후 26일 울프하운드 작전 때 한 번 진출했던 수원－이천선까지 아군이 진출할 때는 적의 저항이 약했다. 하지만 이 선을 넘어서자 적의 저항이 점차 강해졌다. 상황을 지켜보던 리지웨이 미 제8군사령관은 1월 31일부터 미 제8군의 주력을 전방에 투입해 전면공격으로 전환했다.

공세작전을 시작하면서 리지웨이 미 제8군사령관이 가장 신경을 쓴 것은 중공군의 작전방식이었다. 중공군은 1·2차 공세 당시 아군의 전선 중 상대적으로 방어 병력이 적어 돌파하기 좋은 지점을 선택, 이 지점을 집중적으로 공격 방어선에 구멍을 냈다. 돌파구는 최소한 두 곳 이상을 만들고, 일단 돌파구가 형성되면 깊숙이 후방으로 침투해 들어가 집게 모양의 포위망을 형성하는 것이 그 다음 수순이었다.

이처럼 전선에 구멍을 낸 후 종심 깊게 침투해서 대규모 포위망을 형성하는 방식의 작전은 제2차 세계대전 당시 독일군이나 러시아군도 흔히 쓰던 방식이었다. 하지만 전차를 주축으로 한 기갑부대를 바탕으로 포위망을 형성한 독일군이나 러시아군과는 달리 중공군은 보병으로 대규모 포위망을 형성한다는 점에서 차별성이 있었다. 극단적으로 표현하자면 중공군은 보병으로 기동전을 수행하는 셈이었다.

▶ 리지웨이의 직선전법

리지웨이는 중공군의 이런 공격 수법에 당하지 않기 위해서는 아군 각 부대 사이의 간격을 줄이고 각 부대의 좌우 측면이 노출되지 않는 것이 중요하다고 생각했다. 정면이 아니라 부대 측면이 적에게 노출되면 포위당할 위험성이 높아지기 때문이다.

이 문제를 해결하기 위해 리지웨이 미 제8군사령관은 다소 극단적인 해법을 내놓았다. 각 부대를 나란히 배치한 후 어느 한 부대가 먼저 앞서가지 않게 진격 속도를 맞추도록 한 것. 인접 부대 간에 진격이나 후퇴 속도를 맞춰 측면을 노출되지 않도록 하는 것은 작전의 기본이지만 리지웨이는 그것을 보다 엄격하고 철저하게 요구한 것이 달랐다.

사실 리지웨이의 작전방식은 좀 우스꽝스러운 작전 형태이기는 했으나 효과는 좋았다. 너무도 특이한 작전 형태이기 때문에 아군 중에서는 이 같은 전법을 '손에 손잡고(Hand to Hand)' 스타일의 작전으로 부르는 사람도 있었다. 적들도 '일자(一字)' 전법 혹은 직선전법으로 부르며 관심을 가졌다.

리지웨이 장군은 이 수원−여주선에서 한강선까지 5개의 통제선을 설정하고 전 부대로 하여금 각 통제선 통과 때마다 군단장의 승인을 받게 하면서 적을 소탕해 나갔다. 적은 관악산 등에서 저항했으나 아군은 2월 10일께에는 인천~소사~남한산~양자산까지 진출한 후 작전을 종료했다. 이처럼 신임 리지웨이 8군사령관이 연달아 작전을 성공시키면서 1950년 11월 이후 극단적인 상황으로 치닫던 유엔군과 아군의 상황은 다소 안정 국면을 되찾게 됐다.

제2절 중공군의 4차 공세와 유엔군의 2차 반격

중공군은 3차 공세 이후 2~3개월간 정비 및 휴식을 실시하며 춘계공세를 준비하고자 하였으나, 유엔군의 즉각적인 반격으로 인하여 심적으로 몹시 당황한 가운데 방어목적의 또 다른 공세를 계획하게 된다. 또한 중공군은 3차 공세의 경험을 통해서 화력과 기갑전력 운용이 용이한 서부전선에서의 전투는 자신들에게 불리하다는 것을 인식하게 되었다.

이러한 상황을 기초로 4차 공세의 작전개념은 자신들에게 불리한 서부전선에서는 견제를 실시하고 동부전선에서는 유엔군 1~2개 사단을 깊숙이 유인하여 결정적으로 포위 섬멸하고자 미 8군의 우측방을 위협함으로써 서부전선에서 유엔군의 추가적인 진출을 저지하고자 하였다.

1. 작전계획

주공인 중동부 전선은 유엔군 1~2개 사단을 유인하여 포위 섬멸하고 서부전선의 유엔군 우측방을 위협하기 위해 중공군 2개 군과 북한군 2개 군단은 횡성을 중심으로 한 국군 제8사단, 제3사단, 제5사단을 돌파하고, 원주, 제천방향으로 진출하도록 계획하였고, 조공인 서부전선의 북한군 제1군단과 중공군 제50군, 제38군은 각각 수원방향으로 공격하여 서부전선의 유엔군을 견제하도록 계획하였다.

그리고 중공군 제39군은 지평리 일대의 미 제23연대 전투단을 포위 섬멸하여 미 제8군의 우측방을 위협하고자 하였다.

2. 작전경과

'평화의 수호자'라고 쓰인 포탄을 장전하고 있는 미군 병사들

서부전선에서 1951년 2월 11일 공격을 개시하여 서부전선의 유엔군을 고착견제하고 있는 동안 중동부 전선의 중공군 2개 군과 북한군 2개 군단은 횡성 일대에서 국군 제8사단, 제3사단의 일부를 돌파하고 원주-제천-평창에 이르는 대규모 돌파구를 형성하였다. 미 제8군은 돌파구 견부인 원주를 강력하게 고수하여 돌파구 확장을 방지하고, 2차 반격작전의 여건을 조성하기 위해 미 제2사단을 원주 지역에 투입하였다.

그리고 포위망에서 철수한 한국군 3개 사단을 돌파구 첨단에 배치하고 우측의 국군 제3군단과 제1군단도 전선을 조정하였으며, 대구에서 재편성 중이던 미 제7사단을 영월 지역에 투입함으로써 돌파구 확장을 방지할 수 있었다.

한편 2월 13일에는 지평리의 미 제23연대 전투단이 중공군 제39군에 포위당하는 지평리 전투가 발생하여 미 제8군사령관은 지평리를 미 제8군의 우측방 방호를 위한 견부로 활용하기 위해 강력히 사수할 것을 지시하였다.

그리고 2월 15일에는 추가적으로 미 제1기병사단 예하 제5기병연대를 투입하여 지평리의 제23연대 전투단과 연결작전을 실시하여 그 결과 2월 16일 두 부대 간 연결에 성공함으로써 중공군의 공격기세는 점차 둔화되었고, 결국 2월 18일 4차 공세는 종료되었다.

한편, 유엔군은 중공군의 공격기세가 한계에 달했던 2월 19일로 즉각적인 2차 반격작전을 전개하였다.

먼저 2월 20일부터 3월 6일까지 킬러작전을 실시하여 동부전선은 횡성에서 강릉을 연하는 선까지 진출하였고, 그리고 3월 7일부터 30일까지 리퍼작전을 실시하여 3월 15일 서울을 탈환하였고 문산으로부터 춘천, 양양선까지 진출하였다. 리퍼(Ripper)라고 하는 것은 종으로 절단하는 톱을 의미하므로 중공군과 북한군을 톱으로 썰어서 자른다는 의미로 이 목적을 달성하기 위해서 서울 동측방으로부터 춘천을 향해 동북진한 다음, 38도선 남방에 이르는 요충지를 연결하는 공격축선을 선정하여 이것을 아이다호(IDAHO)선이라 명명하였다.

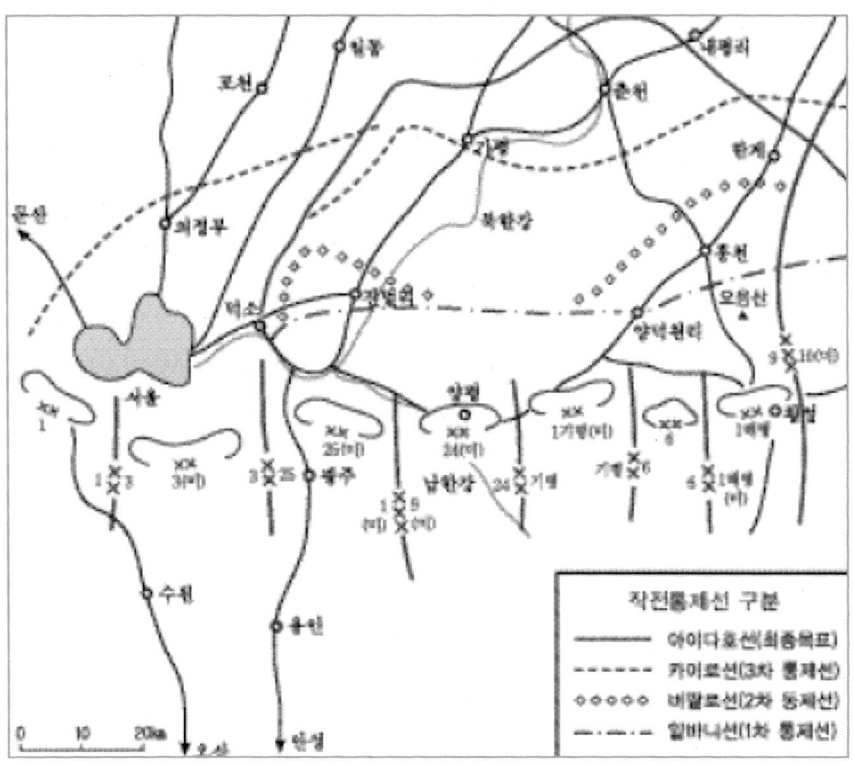

절단(리퍼)작전 작전통제선

그리고 4월 5일부터 4월 10일까지 러기드 작전을 실시하여 문산-연천-화천-양양을 연하는 캔사스선을 확보하게 되었다.

마지막 단계인 4월 11일부터 4월 21일까지 던트리스 작전을 실시하여 철의 삼각지대 전체를 확보하지는 못했지만 일부인 철원까지 진출하였고, 중공군 5차 공세로 인하여 2차 반격작전은 종료되었다.

3. 4차 공세와 2차 반격작전 결과

결론적으로 이러한 중공군 4차 공세와 유엔군 2차 반격작전 결과를 중공군 측 입장에서 본다면 횡성 일대에서 국군 제8사단 주력의 일부를 섬멸하는 부분적인 성과를 달성하기도 하였으나, 지평리 지역에서 미 제23연대의 고수방어로 공격이 돈좌되었기 때문에 서부전선의 유엔군 진출을 저지하는 데는 실패하였다.

그러나 4차 공세 이후 중공군 제3, 19병단이 추가적으로 투입되었고, 병참선이 단축되었기 때문에 추가공세의 여건은 충분히 성숙되어 가고 있었으며, 한편 유엔군의 입장에서 본다면 중공군 4차 공세를 성공적으로 극복하고 2차 반격작전을 통해 서울을 탈환한 후 현재의 38도선까지 진출한 만큼 중공군에 대한 충분한 자신감을 회복하고 다음 공세에 대비할 수 있는 상황이 조성되었다.

한편, 4월 11일에는 맥아더 장군이 해임되고, 8군 사령관이던 리지웨이 장군이 유엔군 사령관으로 영전하였으며, 미 제8군 사령관에는 밴플리트 장군이 부임하였다.

당시 유엔군은 2차 반격작전의 마지막 단계인 던트리스 작전을 전개하면서 철의 삼각지대를 확보하기 위해 캔사스선 이북으로 진출하고 있었고 이러한 가운데 4월 중순경에 철의 삼각지대 등에서 중공군의 대규모 공세징후를 포착하였다.

제3절 중공군의 5차 공세와 유엔군의 3차 반격

1. 미 제8군사령관의 작전방침

미 제8군사령관 밴플리트 장군의 의도는 반격작전을 계속하여 서울과 현 전선을 고수하기로 결심하였는데 결심한 이유는 먼저 서울에 있는 군수지원시설을 대전으로 이전하게 되면 도중에 생기는 군수지원의 공백, 수송력의 낭비 그리고 이동에 수반되는 군수물자의 손실 등, 군수 면에서 피해가 크고 서울을 가볍게 포기하게 되면 한국 국민과 한국군에게 무엇을 지키느냐 하는 명분이 없어지기 때문에 사기를 저하시키게 되며, 또한 적이 공격할 때마다 철수하는 것은 상대적으로 적에게 사기를 앙양시켜 주는 결과를 초래하여 차후 적에게 휴전협상을 강요하기가 곤란해질 것이라고 판단했기 때문이었다. 따라서 밴플리트 장군은 서울을 고수하기로 하고 미 제1기병사단을 군예비로 보유하여 언제든지 서울방어에 투입할 수 있도록 조치하였다. 이것은 중공군 3차 공세 때와는 달리 수도서울의 전략적 가치가 변화된 것이고 그 원인은 바로 휴전회담 때문이었다.

2. 중공군 4월 공세

당시 중공군은 3, 4차 공세를 통해서 현실적으로 일방적인 군사적 승리는 불가능하다는 점을 인식하게 되었다. 따라서 작전목표를 '외국군을 한반도에서 축출한다'에서 '주도권 장악 후 휴전회담에 임한다'는 것으로 변경하였다. 이러한 상황을 기초로 4월 공세의 작전개념은 주공을 중서부전선(문산－춘천 지역)에 지향하여 유엔군 2~3개 사단을 포위 섬멸하는 것으로 설정하였으며, 이러한 작전개념을 구현하기 위한 기동계획으로는 중공군 제19병단은 우측 포위부대로서 정면의 국군 제1사단과 영국군 제29여단을 돌파 후 2개 군은 포천방향으로 진출하여 미 제24사단과 제25사단의 좌측방 퇴로를 차단하고, 1개 군은 의정부방면으로 진출하고자 하였다.

또한 중공군 제3병단은 정면압박 부대로서 정면의 미 제3사단, 터키여단, 미 제25사단을 강력하게 고착하도록 하고 중공군 제9병단은 좌측 포위부대로서 사창리 지역의 국군 제6사단을 돌파하여 2개 군은 포천방향으로 진출하여 미 제24사단, 미 제25사단의 우측방 퇴로를 차단하고자 하였으며, 1개 군은 가평으로 진출하여 서부전선과 동부전선의 연계성을 절단하고자 하였다. 그리고 조공은 동부전선(춘천－동해안 지역)을 담당하고, 기타부대들은 좌우측에서 견제공격을 실시하도록 계획하였다.

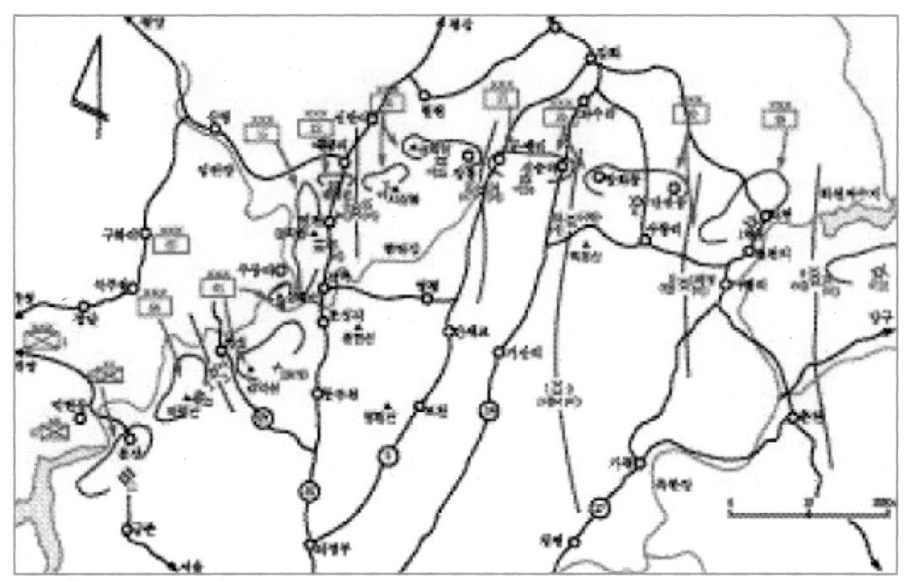

중중군의 4월 공세

    중공군 제9병단은 4월 22일 저녁에 공격을 개시하여 사창리 지역의 국군 제6사단을 돌파하여 사창리에서 가평에 이르는 대규모의 돌파구를 형성하였다. 이것이 바로 국군 제6사단이 참패한 사창리전투다.

    이에 따라 미 제8군은 영국군 제28여단과 미 제5기병연대를 가평지역에 투입하여 중공군의 추가적인 진출을 저지하고자 하였으나 4월 26일 결국 가평이 침탈됨으로써 미 제9군단은 홍천강 이남으로 철수하였다.

    서부전선의 중공군 제19병단은 계획대로 국군 제1사단과 영국군 제29여단을 집중 공격하였다. 그러나 국군 제1사단은 경기도 적성 일대에서 영국군 제29여단은 설마리 전투에서 중공군의 진출을 효과적으로 지연시킴으로써 미 제24사단과 미 제25사단의 퇴로를 보장하는 결정적인 역할을 수행하였다.

    그 결과 미 제24사단과 제25사단은 전투력을 보존한 가운데 철수하여 새로운 방어선을 형성할 수 있었고, 그리하여 4월 26일 전선은 수색-홍천-양양 북방을 연하는 No-Name선이 되었다. 결과적으로 중공군 4월 공세는 사창리 지역에서 국군 제6사단을 섬멸하는 부분적인과를 달성하였으나, 미 제24사단과 제25사단을 포위 섬멸하여 전쟁의 주도권을 장악한 후 휴전회담에 임하려던 본래의 목표 달성에 실패하였다. 이렇게 되자 중공군 총사령관 펑더화이는 4월 28일 4월 공세의 실패를 자인하고 동부전선에서의 새로운 공세를 계획하였다.

유엔군은 다음 중공군 공세는 중부전선이나 동부전선에서 실시할 것으로 판단하여 즉 각적인 반격작전을 실시하지 않고 소규모 위력수색만을 실시하며 현 전선인 No-Name 선을 고수하기로 결정하였으며, 그리고 중동부전선의 위협에 즉각적으로 대응하기 위해 미 제1군단 예비인 미 제3사단을 동부 지역으로 이동 준비토록 하였고, 미 제1군 단은 서부 지역에서 견제공격을 준비토록 지시하였다.

또한 전방에 강력한 경계부대, 즉 '정찰기지' 운용을 지시하였으며. 이 정찰기지의 목적은 중공군의 야간공격에 대한 취약성을 감소시키고 정찰대를 이들 기지로부터 좀 더 쉽게 멀리 보내기 위한 것이었다.

3. 중공군 5월 공세

먼저 작전개념은 동부전선에 주공을 투입하여 한국군 사단들을 포위 섬멸하고, 중 부전선은 종심 깊은 진출로 서부전선과 동부전선의 연계성을 절단하며, 서부전선은

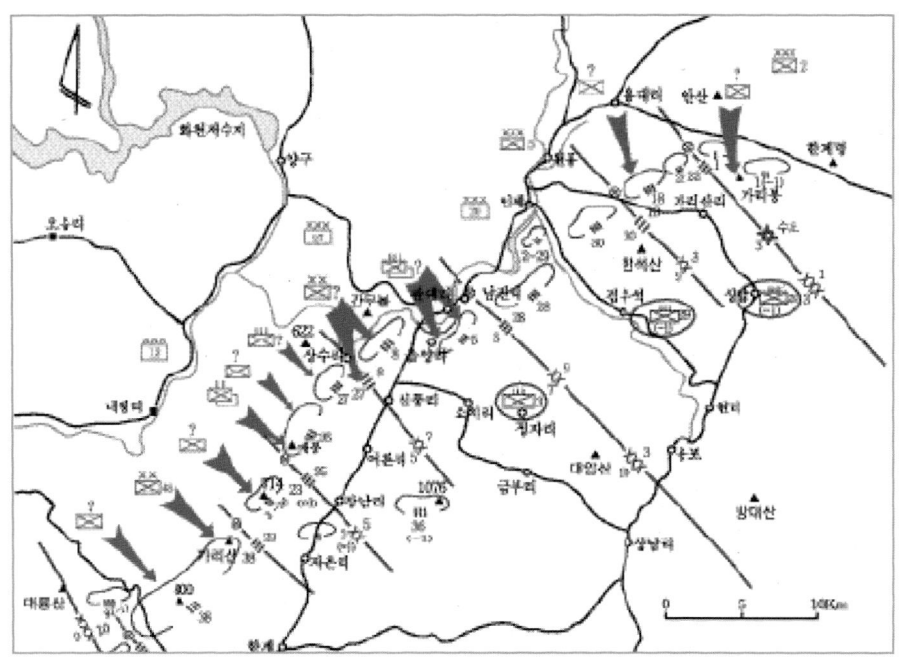

중공군의 5월 공세

광정면 견제라는 작전개념을 구현하기 위한 기동계획으로써 주공인 제9병단은 동부 지역의 북한군과 연계하여 한국군 4개 사단을 삼중으로 포위 섬멸하고 제3병단은 홍천-횡성방향으로 종심 깊이 진출함으로써 미 제10군단이 동부전선의 한국군을 지원하지 못하도록 차단하고자 하였다.

한편, 고착견제부대인 중공군 제19병단은 고양에서 가평에 이르는 69㎞의 광정면을 적극적으로 견제하도록 계획하여 먼저 주공인 제9병단은 5월 16일 공격을 개시하여 미 제10군단예하 국군 제7, 제5사단의 정면을 돌파한 후 종심으로 진출하여 국군 제3군단의 유일한 퇴로인 31번 도로상의 오마치 고개를 차단하였다. 그 결과 국군 제3군단은 현리에서 포위되어 와해되고 말았다. 이 전투가 바로 현리전투다.

그리하여 5월 18일 동부 지역은 홍천 북방으로부터 하진부리와 대관령에 이르는 대형 돌파구가 형성되었으나 다행히 미 해병 제1사단과 미 제2사단이 홍천 북방에서, 국군 제1군단이 대관령에서 견부를 고수함에 따라 더 이상의 돌파구 확장이 방지되었고, 중공군의 공격기세를 약화시킬 수 있었다.

전반적인 상황이 이렇게 되자 미 제8군은 와해된 국군 제3군단을 해체시켜 국군 제3사단은 국군 제1군단에 배속하고, 국군 제9사단은 미 제10군단에 각각 배속시키고, 미 제3사단과 제187공수연대를 미 제10군단 정면에 투입하여 더 이상의 돌파구 확장을 저지하고 반격작전을 준비토록 하였다. 한편 중공군 제19병단 예하 제63군은 용문산 지역의 국군 제6사단을 공격하였다.

그 결과 국군 제6사단은 경계부대를 효과적으로 운용한, 철저한 방어로 중공군을 격퇴함으로써 4월 공세 시 사창리전투에서의 패배를 설욕하였다. 이것이 바로 용문산전투다.

따라서 중공군 5월 공세가 종료되는 1951년 5월 20일경 전선은 수색-홍천-하진부리-주문진선이 되었다.

이러한 중공군 5월 공세에 이어서 전개된 유엔군의 3차 반격작전에서 미 제8군은 이미 종심 깊게 진출해 있는 중공군의 측방을 타격하여 퇴로를 차단함으로써 중공군에 치명적인 타격을 가하고자 하였으며, 그리하여 미 8군은 5월 21일부터 중공군의 퇴로를 차단하기 위해 기계화부대를 중심으로 5개의 특수임무부대를 편성하여 본격적인 반격작전을 개시하였다.

그 결과 5월 31일에는 문산-연천-화천-속초를 연하는 캔사스선을 확보하여 6월 초가 되자 미 합참은 휴전협상을 용이하게 이끌기 위해서 현재의 캔사스선을 강화하여 영구히 확보하도록 하고 이후부터는 제한된 국지적인 공격작전만 실시할 것을 지시하였다. 따라서 유엔군은 캔사스선의 방어력 보강과 휴전협상 시 비무장지대 설치를 고려하여 파일드라이버 작전을 개시하였다.

그리하여 미 제1군단은 철원까지, 미 제9군단은 금화 남쪽까지, 미 제10군단은 양구 북방까지 국군 제1군단은 간성까지 진출하였다. 그러는 가운데 6월 23일에 유엔 주재 소련대사인 말리크가 휴전협상을 제의하였고, 7월 10일에 본 회담이 시작되면서 유엔군의 3차 반격작전은 종료되었다. 이때부터 전선은 교착전 양상을 띠게 되었다.

4. 중공군 5차 공세와 유엔군 3차 반격작전 결과

이러한 중공군의 5차 공세와 유엔군의 3차 반격작전 결과를 중공군의 입장에서 본다면, 현리 지역에서 한국군 3군단을 포위 섬멸하는 부분적인 성과를 달성하였으나 능력을 초과한 공격으로 전쟁의 주도권을 확보한다는 작전목적 달성에는 실패하고 말았으며, 한편 유엔군의 입장에서 보면, 중공군 5차 공세를 성공적으로 극복함으로써 군사작전에 있어서 부분적인 주도권을 확보한 가운데, 공산군 측을 휴전회담장에 이끌어 냄으로써 정치적인 목적까지도 달성한 상황이 되었다.

5. 중공군 5대 공세의 특징

먼저 중공군이 한국군을 집중 공격하였는데 그것은 중공군의 피실격허(避實擊虛)라는 기본원리를 적용하였기 때문이었다. 즉 글자 그대로 강한 부대는 피하고 약한 부대를 공격하는 것인데 당시 화력과 기동력이 미군보다 열세한 한국군을 약한 부대로 선정하고 이를 돌파하여 유엔군 주력의 퇴로를 차단하고자 한 것이다.

둘째는 섬멸전을 추구하였다는 점인데 이에 대한 당시 모택동의 말을 빌리자면 "사람의 경우 열 개의 손가락을 다치게 하는 것보다 한 개의 손가락을 완전히 잘라 버리는 것이 더 큰 상처가 되듯 적의 10개 사단을 격파하기보다는 그중 한 개 사단을 섬멸하는 것이 낫다"라고 표현하였다.

셋째는 적극적인 유인작전을 구사했다. 예를 들어 2차 공세 시 펑더화이의 표현을 빌리자면 "타격과 철수를 병행하면서 유엔군을 중공군의 주력이 배치된 지역으로 깊숙이 유인한 후 일부부대가 유엔군의 측후방으로 기동하여 포위 섬멸하고자 한다"라는 표현으로 결론적으로 중공군은 철저하게 자신들의 강점과 약점을 객관적으로 판단하고 자신들의 강점으로 적의 약점을 타격하려고 노력하였다.

지휘관의 지도력, 그리고 책임에 관한 소중한 교훈이 되었다. 중공군의 공세가 끝났을 무렵 양측은 지금까지 밀고 밀리는 과정에서, 어느 일방의 결정적 승리 쟁취가 불가능할 뿐만 아니라 거기에는 감내할 수 없는 막대한 인적·물적 손실이 수반된다는 사실을 경험을 통하여 깨닫게 되었다. 그리하여 쌍방은 공히 새로운 정책결정에 분주하였다.

6. 양측의 휴전정책 방안 모색

당시 유엔군이 한반도에 통일한국을 건설할 의지가 있었다면, 패주하는 적을 추격해 압록강까지 진격할 수 있는 능력을 가지고 있었다. 해·공군의 우세와 지상군의 기갑력과 막강한 화력이 이를 입증하고도 남음이 있다.

그러나 유엔군은 한국 국민과 정부의 간절한 북진의지를 애써 무시하면서 결코 문산－전곡－양양에 이르는 캔사스선을 넘으려 하지 않았다. 유엔군의 입장에서 볼 때 압록강까지 진격했다 하더라도 그것이 전쟁의 종결을 의미하는 것이 아니었고, 오히려 강 건너 몰려올 것으로 예상되는 중공군과 장기간에 걸친 전쟁의 소용돌이에 휘말릴 가능성이 있다고 판단하였기 때문이다. 만일 완승을 위해 만주의 중심부로 진격하고 나아가 베이징까지 진격한다 해도 중국이 체면상 포기하지 않을 것이므로 전쟁은 크나큰 수렁으로 빠져들 것이 확실했다.

또 이 전쟁에서 미국을 장기전에 끌어들여 지치게 하고 힘을 낭비하게 하는 것은 소련이 바라는 바와 일치하는 것으로, 세계의 세력균형이 무너지는 것이었다. 따라서 이 전쟁에서 완승을 바란다는 것은 전쟁의 성격상 불가능한 것이 되어 버렸다. 이 때문에 이번 전쟁은 완승이 아닌 판정승으로 명예로운 휴전을 이끌어 내야 한다는 입장으로 정리되었다.

유엔군은 적이 휴전회담에 응해 올 수 있도록 적당한 수준의 군사적 압력이 필요하다고 판단하였고, 아울러 현 접촉선을 휴전선으로 했을 경우에 대비하여 차후 방어에 용이한 감제고지를 확보해 강력한 방어진지를 구축했다. 이제부터의 작전은 전략 전술 개념에 의한 군사적인 작전이라기보다 정치적 논리에 의한 휴전을 위한 작전이었다.

7. 유엔군의 북진한계선 설정

리지웨이 장군은 워싱턴의 방침에 따라서 작전을 지도해 나갈 수밖에 없었고 문제는 캔사스선까지 진출해 있는 상태에서, 다음은 '무엇을 어떻게 할 것인가'였다. 문제는 '어느 선을 확보할 것인가' 하는 것이었다. 한국방위에 가장 적합하고 행정적으로도 편리한 선이 되어야 하며, 또 장차 한국군만으로도 방위할 수 있는 선이어야 하므로 이 선은 군사적인 관점과 행정적인 관점 등을 고려하여 결정하지 않으면 안 되는 상황이었다.

유엔군 측은 한국 측의 행정적인 요구나 국민들의 염원을 모르는 바는 아니었지만 작전적인 측면을 고려하여 최후 결정한 선은 여하한 공격을 받아도 끝까지 지켜 나갈 수 있고, 또다시 전선의 변동이 있어서는 안 될 선으로 결정해야 했다. 그렇지 않으면 한국의 안전은 언제까지나 방해를 받게 되어 공산군 측을 회담장의 테이블로 끌어들일 수가 없게 되는 것이었다. 때문에 유엔군의 북진한계선이 명시되어 휴전선의 원형을 이루게 되었다.

한편 중공군의 입장에서는 거의 모든 전력을 쏟아부은 공세가 대참패로 끝나 버렸다. 이들은 5차에 걸쳐 최대 80개 사단(인민군 포함)을 투입하여 공세작전을 펼쳐 보았지만, 막강한 화력과 기동력을 앞세운 유엔군을 한반도에서 축출한다는 당초의 목표 달성이 불가능할 뿐만 아니라 병력 보충과 물자 지원에도 한계가 있음을 인식하게 되었다.

5차 공세 이후 중공군의 작전은 대규모 공세를 지양하고, 자신들의 장기인 야간전투, 근접전투 등을 통해 현상을 유지하는 소규모 작전으로 전환하게 되었다. 이러한 경험과 인식으로 인하여 양측은 전쟁수행 1년 만에 전선이 전쟁 전의 상황으로 회귀하였고, 전선이 38도선 부근에서 교착되자 군사적 수단 대신 정치적 수단으로 해결방안을 모색하였다.

결국 전쟁의 가장 중요한 세력인 미국과 중국의 이해가 합치됨으로써 어느 정도의 냉각기를 거쳐 휴전회담에 나서게 되었던 것이다.

8. 전쟁 영웅 맥아더 장군 해임[18]

6·25전쟁에서의 영웅 맥아더 원수가 1951년 4월 12일 트루먼 대통령에 의해 해임되었다. 그는 "노병은 죽지 않고 다만 사라져 갈 뿐이다"라는 생도시절 불렀던 가사를 마지막 말로 남기고, 52년간의 긴 군 생활을 한반도 전장에서 마감하였다. 그의 해임은 간단치 않은 정치적 그리고 군사적 배경이 작용한 것이었다.

1) 정책결정을 둘러싼 정치적 갈등

1951년 4월 11일 워싱턴발 라디오 방송은 "트루먼 미국 대통령이 맥아더 원수를 유엔군 사령관, 주일 연합군사령관, 극동 미군사령관, 극동 미 육군사령관 지위에서 해임했다"고 충격적인 내용을 발표했다. 유엔군 사령관으로 취임해 남진하고 있던 북한군을 인천상륙작전으로 단숨에 격파해 버린 맥아더 원수가 그 직위에서 해임되는 순간이었다.

전장의 최고 지휘관과 군 통수권자인 대통령의 의견충돌이 '전선사령관 교체'라는 결과로 나타난 것이다. 맥아더의 해임을 몰고 온 트루먼 대통령과의 갈등은 중공군이 개입하면서부터 시작되었다. 특히 1951년 3월에 접어들면서부터 국군과 유엔군이 자신감을 회복하고, 38도선을 향해 진격을 계속하면서부터 갈등은 증폭되었다.

국군과 유엔군이 순조로운 진출을 계속하면서 "또다시 38도선을 넘을 것인가"라는 문제가 세계의 관심사로 떠오른 것이다. 결국 당시 논쟁의 핵심은 '38도선을 회복한 후 전략 방침을 어떻게 세울 것인가'에 있었다. '대한민국의 범위를 어디까지로 할 것인가'에 따라 전략이 근본적으로 달라지기 때문이었다. 당시 유엔에서는 '대한민국'의 범위에 대한 해석을 상황에 따라 달리하는 경향이 있었다. 그 예로 6·25전쟁 이전에는 '한국정부가 지배하고 있는 38도선 이남 지역'으로 해석했다. 그러나 국군과 유엔군이 인천상륙작전을 통해 예상 밖의 승리를 거두고 북한군을 괴멸시킨 후에는 '한반도 전역'이라고 해석했다.

2) 종전이냐 확전이냐의 갈등

이러한 관점에서 전쟁을 주도하고 있는 미국정부가 대한민국의 범위를 '38도선 이

---

18) 양영조·남정옥, 『6·25전쟁사』, 군사편찬연구소, 2005, p.35.

남 지역'으로 해석하면, 이제는 종전을 위한 전략을 추구해야 하고, 반면에 '한반도 전역'으로 해석하면 압록강까지 진격해야 하므로 확대전략을 구사해야 하는 것이다. 당시 워싱턴 수뇌들의 생각은 전자의 경우에 속했다. 그들은 "중국이 직접 전쟁에 참가하고 있는 마당에 압록강까지 진출한다고 해도 전쟁이 끝나겠느냐?"는 의구심을 가지고 있었다. 또 '진정한 적은 소련이며 언젠가는 소련이 개입하게 될 것'이라는 불안감도 있었다. 당시 미국으로서는 압록강까지 진출할 수 있다면 금상첨화겠으나, 그것은 현실적으로 어렵기 때문에 '38도선 부근의 북쪽까지 공산군을 몰아내고 휴전을 한다면 대의명분도 서고, 전쟁목적도 달성할 수 있을 것'이라고 생각하고 있었다.

반면 맥아더 원수는 전쟁에서의 완승을 원하고 있었다. "한반도에서 전쟁이 발생한 이상 38도선은 무의미하며, 압록강까지 진격하는 것만이 문제를 해결할 수 있다"는 것이 맥아더 원수의 일관된 지론이었다. 확전을 제한하고자 하는 워싱턴의 명령에 맥아더 원수는 냉담한 반응을 보였다. 맥아더 원수는 전문에 "더 이상 제한을 가하지 말라. 현재의 제한사항만으로도 적을 북한 지역에서 몰아내는 데 곤란을 느끼고 있다"고 답변했다. 이에 워싱턴은 다시 한 번 그의 '확전의지'에 제동을 걸기 위해 서둘러서 대통령의 성명을 준비했다.

3) 맥아더 장군의 확전주장과 반격작전

트루먼 대통령의 성명에 앞서 문제가 발생하고 말았다. 국군과 유엔군이 38도선에 도달할 때쯤인 3월 23일과 24일 맥아더 원수가 기자회견을 한 내용이 문제가 되었다. 회견에서 맥아더는 "유엔이 현재의 군사적 제한조치를 풀고 군사행동을 중국의 해안선과 오지까지 확대한다면, 중국은 곧 군사적 붕괴위기에 처하게 될 것이다"고 주장했던 것이다. 이것은 공산군과의 협상을 통해 전쟁을 종결지으려던 트루먼 대통령을 곤경에 처하게 만들었다. 더구나 맥아더 원수는 그 발언에 이어 반격작전을 강행하였다.

맥아더의 마지막 결단이었다고 할 수 있는 38선 이북으로의 진출에 대한 결심은 '정지보다 전진이 유리하다'는 판단에 따른 것이었다. 마침내 고심을 거듭한 트루먼 대통령은 1951년 4월 11일 '맥아더 원수를 해임'하는 극약처방을 내렸다.

그리고 맥아더 원수 후임으로는 제8군사령관 리지웨이 장군을 임명하였으며, 제8군사령관에는 밴플리트 중장을 임명하였다. 유엔군은 지휘관이 교체됨에 따라 제8군은 물론이고 전쟁 자체가 큰 전환점을 맞이하게 되었다.

맥아더 원수는 해임 이후에도 많은 일화를 남겼다. 미국 국민들이 귀국한 맥아더 원수를, 아이젠하워를 환영했을 때보다도 2배 정도의 큰 규모로 환영하였다는 것은 후세의 화젯거리가 되었고, 또 흔히 말하는 맥아더 청문회라고 불리는 상원의 군사외교합동위원회에 소환되어 여러 가지 화제를 낳았다.

그러나 그는 너무 지나칠 정도로 자기의 정당성을 주장, 변호하였고 나아가서는 대통령까지 공격함으로써 세상의 빈축을 사게 되었고, 결국 그로 인하여 군인으로서의 그의 위대함에 그림자를 지게 했다. 그럼에도 불구하고 인천상륙작전과 같이 한국전장에서 보여 준 그의 신화는 전쟁 역사상 거의 전무후무한 일이었다고 평가된다.

제8장
교착과 휴전

제1절 휴전회담

1. 휴전회담의 배경과 원인

한국전쟁의 휴전회담은 전쟁 발발 후 1년간의 격전 끝에 전선이 대체로 38도선 부근에서 교착되기 시작한 1951년 6월을 전후하여 제기되었으며, 쌍방이 전쟁을 무력에 의해서가 아니라 협상으로 해결하려는 정책적 단안을 내림으로써 7월 초에 개최되었다.

1) 양측의 휴전협상 제의 과정

한국전쟁은 북한의 김일성 공산정권이 소련과 중국의 지원하에 전 한반도를 공산화할 목표로 1950년 6월 25일 남침을 자행함으로써 발발하였다. 이에 한국을 지원하여 자유진영의 유엔군이 참전하고 뒤따라 공산진영의 중공과 소련(공군)이 북한을 지원하여 직접 개입하였다. 따라서 이 전쟁은 남북한 간의 전쟁으로부터 국제적 성격의 전쟁으로 비화하였다.

양측은 군사적으로 격돌하면서도 다른 한편으로는 세계전쟁으로 비화될 것을 우려하고 있었다. 북한의 남침 직후에는 주로 유엔 주도에 의한 평화회복 노력이 이루어졌다. 유엔은 전쟁 이전 현상으로 복원에서 해결하려고 여러 차례 시도하였지만 번번이 무산되었다.

우선 전쟁 첫해인 1950년, 유엔은 북한이 6월 25일에 남침하자, 즉각 그 침략을 중지하고 38선 이북으로 철수할 것을 요청하는 조치를 취하였고, 중공군이 개입한 1950년 12월에는 유엔총회가 '정전 3인위원회'를 설치하여 중공에 대해 38도선 이남으로 침공하지 않도록 요청하면서 평화를 회복시키려 노력하였다.

반면 소련 측은 1950년 10월 초 북한군이 유엔군의 반격에 의해 패주할 때 38도선에서 휴전을 하자고 제의하였다. 그러나 이 제의는 '외국군의 즉각 철수' 등의 조건을 달고 있어 유엔군 측이 수용할 수 없었다. 뿐만 아니라 이는 국군과 유엔군의 38도선 돌파를 지연시키며 이미 출병 결정을 한 중공군의 참전준비에 필요한 시간을 벌기에 주목적이 있었던 위장평화의 책략에 불과한 것이었다.

다음 해인 1951년에 접어들어서도 유엔 '3인정전위원회'의 평화노력은 계속되었으나 뜻을 이루지 못한 가운데, 3월 하순 유엔군이 중공군을 격퇴하고 38도선을 회복할 무렵 유엔군 사령관 맥아더가 직접 공산군사령관 펑더화이에게 휴전회담을 제의하였다. 그러나 이 제의는 상대방에 수용되지 않고 묵살되었다. 이는 상대방이 그때마다 힘으로써 전쟁목표를 달성하려는 정책을 계속 추구한 데 기인하였다.

● 피·아 군사정세 판단

중공군 5차 공세 직후 피·아 군사상황 판단을 먼저 유엔군의 입장에서 보면, 첫째, 현재의 전투력으로도 압록강까지 진격할 능력을 보유하고 있지만 북진을 계속하기에는 많은 시간과 희생이 소요될 것이라고 예상하였다. 특히, 당시에 예상했던 총 손실규모는 10만 명 이상이었다.

둘째, 설사 압록강까지 진출한다 하더라도 이것은 전쟁의 종결을 뜻하는 것이 아니라 중공과의 장기전에 말려들 위험성이 있다고 생각하였으며, 셋째, 만약 완전한 승리를 추구하기 위하여 중국 내륙으로 진출하게 된다면, 소련의 개입으로 제3차 세계대전으로 확산될 수도 있다고 예상하였다.

넷째, 끝없는 전쟁으로 인하여 미국의 국력이 소모되는 것은 소련이 원하는 바이고, 결과적으로 세계의 세력균형이 붕괴될 위험성이 있다고 판단하였다.

한편, 중공군의 입장에서는 첫째, 유엔군을 섬멸하는 것은 불가능하지만, 산악지대를 이용한다면 방어는 가능하다고 예상하였다. 둘째, 6·25전쟁에 개입할 당시 예상했던 것과는 달리 현재 소련의 원조가 불충분하였으며, 셋째, 신생국가로서 6·25전쟁에 지나친 국력을 소모한다는 것은 장기적으로 국가이익에 부적합하다고 판단하였다.

결론적으로 양쪽 모두 일방적인 군사적 승리는 불가능할 뿐만 아니라 전쟁이 장기화될 경우 둘 다 피해가 크다는 결론에 도달하였으므로 각자 자신들에게 유리한 휴전만이 바람직한 대안임을 인식하게 되었다.

2) 전선교착과 휴전협상

쌍방은 1951년 4~5월, 이른바 중공군 춘계공세에서 개전 이후 최대의 결전을 치렀으며 여기에서 피아 모두 최악의 인명손실을 입은 후에야 무력으로 승리를 얻으려는 정책을 포기하고 전쟁을 평화적으로 해결하려는 정책을 택하였다.

이 무렵 미국이 주도한 미·소의 막후접촉에서 소련이 '전쟁 전 상태 복원에서 휴전으로 평화를 회복한다'는 데 호응해 옴으로써 마침내 휴전협상의 장을 마련할 수 있게 되었다. 이전의 평화회복 노력은 번번이 힘에 의한 전쟁의지로 결실을 보지 못하였을 뿐만 아니라 전쟁상황이 '국지적 제한 전쟁이냐 또는 확전이냐'의 기로로까지 발전되어 왔다.

남북한이 총력전을 폈고 동서 양 진영도 동원할 수 있는 최대 역량을 투입하였다. 공산군 측은 한반도의 공산화를, 유엔군 측은 침략자를 응징하고 자유를 수호하며 평화를 회복하기 위해 싸웠다. 1년간의 전쟁을 통해 공산군 측은 그들의 힘으로 전 한반

휴전을 제의하고 있는 유엔 주재 소련대표 말리크(1951.6.23.)

도를 통일할 수 없다는 사실을 깨닫게 되었다. 유엔군 측으로서도 힘에 의한 응징에
는 한계가 있다는 상황을 인정하지 않을 수 없었다. 뿐만 아니라 전쟁을 사실상 주도
한 미국과 소련은 각각 한반도에서의 전략적 이익을 결코 포기하지 않을 것이라는 상
대의 의도를 확인하였고, 이로써 이 지역에서 냉전구조의 균형을 파괴할 수 없다는
현실을 수용하지 않을 수 없었다.

이러한 형국에서 쌍방은 협상을 통해 해결하기 위한 정책전환을 함으로써 교착된
전선에서 휴전을 모색하게 되었다. 유엔군 측에서는 유엔의 역할을 대행하고 있는 미
국이 전쟁 이전 현상에서의 휴전정책을 확정한 데 이어, 공산군 측에서도 소련이 중
심이 되어 1951년 6월 13일 모스크바 조·중·소 회담에서 '38도선의 경계선을 복구
하는 조건에서 휴전이 유익하다'는 결론을 내렸다.

3) 양측의 협상목표와 전력 증강

양측의 협상 목적과 목표는 각기 달랐다. 유엔군 측은 군사협상을 통해 일단 전쟁
을 휴전화한 다음 유엔기구를 통한 정치적 수단에 의거하여 통일민주독립국가를 수
립한다는 데 목표를 두고 있었다. 반면 공산군도 전선이 교착된 6월부터 방어태세를
취하면서 지상군의 정비와 공군력의 전개를 통해 전력을 회복한 다음 8월 이후에 공
세로 이전한다는 방침이었고, 이 기간 중 휴전회담의 추진은 그러한 조건에 대단히
유익한 것으로 판단되었다.

이때 병력 면에서는 공산군이 2 : 1로 우세하였지만, 화력 면이나 해·공군 전력 면
에서는 유엔군이 단연 압도적이었다. 이와 같이 1년간의 격전 끝에 대치한 쌍방은 휴
전에 대비해 방어선을 강화하고 부대의 재편성 재배치를 통해 전력을 재정비하면서
휴전회담의 진전상황을 지켜보게 되었다.

제2절 군사분계선 논란

1. 38선과 접촉선

휴전협상은 1951년 7월 26일 무엇을 논의할 것인가 하는 의제에 합의를 봄으로써

본격적인 토의에 들어가게 되었으며, 합의된 5개의 의제 중 '비무장지대 설치를 위한 군사분계선설정' 의제를 놓고 협상에 들어갔다.

● 피아 군사분계선 주장

피아 군사분계선 주장으로 유엔군 측은 '보상개념'을 전제로 군사분계선은 현 접촉선으로부터 30~40㎞ 북쪽에 설치되어야 한다고 주장했다. 왜냐하면 휴전선이란 것은 정치적인 해결선이 아니고 일시적인 적대행위를 중지하는 선이기 때문에 군사분계선은 현시점의 피아 군사력균형을 보상하는 선이 되어야 한다는 것이었다. 즉 현재 유엔군이 확보한 절대적인 제공 및 제해권을 보상하는 차원에서 현 지상군의 접촉선으로부터 30~40㎞ 북방에 군사분계선이 설정되어야 한다는 것이었다. 이것은 공산군 측이 주장하고 있는 군사분계선을 38도선으로 설정할 경우 방어에 불리할 뿐만 아니라 북한군의 재도발 가능성이 높아진다는 것을 고려한 것이다.

한편, 공산군 측은 '원상복귀 개념'을 전제로 군사분계선은 38도선으로 하되 38도선에서 남쪽으로 10㎞의 비무장 지대를 설치하자고 주장하였다. 왜냐하면 이번 전쟁은 무승부이기 때문에 전쟁의 결과에서 득실이 생긴다는 것은 부당하며, 원상태로 복귀하는 것이 공평하다는 논리였다. 또한 38도선은 전 세계가 인정한 선일 뿐만 아니라 유엔주재 소련대사 말리크가 최초에 휴전협상을 제의했을 때도 38도선을 전제로 했다고 주장하였다. 이에 대해 유엔군 측 대표인 조이 제독은 "그런 식으로 38도선을 군사분계선으로 설정한다면, 만약 낙동강선에서 휴전회담이 개시되었다면, 그때에도 38도선을 주장했겠는가?"라고 반박하였다.

결국 이와 같은 쌍방 간의 입장 차이는 여러 번의 회담중지와 재개의 우여곡절 끝에 1951년 11월 27일이 되서야 '현 접촉선을 군사분계선으로 한다'는 합의가 이루어졌다.

1) 38선과 접촉선 논쟁

양측은 1951년 7월 26일 군사분계선 설정, 외국군 철수 문제, 휴전실현을 위한 협정, 전쟁포로 협정 등의 의제를 토의하기로 합의하였다.

토의 의제에 합의를 보자마자 공산군 측 대표 남일이 먼저 군사분계선과 비무장지대에 대해 자신들의 주장을 내놓았다. 이들은 무엇보다 38도선을 군사분계선으로 해야 한다고 주장하였다. 유엔군 측의 반박은 다음 날 시작되었다. 조이 제독은 휴전선을 38도선보다는 현 전선에 기초하여 설정하는 것이 더 합당하다고 주장하였다.

그는 공산군과 유엔군이 지난 13개월의 전쟁 간 적어도 네 번이나 38도선을 넘었다고 지적하고, 이 사실만으로도 그 선은 군사분계선으로서 적합하지 않다고 주장하였다. 쌍방이 자신들의 주장을 논증하기 위해 서로 다른 관점에서 역사적 사실을 인용함으로써 회담이 계속 지연되었으며 타협점에 이르기가 쉽지 않음을 예고하였다.

회담이 지연된 이유는 공산군 측의 협상목적이 의제의 조기 타결에 있었던 것이 아니라 지난 춘계공세에서 입은 대손실을 우선적으로 보충하고 공세역량을 축적하여 군사적 우위를 회복하려는 데 있었기 때문이었다.

따라서 유엔군은 적의 의도적인 지연 전략에 제한목표 공격 전략으로 맞서 단계적으로 적진을 잠식하며 단장의 능선, 피의 능선, 해안분지 등에 군사적 압력을 가하였으며, 그 결과 적이 협상테이블로 다시 돌아옴에 따라 공세를 중단하고 회담의 추이를 지켜보기로 하였다.

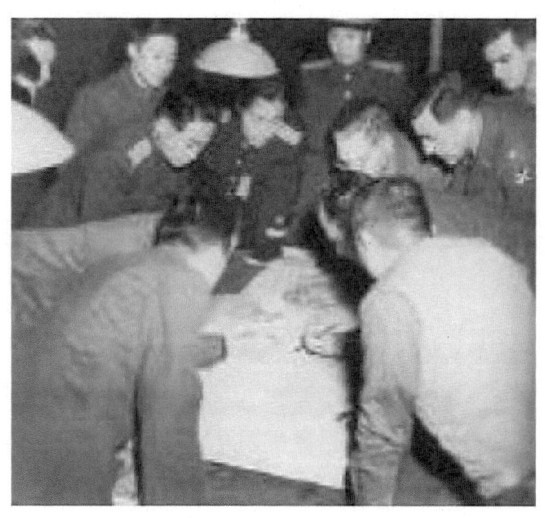

군사분계선 위치를 토의하고 있는 양측 대표들(1951.11.)

2) 개성을 둘러싼 논쟁

공산군 측은 다시 재개된 회의에서 개성을 제외한 옹진과 연안반도를 양보하는 대신에 중동부 지역의 철원, 금화, 양구 등을 갖겠다는 어이없는 안을 제안하였다. 여기에서 공산군 측이 38도선을 언급하지 않아 협상의 진전 가능성을 보였지만 이럴 경우 유엔군이 중부와 동부에서 15마일가량 철수해야 하고, 특히 서부에서도 공산군 측 진지에 근접해 있는 개성을 적에게 넘겨주어야 했다. 개성은 유엔군 측으로서는 서울에 이르는 적의 접근로를 방어하는 데 필수적이었고 공산군 측으로서는 한반도 적화전략상 서울 공격의 양호한 발판이 되는 것이었다. 이와 같이 개성은 군사적으로 피아의 전략상 대단히 중요한 곳이었기 때문에 개성 지역은 점령 지역의 크기 이상으로 중대한 의미를 갖는 것이었다. 유엔군 측은 중립지대로 설정된 개성에서 적의 철수를 요구하였다. 그 이유로 "개성에서 회담이 열리지 않았더라면 유엔군이 이를 점령하였을 것이다. 유엔군은 휴전협정이 조인되면 유엔군이 점령하고 있는 서해안 도서에서 철수해야 하므로 공산군 측이 개성을 양보하는 것은 이에 대한 정당한 보상이다"고 주장하였다. 몇 번의 지루한 회의를 거친 후 10월 31일 회의에서 공산군 측은 오직 접촉선에 기초한 4km폭의 비무장지대 설치안을 제시하면서 최선의 제안이라 주장하였다. 결국 리지웨이 장군과 조이 제독은 당시 전선에 기초하여 약간의 조정을 거쳐 군사분계선을 결정할 수밖에 없다는 결정을 내리게 되었다. 따라서 군사분계선은 결국 공산군 측이 38도선 복원 주장을 포기하고 유엔군 측이 해·공군 작전 지역 반영 주장을 양보한 선에서 타협의 산물로 실제전선(접촉선)을 기준으로 설정하게 되었다. 이는 차후 유엔군이 개성을 회복하지 못하는 결정적인 계기가 되었다.

3) 협상 당시 접촉선과 휴전조인 시 접촉선 논쟁

유엔군 측은 한국 측의 반대에도 불구하고 협상의 조기 타결을 바라는 미국과 국제적 여론을 고려하여, 이 절충안에 동의하기로 결정함으로써 군사분계선 설정의 대타협을 보았다. 양측은 곧바로 1951년 11월 23일 실제 지상 접촉선 결정 작업에 들어갔으며 마침내 현재의 휴전선과 비슷한 군사분계선을 작성하게 되었다.

당시 유엔군 측은 접촉선을 군사분계선과 비무장지대의 기준선으로 삼아야 한다는 주장을 관철시키는 데는 성공하였으나, 개성을 협상을 위한 중립지대로 허용함으로써 이를 회복하지 못하고 말았다. 이는 결국 이후 한국의 수도방위에 결정적인 취약점으로 작용하게 되었다. 한편, 쌍방은 군사분계선을 접촉선으로 하고 이에 기준하여 4km폭의 비무장지대를 설치한다는 원칙에는 합의하였으나, 군사분계선을 확정 짓는 시기에 있어 의견을 달리하였다.

공산군 측은 협상 당시의 접촉선으로, 유엔군 측은 휴전조인 시의 접촉선으로 해야 한다고 서로 맞서고 있었다.

4) 미국의 조기휴전 정책

이 무렵 미국의 합참은 협상 전개과정을 잘 알지 못하는 세계여론을 고려하여 협상을 너무 오래 끌지 않도록 강조하고 있었다. 그 이유는 공산군 측이 38도선 주장을 양보하였는데 유엔군 측이 사소한 문제로 협상을 지연시키고 있다고 비난받게 될 수도 있음을 우려한 것이었다. 워싱턴의 군사정치 지도자들은 협정의 조기 타결이라는 이점을 들어 공산군 측의 제안을 수락하도록 지시하였다. 또 나머지 의제 타결 기간을 1개월로 시한을 한정함으로써 시간 지연작전에 쐐기를 박아 공산군 측으로 하여금 협상을 보다 촉진시키게 할 수 있을 것으로 전망하였다. 미 합참은 현재의 접촉선을 군사분계선으로 수락하되 다른 의제들이 합리적인 기간인 약 1개월 또는 그 정도 내에 타결이 안 되면 군사분계선이 재협상되어야 한다는 쪽으로 정리하였다.

이에 따라 유엔군 측 대표단은 회담을 조기 타결하기 위하여 현 접촉선을 잠정 군사분계선으로 설정하되 협정이 1개월 내에 조인되지 못하면 당시의 접촉선으로 새로운 제안을 내놓았다. 마침내 양측 참모장교들이 1951년 11월 26일 접촉선 결정 작업을 완료하였고, 쌍방이 이에 서명함으로써 그동안 난항을 거듭해 오던 군사 분계선과 비무장지대 설정안 협정을 체결하였다. 그러나 휴전협정은 그보다도 1년 8개월이나 지나서야 체결될 수 있었다.

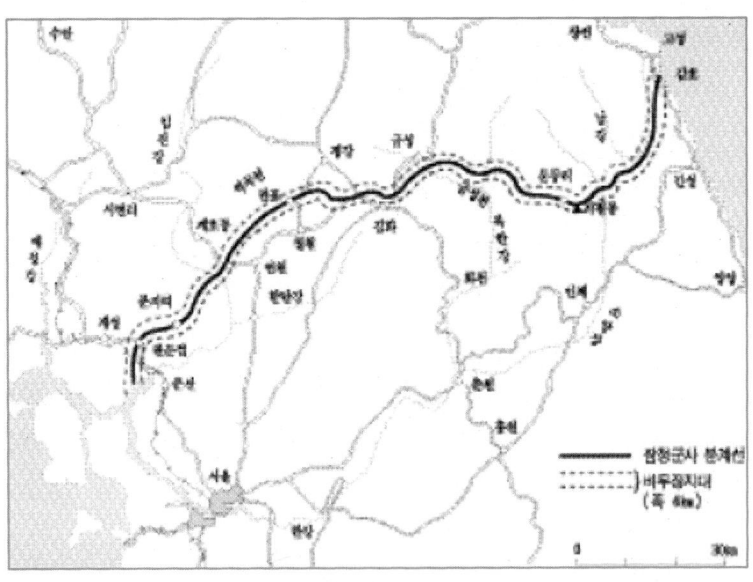

잠정 군사분계선(1951.11.27.)

2. 공산군의 포로 강제송환

휴전협상의제 중 제4항인 포로교환협상은 군사분계선 협상이 분과 위원회로 넘어 간 1951년 말부터 시작되었으며, 양측의 어느 누구도 협상 과정에서 포로문제가 주요 의제가 될 것이고, 또 그것으로 회담이 장기화될 것이라고 생각하지 못하였다.

1) 제네바협정과 포로문제

포로교환협상은 표면상으로 비교적 간단한 것처럼 보였다. 왜냐하면 쌍방이 다 같 이 인정한 제네바협약 제118조에는 그 서두에서 "포로는 적극적인 적대행위가 종료 된 후 지체 없이 석방되고 송환하여야 한다"고 명확히 규정되어 일견 논란의 여지가 전혀 없는 것처럼 보였기 때문이었다. 그러나 포로 가운데에는 귀국을 원치 않는 자 도 있을 것이며 자기 나라의 정치제도를 반대하는 입장에서 제3국을 택하는 등 여러 가지 이유로 귀국을 거부하는 경우가 있을 수 있었다. 그럼에도 불구하고 제네바협약 에는 이와 같은 사항은 예측하지 못하고 예외규정을 두고 있지 않음으로써 이것이 바 로 포로교환협상의 토의에 있어 쟁점이 되었다. 제네바협약 후 이러한 문제가 한국전 쟁에서 처음으로 대두되게 되었다. 유엔군이 수용하고 있는 상당수의 공산군 포로가 송환을 원하지 않고 있었기 때문이었다. 당시 포로의 심문과정에서 한 포로가 "우리 들은 북한에 돌아갈 아무런 이유가 없다"고 진술한 데서 문제가 대두되었다.

심사를 받기 위해 대기 중인 포로들

이러한 특수상황에 따라 유엔군 측의 송환을 원하는 포로만 송환시키는 자원송환 원칙을 관철하되 공산군 측에 억류된 유엔군 포로도 모두 안전하게 복귀시켜야 한다는 포로교환 문제는 군사분계선 설정문제가 합의된 이후인 1951년 12월 10일부터 논의되기 시작했다.

이러한 전략으로 1 : 1 교환방식을 주장할 방침이었다. 반면에 공산군 측은 협약의 표면상 강제송환에 기초하여 모든 포로의 강제송환을 주장하고 나섰던 것이다.

그 이유는 우선 포로들을 심문해 본 결과 많은 사람들이 북한으로 돌아갈 것을 거부하였고 또한 많은 중공군 포로들 중 국민당 계열은 대부분이 대만으로 갈 것을 희망하고 있었다. 따라서 유엔군 측은 제네바협정 제6조, "포로의 지위에 불리한 영향을 미칠 경우 별도의 협정을 체결할 수 있다"는 법적 근거를 들어서 강제송환 및 전체교환을 반대하였던 것이다.

한편, 공산군 측은 강제송환을 원칙으로 전체 교환을 주장하였으며 그 이유는 사상적 측면에서 자유송환을 인정한다는 것은 개인의사를 존중하는 것으로 전체 의사를 중시하는 공산주의 사상을 스스로 부정한다는 이유였으며, 또한 대다수가 북한으로의 송환을 거부하게 된다면 가뜩이나 인적 자원이 부족한 북한에게는 큰 문제가 된다는 것이었다.

따라서 공산군 측은 제네바 협정 제118조 "포로는 실제적인 적대행위가 종료된 후 지체 없이 해방되고 또 송환하지 않으면 안 된다"라는 법적 근거를 들어 자유송환원칙을 반대하였던 것이다. 결국 이러한 쌍방의 입장 차이는 약 15개월 동안 진전을 보지 못하다가 1953년 3월, 스탈린 사망을 계기로 부상포로 교환이 이루어지면서 성과를 보이기 시작했다. 그리고 1953년 6월 18일을 기해 이승만 대통령의 일방적인 반공포로 석방과 같은 많은 우여곡절 끝에 포로교환 문제는 결국 자유송환하는 것으로 종결되었다.

2) 양측 포로명부의 교환

초기의 합동분과위원회에서 유엔군은 포로에 관한 정보파악을 중시하여 포로의 식별(국별 명단), 포로수용소의 위치, 포로수용소별 인원수, 그리고 국제적십자사 대표의 수용소 출입허용 등에 관한 자료 교환을 제의하였다. 공산군 측이 포로의 명단과 기타 자료를 교환하기로 함으로써 당일 자료 교환이 이루어졌다. 그러나 유엔군 사령부는 공산군 측이 제출한 명단에 크게 실망하였다. 공산 측이 제출한 명단은 예상하였던 것과는 너무나 큰 차이가 있었다. 그들은 다만 국군포로 7,142명, 유엔군포로 4,417명(그중 미군 3,198명) 총 1만 1,559명만을 제시하였던 것이다. 전쟁 초기, 북한이 발표한 것만 하더라도 포로는 6만 5,000명을 상회하며, 국군과 유엔군이 추정한 실종자도 국군 8만 8,000명, 미군 1만 1,500명 이상이었다.[19] 한편, 유엔군이 공산군 측에게 건네준 포로명단은 총 13만 2,474명으로서 그중 북한군 9만 5,531명, 중공군 2만 700명, 그리고 전 남한 출신 1만 6,243명이었다.

공산군 측도 유엔군 측이 제출한 명단에 대단히 불만이었다. 공산군은 '유엔군이 제출한 명부에서 4만 4,259명이 부족하다'고 비난하였다. 유엔군은 민간인 피수용자도 의제에 포함하여 타결해야 한다고 제안하여 공산군의 원칙적인 동의를 얻어 내었다. 이것의 핵심은 포로와 민간인의 자원송환에 있었다.

공산군 측이 제시한 유엔군 포로 내역

소속국	인원 (명)	소속국	인원 (명)
한 국	7,142	호 주	6
미 국	3,198	남아(공)	4
영 국	919	일 본	3
터 키	234	캐 나 다	1
필리핀	40	그 리 스	1
프랑스	10	네덜란드	1
		계: 11,599명	

제3절 교착전

1. 휴전협상 중 전투원인

휴전협상은 1951년 7월 10일부터 1953년 7월 27일 정전협정이 조인될 때까지 2년간 지속되었다. 그런데 유엔군과 공산군은 협상 중에도 치열한 전투를 계속 전개했다. 유엔군은 협상과정에서 주요 쟁점사항이 해결되지 않을 경우 이를 타개하는 수단으

---

19) 양영조·남정옥, 『6·25전쟁사』, 군사편찬연구소, 2005, p.63.

로, 그리고 공산 측에게 휴전조건을 강요하는 수단으로 군사작전을 전개했다. 반면에 공산군은 휴전협상 과정에서 전력의 열세를 만회하기 위해 전력 증강을 도모하고, 일부 빼앗긴 진지를 탈환하는 등 군사력 과시를 통해 휴전회담에서 주도권을 장악하기 위해 전투를 실시했다. 이렇게 됨으로써 '일면협상, 일면전투'가 정전협정이 체결될 때까지 계속되었다.

1) 유엔군의 휴전회담 수용 배경

유엔군이 중공군의 '4월과 5월의 춘계공세'를 물리치고 38도선 이북까지 진출하는 등 군사적으로 충분히 승리할 수 있음에도 불구하고, 휴전회담에 착수하게 된 이유는 다음과 같다.

첫째, 유엔군은 해·공군력을 앞세워 평양−원산선까지 진격할 수 있었으나, 이럴 경우 중공과 소련이 휴전회담에 응하지 않을 것이고, 또다시 북진할 경우 엄청난 인적·물적 피해와 함께 병참선의 신장으로 군사적으로 매우 불리하다는 점을 인식하게 되었다.

둘째, 미국은 전쟁을 전면적으로 계속하기 위해서는 20만 명의 정규군이 더 필요하고, 이러한 미군 1명을 한국에 주둔시키는 데 연간 4,500달러라는 막대한 비용이 추가로 필요했다. 따라서 20만 명이면 단순 추가 비용만 해도 9억 달러의 예산이 더 소요되기 때문에 의회에서 통과하기가 어려울 것이라고 판단했다.

셋째, 미군의 인명피해가 너무 컸다. 1951년 6월 말 미군의 전 사망자는 21,300명이고, 부상이 53,100명이며, 실종 및 포로가 4,400명으로 모두 8만 명의 인명피해를 입었다. 이는 한국전쟁 3년 기간 동안 발생했던 미군 피해 약 14만 명의 60%에 해당하는 엄청난 피해였다. 이상과 같은 이유로 유엔군은 중공군의 춘계공세를 막아 내고 전쟁 이전 상태를 회복한 1951년 6월이 휴전회담을 할 수 있는 최적기라고 판단했다.

2) 공산군(중공 · 북한 · 소련)의 휴전회담 수용 배경

중공과 북한은 1951년 6월 휴전을 대체로 희망하고 있었으나, 병력을 파견하지 않은 채 물자 및 장비만을 지원하고 있던 스탈린은 모택동에게 추가적인 지원을 약속하면서 전쟁을 계속할 것을 강요했다. 중공은 1951년 춘계공세에서 입은 약 10만 명의 막대한 인명피해로 사기가 저하되었고 미군보다 뒤떨어진 화력의 열세 앞에서 승리를 장담할 수 없게 되었다. 이러한 상황에서 소련이 중공에게 지원하기로 약속했던 60개 사단분의 전투장비와 보급품에 대한 지원이 이루어지지 않자, 중공은 전쟁 이전 상태인 38도선만 보장되면 휴전할 생각이었다. 북한의 김일성도 1951년 전선 상황을 보고 휴전을 고려하였다.

북한은 유엔군의 북진작전에 맞서 개입한 중공군에 힘입어 일시 전세가 호전되었다.

유엔군과 공산군의 휴전회담 수용 이유

미 국		• 유엔군이 평양·원산으로 진격 시, 공산 측 휴전회담 불응 우려 • 전쟁 계속할 경우 미군병력 20만 명 및 예산 9억 달러 추가소요(1인당 4,500달러) • 미군의 막대한 인명손실, 1951년 6월 현재 78,000명 피해
공산군	중 공	• 춘계공세 시 10만 명 피해로 사기 저하 및 화력열세 인식 • 소련 60개 사단 분전투장비 미지원
	소 련	• 미국과의 확전 회피 • 명예로운 휴전 모색(38도선 확보목적)
	북 한	• 북한 전 지역 초토화로 체제위기, 승리해도 전후 복구 곤란 • 제2의 인천상륙작전 시 전세만회 더욱 곤란

미국을 비롯한 유엔군이 제공권과 제해권을 이용하여, 북한 전역을 초토화시킴으로써 북한에는 더 이상 폭격할 목표물이 없게 되었다. 이에 김일성은 체제위기와 함께 또다시 인천상륙작전과 같은 유엔군의 상륙작전이 다시 감행될 수 있다는 점을 고려하여, 휴전협상을 서두르게 되었다. 스탈린도 처음에는 휴전협상에 반대했으나, 결국 북한과 중공의 설득으로 휴전협상에 동의한 후 배후에서 이를 조종했다. 소련은 미국의 개입과 유엔군의 38도선 돌파라는 상황에 접하면서 미국과의 확전(擴戰) 가능성을 고민하게 되었다.

소련은 한국전쟁이 미·소 간의 전쟁으로 확대되는 것을 원치 않았기 때문에 그들의 위신이 손상되지 않는 범위 내에서 38도선을 경계로 한 휴전을 바라고 있었다.

3) 휴전회담 중 전투

유엔군은 현재 전력으로는 완전한 승리를 거둘 수 없다는 판단 아래 더 이상의 유혈을 방지하고자 회담에 응했으나, 북한군과 중공군은 휴전회담을 이용하여, 진지 보강과 전력 증강을 꾀하면서 전쟁에서 달성하지 못한 군사목표를 이루겠다는 흑심을 가지고 있었기 때문에 이해관계가 첨예하게 대립할 경우, 회담이 결렬되어 중단되는 사태가 빈번하게 일어났다. 휴전협상 중 유엔군은 협상이 결렬될 경우나, 유엔군이 요구한 협상조건을 공산 측이 받아들이지 않을 때 전투를 재개했다. 유엔군은 협상 중에도 제한목표에 대한 지속적인 공격을 통해 적에 대한 압력을 유지하면서 적의 공격 기도를 분쇄했다.

공산군은 휴전협상 과정에서 전력의 열세를 만회하기 위해 전력 증강을 도모하였다. 또한 그들은 빼앗긴 진지를 탈환하여 군사력을 과시하거나, 휴전회담에서 주도권을 장악하기 위해 유엔군 진지 중 북쪽으로 돌출되어 있거나 취약한 진지에 대해 공격을 실시했다. 그 결과 한편으로는 휴전회담장에서 말로 싸우는 '설전(舌戰)'을 벌였고, 다른 한편으로는 전 전선에서 휴전 후 방어에 유리한 고지를 선점하기 위한 고지쟁탈전이라는 '혈전(血戰)'이 전개되기에 이르렀다. 이에 따라 휴전회담도 '중지 및 재개'의 반복을 거듭하게 되었다.

제4절 휴전회담과 전투

휴전협정 조인이 지연된 것은 휴전회담 자체가 전쟁의 연장이라는 전제하에서 획득하지 못한 것은 회담을 통해 추구하고, 정치심리전을 최대한 활용한다는 공산군 측의 기본 회담방침이 근본적인 원인이었다고 할 수 있다. 이러한 휴전회담 기간 중에 진행된 1951년 후반기 이후 휴전회담 기간의 군사작전은 휴전회담이라는 주연을 위한 조연의 역할이었다고 할 수 있었다. 즉 당시의 군사작전이 공산군 측을 휴전회담장으로 나오게 하거나 휴전회담에 유리한 상황을 조성하기 위해 진행되었기 때문에 일반적인 군사작전과는 달리 유엔군 측은 다음과 같은 많은 제한사항을 갖고 있었다.

우선 전투에서 패배한다는 것은 허용할 수 없다는 전제하에, 방어만 해서는 휴전회담을 촉진시킬 수 없기 때문에 적절한 공세행동이 필요했다. 그렇다고 대규모 공세를 전개하거나 더욱이 전쟁을 확대시킬 경우 마찬가지로 휴전회담이 이루어지기 어렵다는 모순점을 갖고 있었다. 따라서 일방적인 승리보다는 판정승을 추구할 수밖에 없었다. 결과적으로 이러한 상황하에서의 군사작전은 자연스럽게 교착전 양상을 띨 수밖에 없었다.

1. 1951년 후반기 이후 군사작전

군사분계선 설정 문제가 합의된 1951년 11월 이후부터는 공세적인 작전보다 기 확보된 방어선을 지키기 위한 수세적인 작전에 치중할 수밖에 없었다. 한편 이러한 교착전 양상은 공산군 측에 상대적으로 유리하게 작용하고 있었는데 그 이유는, 첫째, 전선이 교착된 것을 활용하여 견고한 진지를 구축함으로써 화력의 열세를 상쇄시킬 수 있었다. 두 번째는, 전선이 교착됨으로써 중공군의 가장 큰 약점인 보급지원의 취약성을 보완할 수 있는 여건이 되었다. 세 번째는, 휴전회담 장소인 개성을 중립화함으로써 주요 전장을 중동부전선으로 국한시켜 산악작전에 잘 숙달되어 있는 중공군에게는 유리하였다.

이러한 상황하에서 전개된 휴전회담 기간 중의 주요 군사작전은 1951년도 유엔군의 하계공세와 추계공세가 있었으며, 1952년도에는 백마고지전투 등과 같은 고지쟁탈전이 있었고, 1953년도에는 금성 지역에서의 중공군 최후공세 등이 있었다.

1951년도 군사작전인 유엔군의 하계공세 시 휴전회담이 시작되던 7월 초의 피아전선은 지그재그형 굴곡을 이루고 있었다. 이에 따라 유엔군은 공산군에 계속적인 압력을 가함으로써 휴전협상을 촉진하고 굴곡진 전선을 조정하기 위해서 대규모 공세를 전개하였는데 이것이 바로 하계공세다.

즉 중동부전선에서 미 제9군단과 미 제10군단이, 동부전선에서 국군 제1군단이 7월 21일부터 캔사스선 북방 20km 진출을 목표로 공격을 개시하였다. 그러나 30년 만의 집중호우로 인하여 공세는 중단되었고, 공산군은 이 기간을 이용하여 방어준비를 더욱 강화하였으며 그 결과 장마가 끝나고 8월에 공세를 재개했지만 공산군의 완강한 저항으로 인하여 국군 제1군단 지역의 남강(고성군 간성읍) 일대와 미 제10군단 지역의 피의능선만 확보하고 전체 목표 달성에는 실패하였다.

상황이 이렇게 되자 미 8군 사령관 밴플리트 장군은 교착된 현 전선을 타개하고 휴전 후 보다 유리한 방어선 확보를 위하여 보다 큰 대규모 공세를 계획하게 되는데 이것이 바로 'Wrangler(랭글러)'[20] 계획이다.

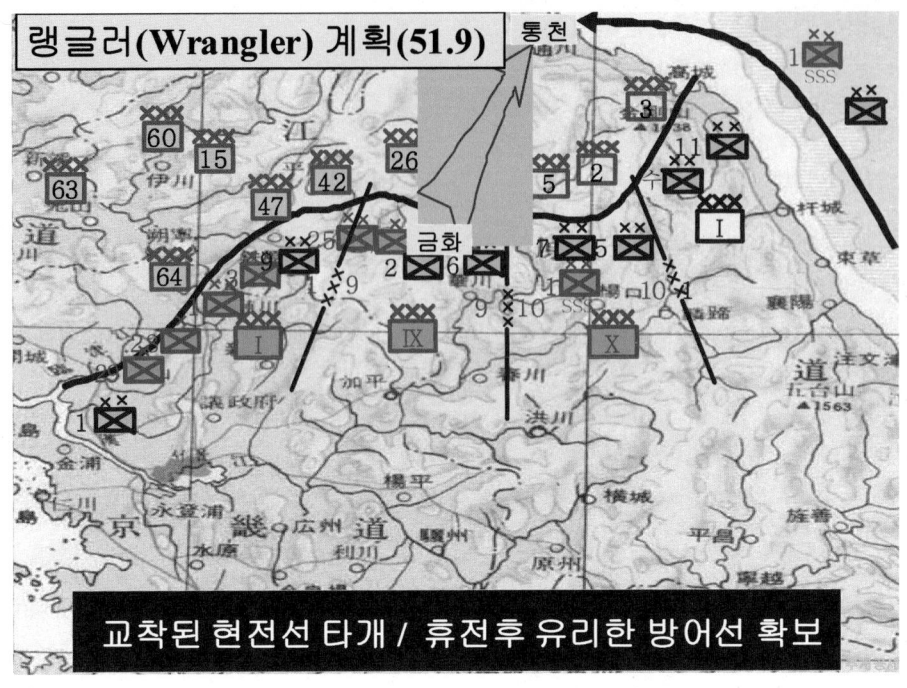

이 랭글러 계획은 미 해병 제1사단과 국군 제1군단의 일부가 동해안의 통천에 상륙작전을 실시하고, 미 제10군단과 국군 제1군단 주력이 동부전선의 공산군을 견제하는 동안 미 제9군단이 금화에서 통천방향으로 공격하여 북한군 3개 군단과 중공군 20군을 포위 섬멸한다는 것이었다.

그러나 이러한 과감한 계획은 휴전회담 자체를 결렬시킬 수 있다는 이유로 유엔군 사령관 리지웨이 장군의 승인을 받지 못하였기 때문에 시행되지는 않았다. 그 후 51년 10월에 접어들면서 휴전협상이 중단되고, 유엔군의 전략폭격도 별다른 효과를 얻지 못하자 다시 공산 측을 휴전협상에 끌어들이고 철의 삼각지대 일대의 전선을 추진시키기 위해서 또 한 번의 공세를 계획하게 되는데 이것이 바로 유엔군의 추계공세이다.

이에 따라 미 제1군단과 미 제9군단은 코만도 작전을 전개하여 임진강 북쪽과, 철원 북쪽 그리고 금성 남쪽까지 진출하였다. 한편 미 제10군단은 터치다운 작전을 전개하여 하계공세 때 확보하지 못했던 단장의 능선을 확보하고 굴곡한 전선을 조정하였다.

---

20) Wrangler[ræ ŋ g-ə/ə: r]: 토론자, 논쟁자; 【미국】 말지기, 가축 지키는 사람, 카우보이; 【영국】 (Cambridge 대학에서) 수학 학위 시험의 일급 합격자.

그 결과 유엔군은 전술적으로 방어에 유리한 지형을 확보하고 공산군 측을 휴전회 담장으로 다시 끌어들이는 목적도 달성할 수 있었다. 한편 유엔군 사령관은 회담이 다시 시작되자 휴전회담에 미칠 악영향을 우려하여 1개 대대 규모 이상의 공격작전 은 유엔군 사령관의 승인을 받도록 함으로써 전선은 다시 교착[21]되었다.

2. 983고지 – 피의 능선전투

피의 능선전투(Bloody Ridge)는 1951년 7월 휴전회담이 열리자마자 중지되면서 전개 된 1951년도의 가장 대표적인 고지쟁탈전이었다. 983고지(일명 피의 능선)는 현재 강 원도 양구군 방산면에 위치해 있다. 이 고지를 피의 능선으로 부르게 된 것은 1951년 8월~9월 국군 제5사단(후에 미 제2사단투입)과 북한군 간의 전투상황을 목격했던 미 종군기자들이 '피로 얼룩진 능선'이란 뜻에서 983고지의 격전상황을 '피의 능선'으로 보도하면서 붙여지게 되었다.

983고지의 피의 능선전투는 2004년 한국 영화사상 최초로 1,000만 명의 관객동원에 성공하며 공전의 대히트를 쳤던 <태극기를 휘날리며> 후반부의 북한군(일명 깃발부 대)과 국군 간의 격전장이기도 하다.

1) 전투배경 및 전투경과

피의 능선전투는 1951년 8월 북한군의 주보급로인 양구 북방의 문등리 계곡과 사 태리 계곡을 감제할 수 있다는 이점 때문에 취해진 아군의 제한된 공세작전 속에 이 루어졌다.

---

21) 고착(固着: Fix Lock On): 적이 한 지역에서 부대의 어느 부분을 타 지역에 사용할 목적으로 전환하는 것을 방지하는 것.
　　고착견제(固着牽制: Fixed Holding): 적을 고착시키기 위해 행하는 전술적 행동 자체
　　 – 교착(膠着): 어떤 상태가 굳어 조금도 변동이나 진전이 없이 머묾. 교착 국면/교착 상태의 전선(戰線)/회담이 교착 상태에 빠지다.
　　상태가 진전되느냐 정지되어 있느냐에 주안을 둘 때 사용함.

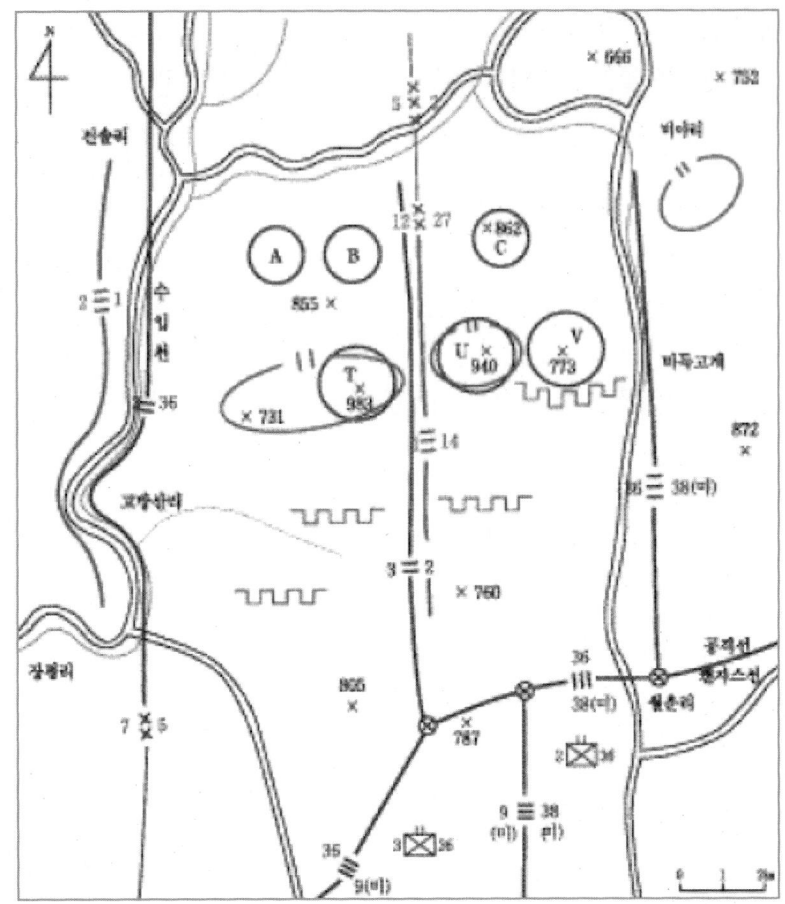

제5사단 제36연대의 피의 능선 공격계획

이 전투는 당시 983고지 일대를 장악하고 있던 북한군이 유엔군의 후방 지역인 인제 일대까지 관측하면서 아군의 주저항선과 주보급로는 물론이고 화력지원과 병력이동 등 아군의 모든 군사행동을 포격으로 방해하고 있었기 때문에 반드시 확보해야 되는 주요한 감제고지였다.

2) 전과 및 피해

이 전투에서 아군은 전사 326명을 비롯하여 전상 2,032명, 실종 414명 등 1개 연대 병력에 해당하는 2,772명의 손실을 입었다. 이 중 국군 제36연대가 1,070명이고, 미 제2사단이 1,700여 명의 사상자를 냈다. 반면 북한군은 전 사상자 15,000여 명이라는 엄청난 피해를 입었다. 그러나 이 전투 후 휴전회담은 회담장소를 개성에서 판문점으로 변경한 후 다시 의제 제2항(군사분계선 설정) 합의를 위해 1951년 10월 25일 다시 개최되었다.

피의 능선 전투 전과 및 피해

구 분	국군 제5사단 제36연대				미 제1사단	북한군
	소 계	전 사	부 상	실 종		
인원(명)	2,772	326	2,032	414	1,700명	15,000명

<참고사항>[22]

▶ 한국전쟁 중 미군들이 붙인 고지 이름

한국전쟁사에는 주요 격전지나 전초기지를 비롯하여, 작전통제선이나 작전명 등에 영문으로 된 미국식 지명이 많다. 이러한 미국식 지명은 주로 휴전협상 중에 벌어진 고지쟁탈전 과정에서 전투의 성격이나 특징을 고려하여 붙여졌다.

이들 대표적인 고지로는 앵커 힐(Anchor Hill: 배의 닻 모양), 애로우헤드(Arrowhead: 화살촉 모양), 벙커고지(Bunker Hill), 지형능선(Finger Ridge: 손가락 모양), 피의 능선(Bloody Ridge), 단장의 능선(Heartbrake Ridge), 백마고지(White Horse), 제인 러셀고지(Jane Russell Hill: 영화배우 이름), 저격 능선(Sniper Ridge), 리틀 지브롤터(Little Gibraltar: 고왕산) 등을 꼽을 수 있다.

▶ 휴전회담 이전 붙여진 미국식 전투 이름

휴전회담 이전 붙여진 대표적인 미국식 전투 이름으로는 낙동강 방어전 시 다부동 전투에서 유래한 볼링 앨리, 중공군 2차 공세에 의한 태형의 계곡, 그리고 1951년 5월 춘계공세 시 미 2사단의 벙커고지 등이 있다. 볼링 앨리(Bowling Alley: 볼링 계곡)는 백선엽 준장이 지휘하는 국군 제1사단이 다부동 전투에서 국가의 운명을 좌우하는 전투를 하고 있을 때, 국군을 지원 나온 미 제27연대가 천평동에서 진목동 간의 4km의 직선도로를 지칭해서 부른 명칭이다. 볼링 앨리라는 명칭은 다부동 전투에서 북한군의 전차와 대포가 쏜 포탄들이 이 계곡의 산등성이에서 작렬하는 소리가 마치 볼링장

---

22) 양영조 · 남정옥, 『6 · 25전쟁사』, 군사편찬연구소, p.68.

에서 볼링핀이 쓰러질 때 나는 소리와 같다고 해서 붙여졌다. 태형(笞刑: Gauntlet)의 계곡은 한국전쟁 시 미 본토증원 병력으로는 최초로 한국에 투입된 미 제2사단에 치욕적인 패배를 안겨 준 지명이다. 태형이란 말은 "인디언이 적군 포로나 범법자를 처벌할 때 두 줄로 늘어선 인디언 전사(戰士)의 사이로 이들을 들여보내고, 이들이 행렬을 빠져나갈 때까지 흠씬 두들겨 패는 형벌"에서 비롯되었다. 미 제2사단은 1950년 11월 24일 유엔군의 크리스마스공세에 따라 북진 중공군의 제2차 공세로 인하여 군우리(軍偶里)에서 좌우측이 산으로 에워싸인 약 15km 골짜기를 통과하여 철수하게 되었다. 철수 도중 미 제2사단의 주력은 '죽음의 계곡'으로 알려진 태형의 계곡 양편 산중에 매복해 있던 중공군의 집중공격을 받아 3천 명의 사상자를 내고 수많은 무기와 장비가 파괴됨으로써 와해되고 말았다.

미 육군은 이 패전의 책임을 물어 사단장 카이저(Keiser) 장군을 해임한 데 그치지 않고, 사단의 해체를 거론할 정도로 미 제2사단의 패배는 미군에게 커다란 충격을 안겨 주었다.

1951년 5월 중공군 춘계공세 시 미 제2사단 제38연대 K중대가 홍천 북방 800고지에서 중공군과의 전투를 위해 이 고지를 237,000개의 모래주머니와 철조망 385롤(roll)을 이용하여 철옹성(鐵甕城)과 같은 강력한 벙커(Bunker)진지로 만들었다.

이러한 연유로 800고지는 벙커고지로 명명되었고, 벙커고지에서 미 제2사단은 견고한 방어시설을 최대한 이용하여 중공군의 끈질긴 공격을 물리치고, 이 고지를 사수함으로써 현리 지구의 적 돌파구가 서측으로 확대되어 유엔군 전선이 붕괴되는 것을 막을 수 있었다.

▶ 휴전회담 중 붙여진 미국식 전투 이름

휴전협상이 진행되는 가운데 붙여진 미국식 지명으로는 저격능선, 제일 러셀고지, 단장의 능선, 피의 능선, 펀치볼 전투 등이 있다. 저격능선(狙擊稜線: Sniper Ridge)은 오성산과 김화 사이의 험한 산비탈과 깊은 골짜기를 사이에 두고 적진이 바로 지척 간이어서 저격당하기 쉽다는 데에서 저격(狙擊)이라는 두 글자를 붙였고, 미군들은 '스나이퍼 리지(Sniper Ridge: 狙擊陵線)'라고 불렀다. 저격능선은 1952년 10월 중부전선에서 중공군 제15군이 오성산(1062고지)을 최대거점으로 삼고 아군이 확보한 김화 중심의 전선 일대를 감지할 수 있는 감제고지 군(群)이었다.

미국의 육체파 여배우
제인러셀의 이름을
본떠 붙인
제인러셀고지

휴전회담 기간 중의 주요 전투지역(1951.6.23.~1953.7.23.)

저격능선은 참모총장을 지낸 3성 장군 사단장 정일권 장군과 그 후임인 강문봉 장군이 지휘하는 국군 제2사단이 42일간의 공격 끝에 탈취했다.

제인 러셀(Jane Russell) 고지는 저격능선 서쪽에 있는 두 개의 봉우리가 그 당시 미국의 유명한 육체파 여배우 제인러셀의 가슴팍을 연상케 한다고 해서 미 장병들이 애정을 가지고 붙인 이름이다. 제인러셀 고지는 저격능선 동측에 있는 삼각고지의 동쪽 상단에 있는 고지로서 1952년 10월 14부터 미 제7사단이 미 제9군단의 쇼다운(Show down) 작전의 일환으로 시작된 공격목표였으나, 탈취에는 성공하지 못했다. 미군이 많은 인명손실을 내고 계속 실패하자, 이 임무는 저격능선을 담당한 국군 제2사단에 부여되었다. 그러나 국군 제2사단도 성공하지 못함으로써 제일 러셀 고지는 중공군의 수중으로 넘어갔다.

펀치볼(Punchbowl: 亥安盆地)은 인제 북쪽 약 15㎞, 서로 사태리 계곡과 동으로 소양강 계곡 사이에 위치한 강원도 양구군 해안면 운전동 중심의 직경 10㎞ 크기의 해발 450m 내외의 분지로, 주변의 1,200m 내외의 고지군으로 둘러싸인 특이한 지형이다.

이 분지는 북쪽의 1026(모택동 고지), 924고지(김일성 고지), 서쪽의 가칠봉(1242), 대우산(1178), 남쪽의 도솔산(1304), 918고지, 동쪽의 달산령, 795, 908고지 등으로 둘러싸여 있으며 그 둘레의 삐쭉삐쭉한 산봉우리와 고개의 모습이 그러한 모양의 술잔

(punchbowl)과 같다 하여 미국 전사에서는 펀치볼로 명명하고 있다. 분지의 규모는 남북으로 7.5㎞, 동서로 5.5㎞나 돼 그 면적이 44.7㎢에 이른다. 7㎢인 여의도 면적의 6배가 넘는 규모다. 이 중 국군 해병 제1연대는 적정이나 지형 여건상 점령이 쉽지 않은 1026고지와 924고지를 반드시 탈취하겠다는 목적에서 이들 고지를 각각 모택동 고지와 김일성 고지로 명명하고 장병들의 전의를 북돋웠다.

단장(斷腸: Heartbreak)의 능선은 이 전투에서 많은 전 사상자가 발생해 심장이 찢어질 듯한 참상을 목격한 외국의 종군기자들이 이 처참한 상황을 보도하는 과정에서 'heartbreak(심장이 찢어질 것 같다)'라는 표현을 한 데에서 비롯되었다. 단장의 능선은 피의 능선 북쪽 894-941-851고지로 연결된 능선이다. 미 제2사단은 1951년 9월 13일부터 10월 13일까지 1개월 동안 이 능선을 탈취하기 위해 북한군 2개 사단의 완강한 저항을 물리치고 점령했다.

단장의 능선 전투에서는 전쟁 후반기 유엔군 사령관을 지낸 클라크(M. Clark) 대장의 외아들인 클라크 대위가 미 제9연대 G중대장으로 참전하여 894고지를 탈취했고, 이때 중상을 입고 미국으로 돌아갔다.

3. 백마고지 전투

백마고지 전투는 1952년 10월 초 판문점에서 포로회담이 해결되지 않자, 중공군의 공세로 시작된 1952년도의 대표적인 고지쟁탈전이다. 백마고지(395고지) 전투는 1952년 10월 6일부터 15일까지 철원 북방 백마고지를 확보하고 있던 국군 제9사단이 중공군 제38군의 공격을 받고 10일 동안 혈전을 수행한 끝에 방어에 성공한 전투이다.

백마고지 전투는 한국전쟁에서 국군의 전투능력과 투지를 유감없이 발휘한 결전방어의 대표적인 전투로 사상 유례를 찾아보기 힘들 정도로 치열했다. 국군 제9사단이 이 전투에서 승리함으로써 국군은 계속해 철원평야를 아군의 통제하에 둘 수 있었다. 또 중부 지역의 작전을 위해 필수적인 주요 도로를 확보함으로써 중부 지역에서 작전의 주도권을 행사할 수 있게 됐다. 또한 한국군 지휘관의 전투 지휘능력과 한국 군부대의 전투능력을 세계적으로 인정받는 계기가 됐다.

1) 백마고지의 전략적 중요성

백마고지 전투는 1952년 중반에 접어들어서도 비교적 쉽게 타결될 것으로 판단했던 포로 협상이 타결점을 찾지 못하면서 다시 피를 흘리는 군사작전으로 연결될 수밖에 없었다. 이렇게 되자 비교적 전선이 안정된 서부와 동부 지역보다는 중부 지역의 연천-철원 북방의 역곡천 일대에서 유리한 지형 확보를 위한 고지쟁탈전이 또다시 불을 뿜었다.

백마고지는 행정구역상 강원도 철원군 묘장면 산명리의 야산으로 철원읍 서북방 12㎞ 지점, 효성산(△596) 남쪽의 끝자락에 매달려 있는 해발 395m의 고지였다. 이 일대는 한국전쟁 전까지는 별로 특별할 것이 없는 평범한 지역이었다.

그런데 1951년 휴전협상이 시작될 때쯤부터 이 일대에서 군사적 접촉이 계속되자 누구도 눈여겨보지 않았던 평범한 야산이 일약 관심을 모으는 핵심 지역으로 부각됐다. 이 지역이 철원-평강-김화로 이어지는 철의 삼각지 중 서남쪽 철원 꼭짓점의 견부(肩部)를 구성하는 요충지였기 때문이다. 따라서 적이 이 지역을 점령한다면 철원 평야가 적의 감제하에 놓이게 될 뿐만 아니라 중부 지역에 배치된 아군부대의 병참선인 3번 도로를 비롯한 많은 통로를 사용할 수 없었다.

2) 1951년 백마고지 확보 배경

395고지 일대의 방어를 담당하고 있던 국군 제9사단은 1951년 10월 17일 미 제3사단과 교대, 이 지역에 배치된 이후부터 방어태세를 재정비하고, 예상되는 적의 공격에 대비했다.

그러던 차 1951년 11월 초 휴전회담에서 현 접촉선을 군사분계선으로 설정하는 것으로 합의점을 찾게 되자, 이 일대를 아군에게 내주고 효성산 일대로 물러난 중공군 제42군(군단)이 이 지역을 되찾기 위해 호시탐탐 기회를 노리고 있었다.

백마고지 전투의 전초전이라고 할 수 있는 1951년의 전투는 판문점에서 잠정적인 군사분계선을 설정하는 회담 기간 중인 11월 3일, 1개 대대 규모의 중공군이 방어 중인 국군 제29연대를 공격함으로써 시작됐다. 그러나 이때의 공격은 아군도 사전에 예상하고 있었기 때문에 방어 중인 제29연대가 비교적 쉽게 격퇴했다. 중공군은 11월 5일 오후 9시를 기해 증강된 대대 규모로 또다시 공격을 감행했다. 제29연대 제1대대는 끝내 395고지 일대의 진지를 지탱하지 못하고 백마고지를 적에게 내주고 말았다.

사단에서는 제28연대의 2개 대대로 역습을 감행해 하루 만에 고지를 탈환, 전초전을 아군의 승리로 매듭지었다. 이후 이 일대의 전선은 소강상태가 계속돼 1952년 전반기까지는 특별한 접촉이 없었다. 그동안 국군 제9사단은 제7대 사단장 박병권 준장이 도미 유학차 이임하고, 춘천전투의 영웅인 김종오 소장이 제8대 사단장으로 부임했다. 연대장들도 모두 교체돼 이 지역의 방어를 위한 새로운 각오를 다지고 있었다. 정면의 중공군도 부대를 교체했는데, 새로 투입된 부대는 한국전쟁에 참전해 혁혁한 전과를 올림으로써 마오쩌둥으로부터 만세군(萬歲軍)이라는 영웅 칭호를 얻은 중공군 제38군이었다. 이들은 투입되자마자 공세 준비에 착수함으로써 조만간 새로운 공격이 있을 것임을 암시했다.

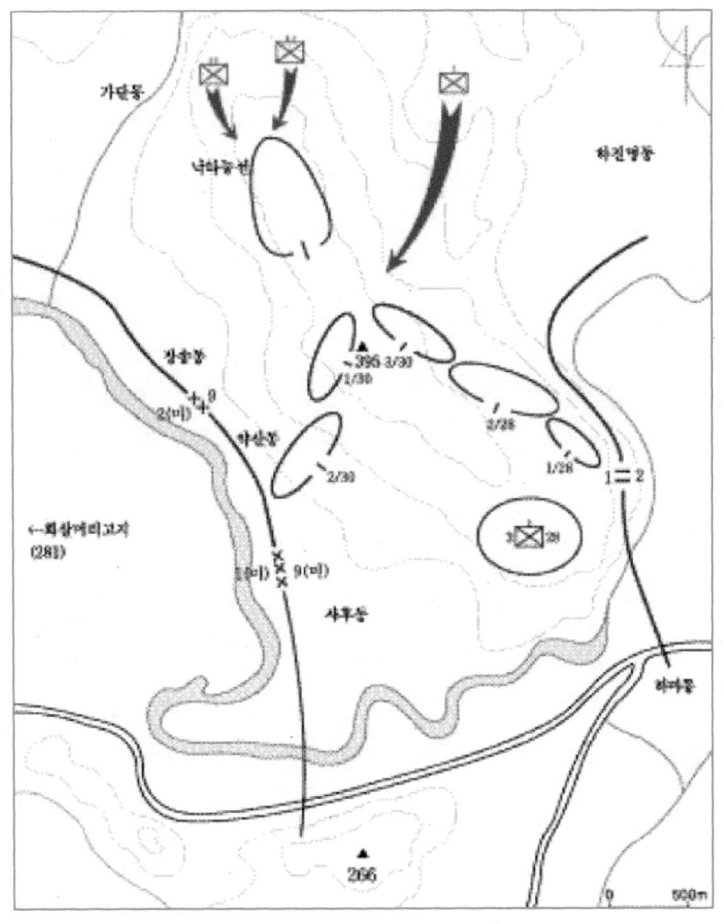

백마고지 전투 작전도

3) 백마고지 전투 경과 및 결과

백마고지에 대한 중공군의 공격은 1952년 10월 6일 시작됐다. 이날 아침부터 사단의 전 지역에 집중적인 공격준비 사격을 퍼부은 중공군은 북쪽 5㎞ 전방에 있는 봉래호의 수문을 폭파해 아군의 후방을 관통하는 역곡천을 범람시켰다. 이에 따라 아군의 증원과 군수지원이 차단된 것으로 판단한 중공군은 집요한 공격을 감행했다. 이때부터 국군 제9사단은 10월 15일까지 3개 사단을 교대로 투입하면서 인해전술을 감행하는 중공군과 밀고 밀리는 공방전을 계속했다. 폭이 2㎞밖에 안 되고 길이가 3㎞ 남짓되는 독립고지인 백마고지에 무려 9개 연대가 서로 얽히고설키는 대접전이 전개되었다. 국군 제9사단은 10일간의 전투에서 395고지를 사이에 두고 12차례나 쟁탈전을 반복했다. 고지의 주인이 바뀐 것도 7차례나 됐지만 끝까지 고지를 장악함으로써 이 지역에서의 전투를 승리로 이끌었다.

4) 백마 3군신의 탄생

이 전투에서 제30연대, 제1대대, 제3중대, 제1소대장 강승우 소위·오규봉 하사·안영권 하사 등은 반드시 통과해야 되는 공격정면에 지형상 포병 및 공군 화력으로 도저히 제압할 수 없는 난공불락의 적 특화점에 수류탄 다발을 안고 육탄 돌입하여 파괴함으로써 국군이 백마고지를 탈취하는 데 절대적으로 기여했다. 이들이 바로 오늘날까지 백마고지 3군신(軍神)으로 불리고 있는 용사들이다.

'백마3용사상'
적 특화점에 수류탄다발을 안고
육탄 돌입하여 이를 파괴한 후
산화한 백마고지 3용사
(강승위 소위, 오규봉 하사,
안영권 하사)

5) 백마고지와 백마부대의 유래

백마고지 전투에서 중공군은 8,234명이 사살되고 추정살상 6,098명과 포로 57명 등 14,000여 명의 피해를 입었다. 국군 제9사단도 3,416명의 사상자가 발생했다. 또한 작전 기간 중 피아간에 중공군이 55,000발, 아군이 219,954발의 포탄을 발사함으로써 총 274,954발이라는 막대한 양의 포격이 이 작은 고지에 집중됐다. 유엔군의 항공기도 754회나 출격해 폭격을 가함으로써 고지 정상에는 풀 한 포기 남아 있지 않았다. 극심한 폭격과 포격으로 고지의 수목이 모두 없어져 하얗게 된 민둥산의 모습이 마치 백마가 누워 있는 것처럼 보였기 때문에 이후부터 395고지 일대를 백마고지라 부르고, 사단을 백마(白馬)부대라고 부르게 됐다.

4. 1953년 군사작전의 의의

1952년 1월부터 6월에 이르는 동안에 피아 지상군의 전투는 이미 합의를 본 군사접촉선인 동해안 고성으로부터 - 금성 - 김화 - 철원 - 판문점 - 임진강 어귀에 이르는 전장 232km에 달하는 전선에서 수색작전과 폭격, 그리고 유엔군에 의한 일련의 적군 증강방해 작전을 중심으로 전개되었으며, 특히 적 공군력의 증강에 따라 피아의 전투기 사이에 공중전투가 활발해지게 되었다.

1953년도에 들어서서는 3월에 스탈린이 사망함으로 인해 전선은 더욱 소강상태를 유지하였으며, 쌍방은 군사력 증강에 총력을 기울이고 있었다. 한편 한국군과 유엔군은 6월 초 서부전선의 미 제1군단 지역에서 소규모 제한공격인 소위 카운터 작전을 실시하여 진지정면의 주요 감제고지를 탈취하는 등 아군의 방어진지를 강화하였다.

그리고 7월에 접어들어서 휴전회담의 막바지 기운이 나돌자 군사적 승리를 과시하기 위한 일전을 시도하게 되었는데 대표적인 것이 중공군의 7월 13일부터 금성돌출부 지역에서 실시된 중공군 최후공세이다. 그러나 유엔군의 즉각적인 반격작전으로 오늘날의 휴전선 일대까지 회복하게 되자 전선은 다시 교착되었다.

그리하여 7월 27일 휴전협정이 조인됨으로써 일체의 교전이 중지되어 오늘에 이르고 있다. 결론적으로 앞에서도 강조한 바와 같이 미국의 전쟁목적은 군사상황에 따라 수시로 변경되는 것을 볼 수 있었다. 따라서 만일 한반도에서 또 한 번의 전쟁이 발발하더라도 이와 유사한 상황이 조성될 것이라는 점을 짐작할 수 있을 것이다. 또한 휴전회담 기간 중의 군사작전은 피아 공히 현 전선에서 조기 휴전하겠다는 기본 방침하에 휴전회담을 위한 조연의 역할을 수행하면서 부분적인 전투가 전개되었다는 것을 알 수 있다.

5. 한국전쟁의 주요 교훈

한국전쟁은 동서 양대 진영의 이념적 냉전이 그 축소판인 한반도에서 촉발된 전쟁으로, 이로 인한 전쟁의 결과는 776,000여 명이라는 인명피해 등을 가져온 동족상잔의 비극이었다. 이와 같이 한국전쟁이 우리에게 주는 다음과 같은 값진 교훈은 오늘날 우리 국민들로 하여금 한국의 현실이 지니고 있는 문제점을 올바르게 이해하고 우리의 자세를 가다듬어야 하겠다.

1) 국력의 신장만이 제2의 한국전쟁을 방지

동서고금을 통해 볼 때 주로 정치, 경제, 사회적 불안과 그로 말미암은 국론의 분열로 국력이 약화되었을 때 외부로부터의 침략을 받아왔다. 북한의 기습남침도 예외가 아니었다. 미국을 위시한 우방국과 유대강화도 중요하지만 더욱 중요한 것은 국내적으로 정치, 사회적 안정을 바탕으로 한 국력의 신장이 가장 시급한 과제이다. 즉 자주 안보 역량을 강화함으로써 확고한 힘의 우위를 차지하는 것만이 확실한 안보의 길임을 명심해야겠다.

2) 북한의 기습도발 방지를 위한 입체적인 조기 경보체제 확립

전쟁에 있어서 기습을 당한 측은 곧 작전의 주도권을 상실하게 되고 회복하는데 소요되는 시간도 길다. 한국전쟁 발발 전에도 여러 가지 남침 정황을 제대로 파악하지 못했거나 무시함으로써 과오를 범하게 되었다. 따라서 과오를 거울삼아 한미연합 정보능력을 강화하여 입체적이고 과학적인 조기경보체제를 확립하여야겠다.

3) 전투수행방법 및 전투기량의 연마

공중우세권을 상실한 북한군은 주로 야간작전을 전개하여 불리한 상황을 극복하였다. 반면 아군은 공중 및 해상우세권을 장악한 가운데 주간전투 위주로 작전을 실시한 결과 야간전투는 미흡하였다. 1953년도 휴전협정이 진행되는 백마고지 등의 전투에서 주간에는 국군이 야간에는 북한군이 승리하였던 것이다. 따라서 장차전에서도 야간전투가 필수적임을 명심하고 유비무환의 자세로 임해야 하겠다.

4) 전 · 후방 동시전투 체제 확립

북한군의 제2전선부대가 중공군 1차공세시 유엔군 병력의 1/3을 견제했고 중공군 2차공세시에는 미 제8군의 우익붕괴를 촉진시켰으며, 평양-원산간 신방어선 형성을 저지하고 미 제10군단의 고립과 미 제8군을 38도선까지 철수토록 강요하였다. 장차전에서도 북한군은 특수 8군단 등을 이용하여 전·후방 동시 전장화를 꾀할 것인바 우리는 이에 대비해야 할 것이다.

5) 육 · 해 · 공군 전력의 균형 발전 및 국방태세 확립

전쟁 기간 중 미 제8군의 공중우세권 장악으로 북한군의 전차를 무용지물로 만들었고 미국 공군의 근접지원 및 융단폭격 등으로 적 병력의 집중을 방지하고 병참선 차단 및 기동을 마비시킬 수 있었다. 또한 해상우세권으로 인천상륙작전도 가능했으며 해상 병참보급 및 병력 등의 증원이 가능했고 적 진출을 저지 할 수 있었던 것이다. 북한이 해·공군력을 강화시키는 이유도 여기에 있다. 따라서 우리도 미 증원전력에 의존한 나머지 공중 및 해상 전력을 소홀히 해서는 안 되며 각 군의 전력을 균형 있게 발전시켜 국방태세를 완비 해야겠다.

6) 투철한 정신전력 및 국민화합은 총력안보의 원동력

북한군의 남침 40여 일만에 전 국토의 80%가 적의 수중에 들어가는 절망적 사태에 처했지만 북한군이 기대했던 민중봉기는 일어나지 않았으며 오히려 국민 대부분이 고난의 피난길을 택하고 심지어 어린 학생들 까지도 자진해서 총을 잡고 전선에 투입되었다. 이러한 우리의 의지는 유엔군 참전 전까지 맨주먹으로 북한군의 남하를 저지하였으며 낙동강선에서의 위기를 구하는 원동력이 되었던 것이다. 이러한 "호국의 얼"이야말로 총력안보의 구심점이며 국민화합과 정신전력의 원천으로서 길이 계승되어야 할 기상이다.

7) 장차전에 대비한 고도의 연합 및 합동작전 훈련의 강화

현대전의 양상은 어느 한국가가 독립적으로 독자적 자주국방을 성취할 수 없게 되었으며, 특히 한반도와 같이 열강의 이해가 상충되는 지역에 있어서는 더욱 그러할 것이다. 한국전쟁을 통해서도 미국을 중심으로 한 유엔군과의 연합작전 및 육·해·공군의 합동작전 등의 성공이 있었기에 승리가 가능했던 것이다. 따라서 장차전에 대비한 고도의 연합 및 합동작전의 훈련을 강화시켜야겠다.

8) 병참선 확보여부가 전쟁의 승패와 직결

북한군이 기습공격의 효과를 충분히 달성했음에도 불구하고 공격기세를 유지하지 못했던 것은 신장된 병참선을 제대로 유지하지 못했기 때문이다. 또한 유엔군도 북진공격 시 원활하지 못한 병참보급 문제로 소부대로부터 대부대 이르기까지 작전에 결정적 영향을 미쳤다 .북한군의 배합전을 감안하여 우리의 병참선 확보유지는 물론 적의 병참능력을 마비시킬 수 있는 방법도 강구해야 하겠다.

이러한 교훈은 더욱 보완 및 발전시켜 나가야 하겠으며, 한편 김일성은 한국전쟁의 경험에 대해 "우리가 가지고 있는 전쟁경험은 미국과 3년간 싸운 고귀한 경험이기 때문에 금을 주고도 바꿀 수 없다"고 하였듯이 한국전쟁에서의 패인에 대해 심층적으로 분석하여 북한군의 군사노선 및 발전방향을 정립함으로써 이를 기반으로 북한군을 체계적으로 육성시켜 왔다고 할 수 있다. 우리도 현시점에서 어떻게 싸울 것인가에 대해 나름대로 개발 및 연구를 하고 있지만 더욱 우리 군의 육성 및 발전을 위해 노력해야 할 것이다.

제5절 휴전협정과 한·미 방위조약체결

1. 휴전협정

휴전협정에 한국대표가 빠진 것은 이승만 대통령의 뜻이었다. 이승만 대통령은 국군대표 휴전협정 조인 참석 문제에 대해 육군 참모총장 백선엽 대장과 얘기를 나누다 "총장은 가지 않는 게 좋겠다"라고 말했다. 이승만 대통령이 우리 측이 휴전당사자로

서명하기를 회피한 것은 휴전 이후에 대해 유엔, 즉 미국이 책임을 지도록 하는 구상 때문이었다.

1) 휴전협정 조인 무렵 한국군 대표의 철수 배경

1953년 6월에 들어서면서 휴전회담의 진척이 가시화되자 한국 곳곳에서는 휴전반대 궐기대회가 그 여름의 폭염만큼이나 열기를 더해 갔다. 그 때문에 미국이 곤혹스러워했던 것도 사실이지만, 그렇다고 회담의 진전이 멈추어지지는 않았다.

이런 시점인 6월 7일 한국에서는 전국적으로 준비상계엄령이 하달됐고, 정부에서는 미국 방문 중에 있던 육군 참모총장 백선엽 대장 이하 전 장병에게 긴급 귀국명령을 내렸으며, 유엔군 측 휴전 대표단에서 한국 대표를 소환했다. 이는 유엔 측이 1953년 5월 25일 기존의 입장이던 송환 거부 포로의 석방을 철회한 후, 6월 8일 공산 측이 주장하는 포로교환 협정에 합의했기 때문이다.

전쟁 기간 중 한국군 휴전회담 대표

구 분	기 간
백선엽 소장	'51.7.10.~'51.10.24.
이형근 소장	'51.10.24.~'52.2.6.
유재흥 소장	'52.2.6.~'52.5.28.
이한림 준장	'52.5.28.~'53.4.26.
최덕신 준장	'52.4.26.~'53.5.16.

한국정부는 이에 대한 항의 표시로 한국군 대표의 휴전회담 참석을 거부하는 동시에 정전문제에 대한 한국정부의 태도를 성명을 통해 발표했다. 그 결과 한국군 수석대표 최덕신 육군소장도 포로교환 문제에 있어서 유엔군 측의 제안이 종전의 내용과 다르다고 지적하면서 이를 철회하지 않는 한 휴전회담에 참석하지 않을 것을 유엔군 수석대표 해리슨 중장에게 통고했다.

그 뒤 한국군 대표단은 1953년 6월 1일 이승만 대통령의 지시에 의해 최덕신 소장을 수석으로 하고, 이호 육군준장, 김일병 해군준장, 김창규 공군준장을 각 군 대표로 보강하고, 이수영 대령을 연락장교로 하여 유엔군기지에 복귀했으나 연락장교 외에는 정전협상에 참석하지 않았고, 정전협정 체결 시 유엔군 사령관이 확인 서명할 때만 최덕신 육군소장이 16개국 참전대표와 함께 배석했을 뿐이었다.

휴전회담을 위해 개성으로 향하기 전의 유엔군 측 대표들(1951.7.),
왼쪽에서 두 번째가 한국군 대표인 백선엽 육군소장

2) 휴전협정 조인과 한국군 대표[23)]

1953년 7월 27일 오전 10시 정각 제159차 본회의장인 판문점 정전협정 조인식장의 동측 출입구로 유엔군 측 수석대표 해리슨 미 육군중장 일행이 입장했고, 이와 동시에 공산 측 수석대표 남일 북한군 대장 일행이 서측 입구로 들어와 자리에 앉았다.

국어, 영어, 중국어로 된 전문 5조 63항의 협정문서 9통과 부본 9통에 쌍방 수석대표가 각각 서명하고 각방 선임 장교가 그것을 상대방에게 건네주었다. 쌍방 대표들은 입장하면서도 서로 악수도 인사도 없었고, 무표정하고 차가운 얼굴로 사무적인 서명만 했다.

---

23) 양영조 · 남정옥, 『6 · 25전쟁사』, 군사편찬연구소, 2005, p.137.

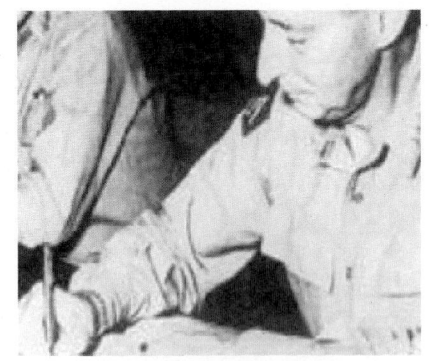

휴전협정서에 서명하고 있는 유엔군 대표 클라크 대장

북한 대표 김일성의 휴전협정 서명

중공군 대표 펑더화이의 휴전협정 서명

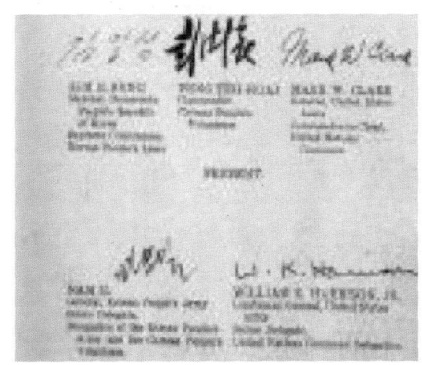

휴전협정서, 한국군 대표는 서명하지 않았다

휴전협정 조인 (1953.7.27.)

구 분	유엔군 측		공산군 측		
	회담 수석대표	유엔군 사령관	회담 수석대표	북한군사령관	중국인민지원군 사령관
서명일시	10:12	13:00	10:12	22:00	7.28. 09:30
서명장소	판문점	문산극장	판문점	평양	개성
서 명 자	해리슨 중장	클라크 대장	남일 대장	김일성	펑더화이

　　10시 12분, 서명을 마친 양측 수석대표들은 자리에서 일어나자 잠시 시선을 마주했을 뿐 입을 열지 않은 채 퇴장했다. 해리슨 중장은 2~3분간 기자들과 대화를 나눈 후 유엔기지가 있는 문산으로 떠났고, 남일도 소련제 지프차를 타고 현장을 떠났다.

　　이로부터 3시간 후인 13:00시 유엔기지 내 문산극장에서는 유엔군 사령관 클라크 대장이 그의 보좌관들과 브리스코 미극동해군사령관, 앤더슨 제5공군사령관, 웨이랜드 극동공군사령관, 테일러 미 제8군사령관, 최덕신 한국군 대표, 그리고 16개국 참전

대표들이 임석한 가운데 정전협정 확인 서명을 마쳤다. 한편, 공산 측은 김일성이 이 날 오후 10시에 평양에서 서명했고, 중공군의 펑더화이는 다음 날인 7월 28일 오전 9시 30분에 개성에서 서명함으로써 정전 조인 절차는 모두 끝났다. 이로써 3년 1개월 2일, 즉 1,129일 동안 지속된 한국전쟁은 정전상태로 들어갔다.

3) 휴전회담 총결산과 그 후

휴전회담 기간 중 양측은 1회의 예비회담을 비롯하여 159회의 본 회담, 179회의 분과위원회 회담, 188회의 참모장교 회담, 238회의 연락장교 회담 등 총 765회의 회담을 갖고 휴전회담 개시 2년 만인 1953년 7월 27일 정전협정을 체결했다.

한국전쟁의 정전회담은 세계 역사상 가장 긴 휴전회담이었다. 미증유의 장기회담을 통해 얻은 결과는 단순한 전투행위의 중지에 불과했다. 정전협정은 전쟁의 종결을 의미하는 평화조약이나 강화조약과 같은 성질이 아니라 적대행위를 일시적으로 정지하는 협정에 불과했다. 그 결과 전투는 일단 멈추었으나 전쟁은 끝나지 않은 상태가 되어 버렸다.

즉 이는 3년 1개월간 계속된 포성은 일단 멎었으나 평화도 승리도 없는 미해결의 장으로 변했을 뿐이다. 유엔군과 북한은 종전협정을 맺은 것이 아니라 정전협정을 맺었기 때문에 국제법적으로는 전쟁이 끝난 것이 아니라 일시 중단된 상태였다.

따라서 1953년 정전협정 이후 한반도는 정전체제에 의해 유지되고, 정전협정에 의해 설치된 군사정전위원회는 이의 이행 여부를 감시하게 되었다.

<참고사항>

정전 협정의 구성과 주요 내용

◆ **구성**

정전협정문 표지에는 "국제연합군 총사령관을 일방으로 하고, 조선인민군 최고사령관 및 중국인민지원군 사령관을 다른 일방으로 하는 한국군 사정전에 관한 협정"이라고 명시되어 있다. 그리고 정전협정 내용은 전문(前文) 및 본문 5개조 63항으로 구성되어 있다.

휴전협정 구성

구 성	내 용	구 성	내 용
전문(前文)	정전조건 및 규정준수 등	제3조(51~59항)	전쟁포로에 관한 조치
제1조(1~11항)	군사분계선과 비무장지대	제4조(60항)	쌍방관계정부들에의 건의
제2조(12~50항)	정화(停火) 및 정전(停戰)의 구체적 조치	제5조(61~63항)	부칙

◆ 주요 내용

① 제1조(1~11항): 군사분계선과 비무장지대

• 군사분계선 및 표식물의 설치

※ 군사분계선으로부터 북방 2㎞에 이르는 선을 북방한계선, 남방 2㎞에 이르는 선을 남방한계선이라 한다.

※ 군사분계선을 따라 1,292개의 표식물설치(200~500m 간격). 비무장 지대 설치: 군사분계선으로부터 남방 및 북방의 총 4㎞의 155마일 휴전선 지역을 일컫는다. 비무장지대 내 적대행위 금지: 비무장지대에서의 일체의 적대행위 금지

• 비무장지대 내의 출입 및 군사분계선 통과 제한: 군사정전위원회 허가받은 자만 출입

※ 쌍방의 사령관이 허가하더라도 한쪽의 출입인원은 1,000명을 초과하지 못함

② 제2조(12~50항): 정화 및 정전의 구체적 조치

• 비무장지대의 비무장화: 적대행위 방지위해 군사역량 등의 철거

• 한반도 내 적대행위 완전중지 보장

• 해상의 군사력 철거 및 한반도 외부로부터의 인원증원 중지

※ 단, 서해 5도(백령도, 대청도, 소청도, 연평도, 우도)는 제외

• 비무장지대의 국제적 감시기관의 설치 및 운영: 군사정전위원회, 공동감시소조, 중립국감독위원회

구 분	임 무	편 성	운 용
군사정전위원회	• 정전협정 실시감독 • 정전협정위반 사건협의처리	10명의 고급장교로 편성 (유엔군 측: 5명, 공산군 측: 5명)	본 회의와 실무회의(비서장회의, 공동일 직장교회의)로 구분 운영
중립국감독위원회	• 한국경외로부터 증원되는 군사인원과 물자감독과 시찰 • 비무장지대 외에서 발생한 정전협정위반사항 감시	4명의 고급장교로 편성 (스위스, 스웨덴, 폴란드, 체코슬로바키아)	매일 회의 개최 휴회는 7일을 초과하지 못함

③ 제3조(51~59항): 전쟁포로에 관한 조치

• 정전협정 효력 발생 후 60일 이내 포로 송환 실시, 전쟁포로 송환업무 위해 '전쟁 포로 송환위원회' 설립

• 판문점을 쌍방의 전쟁포로 인도·인수 지점으로 선정

④ 제4조(60항): 쌍방 관계정부들에의 건의(외국군 철수와 한반도 문제 평화해결 위한 정치회의 소집

⑤ 제5조(61~63항): 부칙(본 협정의 대체방법 및 효력 발생 시기)

2. 전쟁 피해현황

한국군 및 유엔군 인명피해

단위: 명

구 분	계	전 사	부 상	실종/포로
계	776,360	178,569	555,022	42,769
한국군	621,479	137,899	450,742	32,838
유엔군	154,881	40,670	104,280	9,931

남 · 북한 민간인 인명 피해

단위: 명

구 분	남 한				북 한
	소 계	사망/학살	부 상	납치/행불	
2,490,968	990,968	373,599	229,625	387,744	1,500,000

– 피난민(320만여 명), 전쟁미망인(30만여 명), 전쟁고아(10만여 명)

북한군 인명피해

단위: 명

출처문헌	총 계	사 망	실종/포로	비전투손실	비 고
한국전란 4년지	607,396	508,797	98,599	–	
군사정전위 편람	640,000	520,000	120,000	–	
미군 자료	801,000	522,000	102,000	177,000	사망에 부상 포함

– 미군 자료의 비전투손실을 제외하면 상기 자료가 모두 60여만 명으로 확인

한국군 추정 중공군 인명 피해

단위: 명

구 분	계	전투손실	비전투손실
총 계	972,000	369,600	603,000
사 망	148,600	135,600	13,000
부 상	798,400	208,400	590,000
실 종	3,900	3,900	–
포 로	21,700	21,700	–

* 피해현황 자료 출처: 군사편찬연구소, 「6 · 25전쟁사」, 2005.

3. 한 · 미 상호방위조약

휴전회담을 시작할 때부터 이승만 대통령을 정점으로 한국정부와 전 국민은 모두 휴전회담을 적극 반대하고 나섰다. 이승만 대통령은 미국이 휴전을 결의한 이상 한국이 어떻게 반대한다 하더라도 다시 북진공격을 용인하지 않을 것이라는 것을 누구보다도 더 잘 알고 있었다.

그래서 휴전회담 막바지에 전후 한국의 안전보장을 위한 정치적 거래를 위한 최후의 수단으로 반공포로를 석방했고, 이를 최대한 활용하여, 미국으로부터 한미상호방위조약을 얻어 냈다. 한미상호방위조약은 오늘날 연합 방위체제의 법적 근간으로서 한미주둔군지위협정과 정부 간 또는 군사 당국자 간의 각종 안보 및 군사 관련 후속 협정들의 기초를 제공했다.

1) 한 · 미 상호방위조약체결 배경

한미상호방위조약은 한국전쟁에서 한국이 정전협정을 조건으로 미국으로부터 얻어 낸 최대의 성과였다. 전쟁 기간 중 유엔군 측과 공산군 측 간에 휴전회담을 위한 예비회담이 진행되자 한국은 범국민적 차원에서 휴전회담을 결사적으로 반대했다.

더욱이 1953년에 이르러 휴전협상이 타결될 단계에 접어들자 국민들은 휴전반대운동을 격렬하게 전개했고, 정부에서는 미국에서 휴전회담이 성립될 경우 국군을 유엔군으로부터 분리시켜 필요시 단독이라도 공산군과 싸울 것이라는 의사를 통보했다. 이에 미 국무부는 유엔군 사령부를 통해 한국정부의 북진정책을 포기하도록 종용하면서 정전협정체결 및 수락 이후에도 미국은 미국과 필리핀, 미국과 일본, 앤저스(ANZUS) 조약과 같은 상호방위조약 및 동맹조약을 한국과 체결할 수 있다는 의사를 표명했다.

그러나 한국정부는 휴전 이전에 체결해야 한다는 주장을 앞세워 이를 완강히 거부했다. 미국이 한국이 요구하고 있는 휴전 이전 한미상호방위조약체결을 회피하고 있는 것은 공산군 측이 방위조약 체결로 휴전협상을 결렬시킬지도 모른다는 우려와 휴전회담에서 미국이 공산군 측에 대하여 유리한 입장을 지키려는 의도에서 비롯되었다.

그 후 휴전회담의 타결 가능성이 확실시되자, 정부는 종래의 휴전반대 태도를 바꾸어 휴전협정에 동의하되, 그 선행조건으로 한미방위조약체결은 물론, 한국군 증강을 위한 지원 및 소련의 침략행위에 대비하여 미 해군의 한국해역 봉쇄, 그리고 공중방위를 보장해야 한다는 것 등을 요구했다. 또한 이승만 대통령은 미국과의 상호방위조약체결을 촉구하기 위한 압력조치의 하나로 반공포로 석방을 단행했다.

2) 한·미 상호방위조약체결을 위한 협상 과정

이에 당황한 미국정부는 1953년 6월 25일 미 대통령 특사로 로버트슨 국무부 차관보를 한국에 급파하여 이승만 대통령에게 다음과 같은 내용의 메시지를 전달했다.

① 미국은 평화적 수단으로 한국을 통일하는 데 계속 노력한다.
② 전후 한미방위조약을 체결한다.
③ 미국정부가 허용하는 한 장기적인 경제원조를 제공한다. 이를 토대로 정부 당국은 휴전문제를 중심으로 한 주한미군의 감축 등이 포함된 현안문제를 로버트슨 특사와 토의하게 되었다.

그 결과 한·미 간에 다음과 같이 합의했다.

① 정전 후 한미 양국은 상호방위조약을 체결한다.
② 미국은 한국에 장기적인 경제원조를 제공하되, 그 1단계로 2억 달러를 제공한다.
③ 미국은 한국군의 20개 사단과 해·공군력을 증강시킨다.
④ 양국은 휴전회담에 있어 90일이 경과되어도 정치회담의 성과가 없을 경우 이 회담에서 탈퇴, 별도 대책을 강구한다.
⑤ 한미 양국은 정치회담을 개최하기 이전에 공동목적에 관하여 양국의 고위회담을 개최한다.

이에 정전협정이 체결된 후인 1953년 8월 4일 조약체결을 위하여 덜레스 미 국무장관이 8명의 미 고위사절을 대동하고 내한, 한국 대표와 상호방위조약에 대한 초안을 검토하기 위한 회합을 가졌다. 1953년 8월 8일 합의를 이룬 변영태 외무장관과 덜레스는 중앙청에서 한미상호방위조약 원안에 대해 가조인했다.

3) 한 · 미 상호방위조약체결

한미상호방위조약체결은 1953년 10월 1일 미국 워싱턴에서 변영태 대한민국 외무부장관과 덜레스 미 국무장관이 서명함으로써 이루어졌다. 아이젠하워 미국 대통령은 1954년 1월 11일 미 상원에 이를 제출, 조속한 비준을 요청했다. 미 상원외교위원회는 1954년 1월 19일 한미방위조약 비준을 "대외적인 무력 공격이 있을 때에만 상호 원조하는 책무를 갖는다는 조항을 첨가한다"는 조건부로 가결했다.

한미상호방위조약체결 일정

일 자	내 용	장 소	비 고
1953.8.4.	1953년 8월 4일 한미상호방위조약체결 위해 덜레스 국무장관 등 8명 내한		
1953.8.8.	한미상호방위조약가조인	한국 서울	미국대표: 덜레스(John F. Dulles) 국무장관
1953.10.1.	한미상호방위조약체결	미국 워싱턴	한국대표: 변영태(卞榮泰) 외무장관
1954.1.15.	대한민국국회한미상호방위조약비준동의		
1954.1.19.	미국상원교관계위원회한미상호방위조약승인(조건부승인)		
1954.1.26.	미국상원한미상호방위조약비준동의		
1954.11.17.	한미상호방위조약비준서교환, 한미군사동맹법적토애형성계기		

그리고 1월 26일 미 상원은 이 조약을 81 대 6으로 통과시켰다. 이 조약은 미 상원 비준 10개월 후인 1954년 11월 17일 정식 발효되어 한미군사동맹의 법적 토대를 이루게 되었다.

| 참고문헌 |

국방대학교 안보문제연구소, 『세계안보정세종합분석』, 2003.

⎯⎯⎯⎯⎯⎯⎯⎯⎯⎯⎯⎯, 『자주국방과 한반도 안보』, 2004.

국방대학교, 『전쟁사론』, 1988.

국방부 군사편찬연구소, 『한국전쟁사』, 교학사, 1989.

⎯⎯⎯⎯⎯⎯⎯⎯⎯⎯, 『6 · 25전쟁사』, 2005.

김경묵 · 우종익 · 구학서, 『이야기 세계사』, 청아출판사, 2006.

김영권(편저), 『전쟁사』, 형설출판사, 1984.

김희상, 『중동전쟁』, 일신사, 1977.

노병천, 『도해손자병법』, 한원, 1990.

⎯⎯⎯, 『도해세계전사』, 연경문화사, 2001.

⎯⎯⎯, 『이것이 한국전쟁이다』, 21세기군사연구소, 2004.

라종일, 『끝나지 않은 전쟁』, 전예원, 1994.

박준영, 『북한정치론』, 홍익재, 2004.

박희락(국방대학교), 『전쟁, 전략, 군사 입문』, 법문사, 2005.

안용현, 『나폴레옹 대전략』, 병학사, 1983.

역사학연구소, 『함께 보는 한국근현대사』, 서해문집, 2005.

우학선(편저), 『제1, 2차 대전』, 명지출판사, 1982.

유영옥, 『21세기 한반도 평화와 편승의 지혜』, 도서출판 오름, 2003.

⎯⎯⎯, 『북한사회』, 홍익재, 2004.

⎯⎯⎯, 『북한론』, 홍익재, 2005.

⎯⎯⎯, 『한국외교관계의 이해』, 홍익재, 2006.

육군3사관학교, 『전쟁사』, 병학사, 1979.

육군대학, 『한국전쟁사』, 세계전쟁사, 2004.

육군사관학교, 『세계전사』, 일신사, 1978.

⎯⎯⎯⎯⎯, 『한국전쟁사』, 일신사, 1981.

이영재, 『위기관리』, 생능출판사, 2006.

이영희, 『베트남전쟁』, 두레, 1985.

이현희, 『이야기 한국사』, 청아출판사, 2006.

차상철, 『한미동맹 50년』, 생각의 나무, 2004.

통일교육원, 『북한이해』, 양동문화사, 2006.

황병무, 『한국안보의 영역, 쟁점, 정책』, 도서출판 봉명, 2004.

David Shermer, *World War* Ⅰ, 1965.

Peyer Toung, *The World Almanac Book of World War* Ⅱ.

United States Amy Center of Military History, *Korea*, 1950.

| 색인 |

(ㄱ)
간접접근전략 39
강제송환 215
개괄적 방법 22
거보적 172
걸프 전쟁 31
게릴라 토벌작전 100
경계진지 84
고수방어 97
곡사포 103
공격개시선 150
공멸 29
공방전 128, 131
공비토벌작전 88
공세전략 40
공중정찰 174
광의의 전쟁 17
교두보 178
교착전 217
국부군 171
군사고문단 75
군사분계선 210
군사사(軍事史) 연구 20
군사사상 31
군사이론 31
군사평론가 23
군신 148
극동방위선 74
근대 제한전쟁 27
기관총 103
기동예비대 129
기만 41
기습공격 174
김백일 100

(ㄴ)
낙동강 방어 45, 128
남발성 37
내선작전 33

(ㄴ)
냉전 29
노동당 중앙위원회 53, 142

(ㄷ)
다국적군 30
단장의 능선 222, 225
대공화기 89
대전차 특공조 97
대전차무기 93
대한청년단 86
돌출부 134
동부전선 92
동북변방군 168

(ㄹ)
레기온(Legion) 26
르네상스 29
리델하트 20, 21
리챠드 프레스톤 25

(ㅁ)
마비이론 41
마샬플랜에 73
마약과의 전쟁 17
마케도니아 26
만세군 230
모스크바 비밀협의 75
민병 23
민부대 137

(ㅂ)
박격포 103
반격작전 79
방어작전 84
방어정면 86
방어태세 69

(ㅂ)
방위조약 235
백마고지 225
범죄와의 전쟁 17
베스트팔리아 조약 28
병단 169
병참선 34
보전포 협동훈련 76
봉건시대 27
부대편성 145
북상 삼각 협력체제 75
북진한계선 203
블루하트작전 144
비무장지대 211
비상경계 태세 108
비잔틴제국 26

(ㅅ)
사단기동훈련 76
산업혁명 29
상륙작전부대 122
상호방위조약 242
서고트족 26
선전포고 17
선제기습 17
선제타격작전계획 94
설전 220
수도경비사령부 88
수색작전 187
수중가도 140
순치보거 75
시흥지구전투 115

(ㅇ)
아드리아노플(Adrianople) 26
아프간 전쟁 31
야간침투 122
야전군 169
양공 41

양동   41
연합국   71
오도아케르   25
오스트리아   34
완전전쟁   36
외선작전   33
용병   23
용병대장   25
원자폭탄   177
월남전쟁   30
위력수색   174
위수사령부   89
유엔 안전보장이사회   111
유엔한국임시위원단   112
융단폭격   133
이데올로기   29
이응준   102
인민유격대   88
인민지원군   169
인천상륙작전   78, 143, 144
인해전술   172
일본군의 진주만 기습   17

(ㅈ)
자문자다식   23
자원송환   216
작전명령   84
장애물   149
저격능선   226
전개시간   121
전격전   23
전과확대   153
전략론   20
전략수립   21
전쟁론   15, 35, 38
전쟁사   20
전쟁원칙   13, 43, 44
전쟁의 본질   15

전쟁의 양상   24
전쟁포로   211
전초부대   121
전투경과   223
전투비행대대   117
전투준비태세   62
전투지대   84
절대군주제도   34
절대전쟁   36
접촉선   211
정전협정   235
정찰비행대   117
제2차 세계대전   17
제3차 중동전시   17
제8군사령부   119
제공권   140
제네바협약   215
조중 상호 방위협정   75
주권존중사상   28
주저항선   97
주저항선 전투지대   84
중공군   166
중동전쟁   30
진지전   23
집중적 방법   22
징병   23

(ㅊ)
처치   119
청년방위대   83
총력전   29
최후방어선   128
최후저항선 전투지대   84
추수감사절   174

(ㅋ)
코소보전쟁   31

콘스탄티노폴   27
쿠되이   37
퀸시 라이트   25
큐벡(Quebec) 전쟁   21
크로마이트작전   145

(ㅌ)
퇴로   148
특수임무부대   118, 136

(ㅍ)
팔랑스(Phalanx)시대   26
팔로군   76
패튼식 전법   50, 159
팽창정책   73
펀치볼   227
포클랜드전쟁   30
프로바빌리티   37

(ㅎ)
한강방어선   105, 115
한계점   139
한국전쟁   30
한국지원전대   108
한미상호방위조약   243
한반도   39
합동작전   117
혈전   220
협공   180
협의의 전쟁   16
혼성대대   105
화염병   93
확전   219
후방경계부대   83
휴전협상   209
휴전회담   229

| 인명색인 |

(ㄱ)
김영삼   94
김일병   236
김일성   75
김창규   236
김풍익   99

(ㄴ)
나폴레옹   16, 21, 24, 27, 28,
        31, 32, 35, 43, 62, 63

(ㄷ)
등화   171
딘   125

(ㄹ)
리델 하트   14, 31, 38, 41
리지웨이   184
리차드 프레스톤   25

(ㅁ)
마오쩌둥   188
맥아더   106
몰트케(Moltke)   20
밀번   158

(ㅂ)
백선엽   97, 235

(ㅅ)
셔먼   60, 145
셰방   171
스미스   179
스탈린   75
스틸   71

(ㅇ)
알렉산드로스   26
애치슨   74, 110
애치슨 미   155
워커   114, 184
유재흥   99
옐친   94
이승만   120
이형근   99
이호   236

(ㅈ)
장제스   70, 75, 167, 177
장세풍   99
정일권   115
정토웅   20
제인러셀   227
조미니   21, 31, 33, 35, 43, 52

(ㅊ)
채병덕   93, 103
최덕신   236
최창식   103

칭기즈칸   27

(ㅋ)
칸트   35
콜린스   145
퀸시 라이트   25
클라우제비츠   15, 21
클라크   228

(ㅌ)
트루먼   72

(ㅍ)
퍼싱   135
프리드리히   32

(ㅎ)
하워드   22
한시엔추   171
해리슨   237
홍쉬에쯔   171

주시후(周時厚) —————————————————————————

한국환경정책평가연구원 남북환경포럼 위원
경기도그린캠퍼스협의회 운영위원
한국스카우트연맹 자문위원
政策學 博士, 環境行政學 碩士
예비역 육군 대령
국군방송 <함께해요, 국방 녹색성장> 진행(2009 ~ 2010년)
현) 강남대학교 교양교수부 교수

『한국·세계 전쟁사』(한국학술정보)
『북한의 이해』(한국학술정보)
『환경과 성장』(강남대학교)
「대도시 일반폐기물 수거방안에 대한 연구」
「북한의 환경문제와 환경 친화적 남북 경제협력 사업추진 방안」
「21세기 국제질서와 한반도」
「중·일 패권경쟁에 따른 동북아 안보질서와 한반도안보」

이영우(李榮雨) —————————————————————————

경영학 박사, 외교국방 석사
제30기 보사 포병여단장(역임)
청주대학군단장 및 학생중앙군사학교 교육단장(역임)
국방정보본부 기조실장(역임)
청주대, 용인대 경영학과 겸임교수(역임)
서울 가정법원 전문 상담원(역임)
보국훈장 삼일장(2003)
미 국무성 공로훈장(2004)
현) 청주대학교 교수

『외국군 무인체계 활용방안』(2009)
『리더십 이론과 진단』(2010)
「학군사관후보생의 리더십 향상방안」(2007)
「리더십 속성과 군 조직 유효성에 관한 연구」(2008)
외 군 정책보고서 다수
군 지휘성공사례 논문발표 최우수상(1983)

韓國
戰爭史 |개정판|

초 판 인 쇄 | 2007년 8월 10일
초 판 발 행 | 2007년 8월 10일
개정판발행 | 2011년 3월 15일

공 저 자 | 주시후 · 이영우
펴 낸 이 | 채종준
펴 낸 곳 | 한국학술정보㈜
주   소 | 경기도 파주시 교하읍 문발리 파주출판문화정보산업단지 513-5
전   화 | 031) 908-3181(대표)
팩   스 | 031) 908-3189
홈 페 이 지 | http://ebook.kstudy.com
E-mail | 출판사업부 publish@kstudy.com
등   록 | 제일산-115호(2000. 6. 19)

ISBN   978-89-268-2042-1 93910 (Paper Book)
           978-89-268-2043-8 98910 (e-Book)